COLECCIÓN POPULAR

471

EL LABERINTO DE LA SOLEDAD
•
POSTDATA
•
VUELTA A EL LABERINTO DE LA SOLEDAD

OCTAVIO PAZ

EL LABERINTO DE LA SOLEDAD
•
POSTDATA
•
VUELTA A EL LABERINTO DE LA SOLEDAD

FONDO DE CULTURA ECONÓMICA
MÉXICO

El laberinto de la soledad
 Primera edición (Cuadernos Americanos), 1950
Postdata
 Primera edición (Siglo XXI), 1970
Vuelta a El laberinto de la soledad
 Primera edición en *El ogro filantrópico* (Joaquín Mortiz), 1979
El laberinto de la soledad, Postdada
y Vuelta a El laberinto de la soledad
 Primera edición (Tezontle, FCE), 1981
 Segunda edición (Col. Popular), 1993
 Tercera reimpresión, 1996

D.R. © 1981, FONDO DE CULTURA ECONÓMICA
D.R. © 1993, FONDO DE CULTURA ECONÓMICA, S. A. DE C. V.
D.R. © 1994, FONDO DE CULTURA ECONÓMICA
Carretera Picacho-Ajusco 227; 14200 México, D. F.

ISBN 968-16-3937-5 (segunda edición)
ISBN 968-16-0789-9 (primera edición)

Impreso en México

EL LABERINTO DE LA SOLEDAD

Lo otro no existe: tal es la fe racional, la incurable creencia de la razón humana. Identidad = realidad, como si, a fin de cuentas, todo hubiera de ser, absoluta y necesariamente, *uno y lo mismo*. Pero lo otro no se deja eliminar; subsiste, persiste; es el hueso duro de roer en que la razón se deja los dientes. Abel Martín, con fe poética, no menos humana que la fe racional, creía *en lo otro*, en "La esencial Heterogeneidad del ser", como si dijéramos en la incurable *otredad* que padece *lo uno*.

ANTONIO MACHADO

EL PACHUCO Y OTROS EXTREMOS

A TODOS, en algún momento, se nos ha revelado nuestra existencia como algo particular, intransferible y precioso. Casi siempre esta revelación se sitúa en la adolescencia. El descubrimiento de nosotros mismos se manifiesta como un sabernos solos; entre el mundo y nosotros se abre una impalpable, transparente muralla: la de nuestra conciencia. Es cierto que apenas nacemos nos sentimos solos; pero niños y adultos pueden trascender su soledad y olvidarse de sí mismos a través de juego o trabajo. En cambio, el adolescente, vacilante entre la infancia y la juventud, queda suspenso un instante ante la infinita riqueza del mundo. El adolescente se asombra de ser. Y al pasmo sucede la reflexión: inclinado sobre el río de su conciencia se pregunta si ese rostro que aflora lentamente del fondo, deformado por el agua, es el suyo. La singularidad de ser —pura sensación en el niño— se transforma en problema y pregunta, en conciencia interrogante.

A los pueblos en trance de crecimiento les ocurre algo parecido. Su ser se manifiesta como interrogación: ¿qué somos y cómo realizaremos eso que somos? Muchas veces las respuestas que damos a estas preguntas son desmentidas por la historia, acaso porque eso que llaman el "genio de los pueblos" sólo es un complejo de reacciones ante un estímulo dado; frente a circunstancias diversas, las respuestas pueden variar y con ellas el carácter nacional, que se pretendía inmutable. A pesar de la

11

naturaleza casi siempre ilusoria de los ensayos de psicología nacional, me parece reveladora la insistencia con que en ciertos períodos los pueblos se vuelven sobre sí mismos y se interrogan. Despertar a la historia significa adquirir conciencia de nuestra singularidad, momento de reposo reflexivo antes de entregarnos al hacer. "Cuando soñamos que soñamos está próximo el despertar", dice Novalis. No importa, pues, que las respuestas que demos a nuestras preguntas sean luego corregidas por el tiempo; también el adolescente ignora las futuras transformaciones de ese rostro que ve en el agua: indescifrable a primera vista, como una piedra sagrada cubierta de incisiones y signos, la máscara del viejo es la historia de unas facciones amorfas, que un día emergieron confusas, extraídas en vilo por una mirada absorta. Por virtud de esa mirada las facciones se hicieron rostro y, más tarde, máscara, significación, historia.

La preocupación por el sentido de las singularidades de mi país, que comparto con muchos, me parecía hace tiempo superflua y peligrosa. En lugar de interrogarnos a nosotros mismos, ¿no sería mejor crear, obrar sobre una realidad que no se entrega al que la contempla, sino al que es capaz de sumergirse en ella? Lo que nos puede distinguir del resto de los pueblos no es la siempre dudosa originalidad de nuestro carácter —fruto, quizá, de las circunstancias siempre cambiantes—, sino la de nuestras creaciones. Pensaba que una obra de arte o una acción concreta definen más al mexicano —no solamente en tanto que lo expresan, sino en cuanto, al expresarlo, lo recrean— que la más penetrante de las descripciones. Mi pregunta, como las de los otros, se me aparecía así como un pretexto de mi miedo a enfrentarme con la realidad; y todas las especulaciones sobre el pretendi-

do carácter de los mexicanos, hábiles subterfugios de nuestra impotencia creadora. Creía, como Samuel Ramos, que el sentimiento de inferioridad influye en nuestra predilección por el análisis y que la escasez de nuestras creaciones se explica no tanto por un crecimiento de las facultades críticas a expensas de las creadoras, como por una instintiva desconfianza acerca de nuestras capacidades.

Pero así como el adolescente no puede olvidarse de sí mismo —pues apenas lo consigue deja de serlo— nosotros no podemos sustraernos a la necesidad de interrogarnos y contemplarnos. No quiero decir que el mexicano sea por naturaleza crítico, sino que atraviesa una etapa reflexiva. Es natural que después de la fase explosiva de la Revolución, el mexicano se recoja en sí mismo y, por un momento, se contemple. Las preguntas que todos nos hacemos ahora probablemente resulten incomprensibles dentro de cincuenta años. Nuevas circunstancias tal vez produzcan reacciones nuevas.

No toda la población que habita nuestro país es objeto de mis reflexiones, sino un grupo concreto, constituido por esos que, por razones diversas, tienen conciencia de su ser en tanto que mexicanos. Contra lo que se cree, este grupo es bastante reducido. En nuestro territorio conviven no sólo distintas razas y lenguas, sino varios niveles históricos. Hay quienes viven antes de la historia; otros, como los otomíes, desplazados por sucesivas invasiones, al margen de ella. Y sin acudir a estos extremos, varias épocas se enfrentan, se ignoran o se entredevoran sobre una misma tierra o separadas apenas por unos kilómetros. Bajo un mismo cielo, con héroes, costumbres, calendarios y nociones morales diferentes, viven "católicos de Pedro el Ermitaño y jacobinos de la Era

Terciaria". Las épocas viejas nunca desaparecen completamente y todas las heridas, aun las más antiguas, manan sangre todavía. A veces, como las pirámides precortesianas que ocultan casi siempre otras, en una sola ciudad o en una sola alma se mezclan y superponen nociones y sensibilidades enemigas o distantes.[1]

La minoría de mexicanos que poseen conciencia de sí no constituye una clase inmóvil o cerrada. No solamente es la única activa —frente a la inercia indoespañola del resto— sino que cada día modela más el país a su imagen. Y crece, conquista a México. Todos pueden llegar a sentirse mexicanos. Basta, por ejemplo, con que cualquiera cruce la frontera para que, oscuramente, se haga las mismas preguntas que se hizo Samuel Ramos en *El perfil del hombre y la cultura en México.* Y debo confesar que muchas de las reflexiones que forman parte de este ensayo nacieron fuera de México, durante dos años de estancia en los Estados Unidos. Recuerdo que cada vez que me inclinaba sobre la vida norteamericana, deseoso de encontrarle sentido, me encontraba con mi imagen interrogante. Esa imagen, destacada sobre el fondo reluciente de los Estados Unidos, fue la primera y quizá la más profunda de las respuestas que dio ese

[1] Nuestra historia reciente abunda en ejemplos de esta superposición y convivencia de diversos niveles históricos: el neofeudalismo porfirista (uso este término en espera del historiador que clasifique al fin en su originalidad nuestras etapas históricas) sirviéndose del positivismo, filosofía burguesa, para justificarse históricamente; Caso y Vasconcelos —iniciadores intelectuales de la Revolución— utilizando las ideas de Boutroux y Bergson para combatir al positivismo porfirista; la Educación Socialista en un país de incipiente capitalismo; los frescos revolucionarios en los muros gubernamentales... Todas estas aparentes contradicciones exigen un nuevo examen de nuestra historia y nuestra cultura, confluencia de muchas corrientes y épocas.

país a mis preguntas. Por eso, al intentar explicarme algunos de los rasgos del mexicano de nuestros días, principio con esos para quienes serlo es un problema de verdad vital, un problema de vida o muerte.

AL INICIAR mi vida en los Estados Unidos residí algún tiempo en Los Ángeles, ciudad habitada por más de un millón de personas de origen mexicano. A primera vista sorprende al viajero —además de la pureza del cielo y de la fealdad de las dispersas y ostentosas construcciones— la atmósfera vagamente mexicana de la ciudad, imposible de apresar con palabras o conceptos. Esta mexicanidad —gusto por los adornos, descuido y fausto, negligencia, pasión y reserva— flota en el aire. Y digo que flota porque no se mezcla ni se funde con el otro mundo, el mundo norteamericano, hecho de precisión y eficacia. Flota, pero no se opone; se balancea, impulsada por el viento, a veces desgarrada como una nube, otras erguida como un cohete que asciende. Se arrastra, se pliega, se expande, se contrae, duerme o sueña, hermosura harapienta. Flota: no acaba de ser, no acaba de desaparecer.

Algo semejante ocurre con los mexicanos que uno encuentra en la calle. Aunque tengan muchos años de vivir allí, usen la misma ropa, hablen el mismo idioma y sientan vergüenza de su origen, nadie los confundiría con los norteamericanos auténticos. Y no se crea que los rasgos físicos son tan determinantes como vulgarmente se piensa. Lo que me parece distinguirlos del resto de la población es su aire furtivo e inquieto, de seres que se disfrazan, de seres que temen la mirada ajena, capaz de desnudarlos y dejarlos en cueros. Cuando se habla con ellos se advierte que su sensibilidad se parece a la del péndulo, un

péndulo que ha perdido la razón y que oscila con violencia y sin compás. Este estado de espíritu —o de ausencia de espíritu— ha engendrado lo que se ha dado en llamar el "pachuco". Como es sabido, los "pachucos" son bandas de jóvenes, generalmente de origen mexicano, que viven en las ciudades del Sur y que se singularizan tanto por su vestimenta como por su conducta y su lenguaje. Rebeldes instintivos, contra ellos se ha cebado más de una vez el racismo norteamericano. Pero los "pachucos" no reivindican su raza ni la nacionalidad de sus antepasados. A pesar de que su actitud revela una obstinada y casi fanática voluntad de ser, esa voluntad no afirma nada concreto sino la decisión —ambigua, como se verá— de no ser como los otros que los rodean. El "pachuco" no quiere volver a su origen mexicano; tampoco —al menos en apariencia— desea fundirse a la vida norteamericana. Todo en él es impulso que se niega a sí mismo, nudo de contradicciones, enigma. Y el primer enigma es su nombre mismo: "pachuco", vocablo de incierta filiación, que dice nada y dice todo. ¡Extraña palabra, que no tiene significado preciso o que, más exactamente, está cargada, como todas las creaciones populares, de una pluralidad de significados! Queramos o no, estos seres son mexicanos, uno de los extremos a que puede llegar el mexicano.

Incapaces de asimilar una civilización que, por lo demás, los rechaza, los pachucos no han encontrado más respuesta a la hostilidad ambiente que esta exasperada afirmación de su personalidad.[2] Otras comu-

[2] En los últimos años han surgido en los Estados Unidos muchas bandas de jóvenes que recuerdan a los "pachucos" de la posguerra. No podía ser de otro modo; por una parte la sociedad norteamericana se cierra al exterior; por la otra, interiormente, se

nidades reaccionan de modo distinto; los negros, por ejemplo, perseguidos por la intolerancia racial, se esfuerzan por "pasar la línea" e ingresar a la sociedad. Quieren ser como los otros ciudadanos. Los mexicanos han sufrido una repulsa menos violenta, pero lejos de intentar una problemática adaptación a los modelos ambientes, afirman sus diferencias, las subrayan, procuran hacerlas notables. A través de un dandismo grotesco y de una conducta anárquica, señalan no tanto la injusticia o la incapacidad de una sociedad que no ha logrado asimilarlos, como su voluntad personal de seguir siendo distintos.

No importa conocer las causas de este conflicto y menos saber si tienen remedio o no. En muchas partes existen minorías que no gozan de las mismas oportunidades que el resto de la población. Lo característico del hecho reside en este obstinado querer ser distinto, en esta angustiosa tensión con que el mexicano desvalido —huérfano de valedores y de valores— afirma sus diferencias frente al mundo. El pachuco ha perdido toda su herencia: lengua, religión, costumbres, creencias. Sólo le queda un cuerpo y un alma a la intemperie, inerme ante todas las miradas. Su disfraz lo protege y, al mismo tiempo, lo destaca y aísla: lo oculta y lo exhibe.

Con su traje —deliberadamente estético y sobre cuyas obvias significaciones no es necesario detenerse—, no pretende manifestar su adhesión a secta o agrupación alguna. El pachuquismo es una sociedad abierta —en ese país en donde abundan religiones y atavíos tribales, destinados a satisfacer el deseo del norteamericano medio de sentirse parte de

petrifica. La vida no puede penetrarla; rechazada, se desperdicia, corre por las afueras, sin fin propio. Vida al margen, informe, sí, pero vida que busca su verdadera forma.

algo **más** vivo y concreto que la abstracta moralidad del *American way of life*—. El traje del pachuco no es un uniforme ni un ropaje ritual. Es, simplemente, una moda. Como todas las modas está hecha de novedad —madre de la muerte, decía Leopardi— e imitación.

La novedad del traje reside en su exageración. El pachuco lleva la moda a sus últimas consecuencias y la vuelve estética. Ahora bien, uno de los principios que rigen a la moda norteamericana es la comodidad; al volver estético el traje corriente, el pachuco lo vuelve "impráctico". Niega así los principios mismos en que su modelo se inspira. De ahí su agresividad.

Esta rebeldía no pasa de ser un gesto vano, pues es una exageración de los modelos contra los que pretende rebelarse y no una vuelta a los atavíos de sus antepasados —o una invención de nuevos ropajes—. Generalmente los excéntricos subrayan con sus vestiduras la decisión de separarse de la sociedad, ya para constituir nuevos y más cerrados grupos, ya para afirmar su singularidad. En el caso de los pachucos se advierte una ambigüedad: por una parte, su ropa los aísla y distingue; por la otra, esa misma ropa constituye un homenaje a la sociedad que pretenden negar.

La dualidad anterior se expresa también de otra manera, acaso más honda: el pachuco es un *clown* impasible y siniestro, que no intenta hacer reír y que procura aterrorizar. Esta actitud sádica se alía a un deseo de autohumillación, que me parece constituir el fondo mismo de su carácter: sabe que sobresalir es peligroso y que su conducta irrita a la sociedad; no importa, busca, atrae la persecución y el escándalo. Sólo así podrá establecer una relación más viva con la sociedad que provoca: víctima, podrá ocupar un

18

puesto en ese mundo que hasta hace poco lo ignoraba; delincuente, será uno de sus héroes malditos.

La irritación del norteamericano procede, a mi juicio, de que ve en el pachuco un ser mítico y por lo tanto virtualmente peligroso. Su peligrosidad brota de su singularidad. Todos coinciden en ver en él algo híbrido, perturbador y fascinante. En torno suyo se crea una constelación de nociones ambivalentes: su singularidad parece nutrirse de poderes alternativamente nefastos o benéficos. Unos le atribuyen virtudes eróticas poco comunes; otros, una perversión que no excluye la agresividad. Figura portadora del amor y la dicha o del horror y la abominación, el pachuco parece encarnar la libertad, el desorden, lo prohibido. Algo, en suma, que debe ser suprimido; alguien, también, con quien sólo es posible tener un contacto secreto, a oscuras.

Pasivo y desdeñoso, el pachuco deja que se acumulen sobre su cabeza todas estas representaciones contradictorias, hasta que, no sin dolorosa autosatisfacción, estallan en una pelea de cantina, en un *raid* o en un motín. Entonces, en la persecución, alcanza su autenticidad, su verdadero ser, su desnudez suprema, de paria, de hombre que no pertenece a parte alguna. El ciclo, que empieza con la provocación, se cierra: ya está listo para la redención, para el ingreso a la sociedad que lo rechazaba. Ha sido su pecado y su escándalo; ahora, que es víctima, se le reconoce al fin como lo que es: su producto, su hijo. Ha encontrado al fin nuevos padres.

Por caminos secretos y arriesgados el "pachuco" intenta ingresar a la sociedad norteamericana. Mas él mismo se veda el acceso. Desprendido de su cultura tradicional, el pachuco se afirma un instante como soledad y reto. Niega a la sociedad de que procede y

a la norteamericana. El "pachuco" se lanza al exterior, pero no para fundirse con lo que lo rodea, sino para retarlo. Gesto suicida, pues el "pachuco" no afirma nada, no defiende nada, excepto su exasperada voluntad de no-ser. No es una intimidad que se vierte, sino una llaga que se muestra, una herida que se exhibe. Una herida que también es un adorno bárbaro, caprichoso y grotesco; una herida que se ríe de sí misma y que se engalana para ir de cacería. El "pachuco" es la presa que se adorna para llamar la atención de los cazadores. La persecución lo redime y rompe su soledad: su salvación depende del acceso a esa misma sociedad que aparenta negar. Soledad y pecado, comunión y salud, se convierten en términos equivalentes.[3]

Si esto ocurre con personas que hace mucho tiempo abandonaron su patria, que apenas si hablan el idioma de sus antepasados y para quienes esas secretas raíces que atan al hombre con su cultura se han

[3] Sin duda en la figura del "pachuco" hay muchos elementos que no aparecen en esta descripción. Pero el hibridismo de su lenguaje y de su porte me parecen indudable reflejo de una oscilación psíquica entre dos mundos irreductibles y que vanamente quiere conciliar y superar: el norteamericano y el mexicano. El "pachuco" no quiere ser mexicano, pero tampoco yanqui. Cuando llegué a Francia, en 1945, observé con asombro que la moda de los muchachos y muchachas de ciertos barrios —especialmente entre estudiantes y "artistas"— recordaba a la de los "pachucos" del sur de California. ¿Era una rápida e imaginativa adaptación de lo que esos jóvenes, aislados durante años, pensaban que era la moda norteamericana? Pregunté a varias personas. Casi todas me dijeron que esa moda era exclusivamente francesa y que había sido creada al fin de la ocupación. Algunos llegaban hasta a considerarla como una de las formas de la "Resistencia"; su fantasía y barroquismo eran una respuesta al orden de los alemanes. Aunque no excluyo la posibilidad de una imitación más o menos indirecta, la coincidencia me parece notable y significativa.

secado casi por completo, ¿qué decir de los otros? Su reacción no es tan enfermiza, pero pasado el primer deslumbramiento que produce la grandeza de ese país, todos se colocan de modo instintivo en una actitud crítica, nunca de entrega. Recuerdo que una amiga a quien hacía notar la belleza de Berkeley, me decía: "Sí, esto es muy hermoso, pero no logro comprenderlo del todo. Aquí hasta los pájaros hablan en inglés. ¿Cómo quieres que me gusten las flores si no conozco su nombre verdadero, su nombre inglés, un nombre que se ha fundido ya a los colores y a los pétalos, un nombre que ya es la cosa misma? Si yo digo bugambilia, tú piensas en las que has visto en tu pueblo, trepando un fresno, moradas y litúrgicas, o sobre un muro, cierta tarde, bajo una luz plateada. Y la bugambilia forma parte de tu ser, es una parte de tu cultura, es eso que recuerdas después de haberlo olvidado. Esto es muy hermoso, pero no es mío, porque lo que dicen el ciruelo y los eucaliptos no lo dicen para mí, ni a mí me lo dicen."

Sí, nos encerramos en nosotros mismos, hacemos más profunda y exacerbada la conciencia de todo lo que nos separa, nos aísla o nos distingue. Y nuestra soledad aumenta porque no buscamos a nuestros compatriotas, sea por temor a contemplarnos en ellos, sea por un penoso sentimiento defensivo de nuestra intimidad. El mexicano, fácil a la efusión sentimental, la rehúye. Vivimos ensimismados, como esos adolescentes taciturnos —y, de paso, diré que apenas si he encontrado esa especie entre los jóvenes norteamericanos— dueños de no se sabe qué secreto, guardado por una apariencia hosca, pero que espera sólo el momento propicio para revelarse.

No quisiera extenderme en la descripción de estos sentimientos ni en la aparición, muchas veces simul-

tánea, de estados deprimidos o frenéticos. Todos ellos tienen en común el ser irrupciones inesperadas, que rompen un equilibrio difícil, hecho de la imposición de formas que nos oprimen o mutilan. La existencia de un sentimiento de real o supuesta inferioridad frente al mundo podría explicar, parcialmente al menos, la reserva con que el mexicano se presenta ante los demás y la violencia inesperada con que las fuerzas reprimidas rompen esa máscara impasible. Pero más vasta y profunda que el sentimiento de inferioridad, yace la soledad. Es imposible identificar ambas actitudes: sentirse solo no es sentirse inferior, sino distinto. El sentimiento de soledad, por otra parte, no es una ilusión —como a veces lo es el de inferioridad— sino la expresión de un hecho real: somos, de verdad, distintos. Y, de verdad, estamos solos.

No es el momento de analizar este profundo sentimiento de soledad —que se afirma y se niega, alternativamente, en la melancolía y el júbilo, en el silencio y el alarido, en el crimen gratuito y el fervor religioso—. En todos lados el hombre está solo. Pero la soledad del mexicano, bajo la gran noche de piedra de la Altiplanicie, poblada todavía de dioses insaciables, es diversa a la del norteamericano, extraviado en un mundo abstracto de máquinas, conciudadanos y preceptos morales. En el Valle de México el hombre se siente suspendido entre el cielo y la tierra y oscila entre poderes y fuerzas contrarias, ojos petrificados, bocas que devoran. La realidad, esto es, el mundo que nos rodea, existe por sí misma, tiene vida propia y no ha sido inventada, como en los Estados Unidos, por el hombre. El mexicano se siente arrancado del seno de esa realidad, a un tiempo creadora y destructora, Madre y Tumba. Ha olvidado el nombre, la pa-

labra que lo liga a todas esas fuerzas en que se manifiesta la vida. Por eso grita o calla, apuñalea o reza, se echa a dormir cien años.

La historia de México es la del hombre que busca su filiación, su origen. Sucesivamente afrancesado, hispanista, indigenista, "pocho", cruza la historia como un cometa de jade, que de vez en cuando relampaguea. En su excéntrica carrera, ¿qué persigue? Va tras su catástrofe: quiere volver a ser sol, volver al centro de la vida de donde un día —¿en la Conquista o en la Independencia?— fue desprendido. Nuestra soledad tiene las mismas raíces que el sentimiento religioso. Es una orfandad, una oscura conciencia de que hemos sido arrancados del Todo y una ardiente búsqueda: una fuga y un regreso, tentativa por restablecer los lazos que nos unían a la creación.

Nada más alejado de este sentimiento que la soledad del norteamericano. En ese país el hombre no se siente arrancado del centro de la creación ni suspendido entre fuerzas enemigas. El mundo ha sido construido por él y está hecho a su imagen: es su espejo. Pero ya no se reconoce en esos objetos inhumanos, ni tampoco en sus semejantes. Como el mago inexperto, sus creaciones ya no le obedecen. Está solo entre sus obras, perdido en un "páramo de espejos", como dice José Gorostiza.

Algunos pretenden que todas las diferencias entre los norteamericanos y nosotros son económicas, esto es, que ellos son ricos y nosotros pobres, que ellos nacieron en la Democracia, el Capitalismo y la Revolución industrial y nosotros en la Contrarreforma, el Monopolio y el Feudalismo. Por más profunda y determinante que sea la influencia del sistema de producción en la creación de la cultura, rehúso creer que bastará con que poseamos una industria pesada

y vivamos libres de todo imperialismo económico para que desaparezcan nuestras diferencias (más bien espero lo contrario y en esa posibilidad veo una de las grandezas de la Revolución). Mas ¿para qué buscar en la historia una respuesta que sólo nosotros podemos dar? Si somos nosotros los que nos sentimos distintos, ¿qué nos hace diferentes, y en qué consisten esas diferencias?

Voy a insinuar una respuesta que quizá no sea del todo satisfactoria. Con ella no pretendo sino aclararme a mí mismo el sentido de algunas experiencias y admito que tal vez no tenga más valor que el de constituir una respuesta personal a una pregunta personal.

Cuando llegué a los Estados Unidos me asombró por encima de todo la seguridad y la confianza de la gente, su aparente alegría y su aparente conformidad con el mundo que los rodeaba. Esta satisfacción no impide, claro está, la crítica —una crítica valerosa y decidida, que no es muy frecuente en los países del Sur, en donde prolongadas dictaduras nos han hecho más cautos para expresar nuestros puntos de vista—. Pero esa crítica respeta la estructura de los sistemas y nunca desciende hasta las raíces. Recordé entonces aquella distinción que hacía Ortega y Gasset entre los usos y los abusos, para definir lo que llamaba "espíritu revolucionario". El revolucionario es siempre radical, quiero decir, no anhela corregir los abusos, sino los usos mismos. Casi todas las críticas que escuché en labios de norteamericanos eran de carácter reformista: dejaban intacta la estructura social o cultural y sólo tendían a limitar o a perfeccionar estos o aquellos procedimientos. Me pareció entonces —y me sigue pareciendo todavía— que los Estados Unidos son una sociedad que quiere realizar sus ideales, que no desea cambiarlos por otros y que, por

más amenazador que le parezca el futuro, tiene confianza en su supervivencia. No quisiera discutir ahora si este sentimiento se encuentra justificado por la realidad o por la razón, sino solamente señalar su existencia. Esta confianza en la bondad natural de la vida, o en la infinita riqueza de sus posibilidades, es cierto que no se encuentra en la más reciente literatura norteamericana, que más bien se complace en la pintura de un mundo sombrío, pero era visible en la conducta, en las palabras y aun en el rostro de casi todas las personas que trataba.[4]

Por otra parte, se me había hablado del realismo americano y, también, de su ingenuidad, cualidades que al parecer se excluyen. Para nosotros un realista siempre es un pesimista. Y una persona ingenua no puede serlo mucho tiempo si de veras contempla la vida con realismo. ¿No sería más exacto decir que los norteamericanos no desean tanto conocer la realidad como utilizarla? En algunos casos —por ejemplo, ante la muerte— no sólo no quieren conocerla sino que visiblemente evitan su idea. Conocí algunas señoras ancianas que todavía tenían ilusiones y que hacían planes para el futuro, como si éste fuera inagotable. Desmentían así aquella frase de Nietzsche, que condena a las mujeres a un precoz escepticismo, porque "en tanto que los hombres tienen ideales, las mujeres sólo tienen ilusiones". Así pues, el realismo americano es de una especie muy particular

[4] Estas líneas fueron escritas antes de que la opinión pública se diese clara cuenta del peligro de aniquilamiento universal que entrañan las armas nucleares. Desde entonces los norteamericanos han perdido su optimismo pero no su confianza, una confianza hecha de resignación y obstinación. En realidad, aunque muchos lo afirman de labios para afuera, nadie cree —nadie quiere creer— que la amenaza es real e inmediata.

y su ingenuidad no excluye el disimulo y aun la hipocresía. Una hipocresía que si es un vicio del carácter también es una tendencia del pensamiento, pues consiste en la negación de todos aquellos aspectos de la realidad que nos parecen desagradables, irracionales o repugnantes.

La contemplación del horror, y aun la familiaridad y la complacencia en su trato, constituyen contrariamente uno de los rasgos más notables del carácter mexicano. Los Cristos ensangrentados de las iglesias pueblerinas, el humor macabro de ciertos encabezados de los diarios, los "velorios", la costumbre de comer el 2 de noviembre panes y dulces que fingen huesos y calaveras, son hábitos, heredados de indios y españoles, inseparables de nuestro ser. Nuestro culto a la muerte es culto a la vida, del mismo modo que el amor, que es hambre de vida, es anhelo de muerte. El gusto por la autodestrucción no se deriva nada más de tendencias masoquistas, sino también de una cierta religiosidad.

Y no terminan aquí nuestras diferencias. Ellos son crédulos, nosotros creyentes; aman los cuentos de hadas y las historias policiacas, nosotros los mitos y las leyendas. Los mexicanos mienten por fantasía, por desesperación o para superar su vida sórdida; ellos no mienten, pero sustituyen la verdad verdadera, que es siempre desagradable, por una verdad social. Nos emborrachamos para confesarnos; ellos para olvidarse. Son optimistas; nosotros nihilistas —sólo que nuestro nihilismo no es intelectual, sino una reacción instintiva: por lo tanto es irrefutable—. Los mexicanos son desconfiados; ellos abiertos. Nosotros somos tristes y sarcásticos; ellos alegres y humorísticos. Los norteamericanos quieren comprender; nosotros contemplar. Son activos; nosotros quietistas:

26

disfrutamos de nuestras llagas como ellos de sus inventos. Creen en la higiene, en la salud, en el trabajo, en la felicidad, pero tal vez no conocen la verdadera alegría, que es una embriaguez y un torbellino. En el alarido de la noche de fiesta nuestra voz estalla en luces y vida y muerte se confunden; su vitalidad se petrifica en una sonrisa: niega la vejez y la muerte, pero, inmoviliza la vida.

¿Y cuál es la raíz de tan contrarias actitudes? Me parece que para los norteamericanos el mundo es algo que se puede perfeccionar; para nosotros, algo que se puede redimir. Ellos son modernos. Nosotros, como sus antepasados puritanos, creemos que el pecado y la muerte constituyen el fondo último de la naturaleza humana. Sólo que el puritano identifica la pureza con la salud. De ahí el ascetismo que purifica, y sus consecuencias: el culto al trabajo por el trabajo, la vida sobria —a pan y agua—, la inexistencia del cuerpo en tanto que posibilidad de perderse —o encontrarse— en otro cuerpo. Todo contacto contamina. Razas, ideas, costumbres, cuerpos extraños llevan en sí gérmenes de perdición e impureza. La higiene social completa la del alma y la del cuerpo. En cambio los mexicanos, antiguos o modernos, creen en la comunión y en la fiesta; no hay salud sin contacto. Tlazoltéotl, la diosa azteca de la inmundicia y la fecundidad, de los humores terrestres y humanos, era también la diosa de los baños de vapor, del amor sexual y de la confesión. Y no hemos cambiado tanto: el catolicismo tambien es comunión.

Ambas actitudes me parecen irreconciliables y, en su estado actual, insuficientes. Mentiría si dijera que alguna vez he visto transformado el sentimiento de culpa en otra cosa que no sea rencor, solitaria desesperación o ciega idolatría. La religiosidad de nuestro

pueblo es muy profunda —tanto como su inmensa miseria y desamparo— pero su fervor no hace sino darle vueltas a una noria exhausta desde hace siglos. Mentiría también si dijera que creo en la fertilidad de una sociedad fundada en la imposición de ciertos principios modernos. La historia contemporánea invalida la creencia en el hombre como una criatura capaz de ser modificada esencialmente por estos o aquellos instrumentos pedagógicos o sociales. El hombre no es solamente fruto de la historia y de las fuerzas que la mueven, como se pretende ahora; tampoco la historia es el resultado de la sola voluntad humana —presunción en que se funda, implícitamente, el sistema de vida norteamericano—. El hombre, me parece, no está en la historia: es historia.

El sistema norteamericano sólo quiere ver la parte positiva de la realidad. Desde la infancia se somete a hombres y mujeres a un inexorable proceso de adaptación; ciertos principios, contenidos en breves fórmulas, son repetidos sin cesar por la prensa, la radio, las iglesias, las escuelas y esos seres bondadosos y siniestros que son las madres y esposas norteamericanas. Presos en esos esquemas, como la planta en una maceta que la ahoga, el hombre y la mujer nunca crecen o maduran. Semejante confabulación no puede sino provocar violentas rebeliones individuales. La espontaneidad se venga en mil formas, sutiles o terribles. La máscara benevolente, atenta y desierta, que sustituye a la movilidad dramática del rostro humano, y la sonrisa que la fija casi dolorosamente, muestran hasta qué punto la intimidad puede ser devastada por la árida victoria de los principios sobre los instintos. El sadismo subyacente en casi todas las formas de relación de la sociedad norteamericana contemporánea, acaso no sea sino una manera

de escapar a la petrificación que impone la moral de la pureza aséptica. Y las religiones nuevas, las sectas, la embriaguez que libera y abre las puertas de la "vida". Es sorprendente la significación casi fisiológica y destructiva de esa palabra: vivir quiere decir excederse, romper normas, ir hasta el fin (¿de qué?), "experimentar sensaciones". Cohabitar es una "experiencia" (por eso mismo unilateral y frustrada). Pero no es el objeto de estas líneas describir esas reacciones. Baste decir que todas ellas, como las opuestas mexicanas, me parecen reveladoras de nuestra común incapacidad para reconciliarnos con el fluir de la vida.

UN EXAMEN de los grandes mitos humanos relativos al origen de la especie y al sentido de nuestra presencia en la tierra, revela que toda cultura —entendida como creación y participación común de valores— parte de la convicción de que el orden del universo ha sido roto o violado por el hombre, ese intruso. Por el "hueco" o abertura de la herida que el hombre ha infligido en la carne compacta del mundo, puede irrumpir de nuevo el caos, que es el estado antiguo y, por decirlo así, natural de la vida. El regreso "del antiguo Desorden Original" es una amenaza que obsesiona a todas las conciencias en todos los tiempos. Hölderlin expresa en varios poemas el pavor ante la fatal seducción que ejerce sobre el universo y sobre el hombre la gran boca vacía del caos:

...si, fuera del camino recto,
como caballos furiosos, se desbocan los Elementos
cautivos y las antiguas
leyes de la Tierra. Y *un deseo de volver a lo informe
brota incesante.* Hay mucho
que defender. Hay que ser fieles.[5]

5 *Los frutos maduros.*

Hay que ser fieles, porque *hay mucho que defender*. El hombre colabora activamente a la defensa del orden universal, sin cesar amenazado por lo informe. Y cuando éste se derrumba debe crear uno nuevo, esta vez suyo. Pero el exilio, la expiación y la penitencia deben preceder a la reconciliación del hombre con el universo. Ni mexicanos ni norteamericanos hemos logrado esta reconciliación. Y lo que es más grave, temo que hayamos perdido el sentido mismo de toda actividad humana: asegurar la vigencia de un orden en que coincidan la conciencia y la inocencia, el hombre y la naturaleza. Si la soledad del mexicano es la de las aguas estancadas, la del norteamericano es la del espejo. Hemos dejado de ser fuentes.

Es posible que lo que llamamos pecado no sea sino la expresión mítica de la conciencia de nosotros mismos, de nuestra soledad. Recuerdo que en España, durante la guerra, tuve la revelación de "otro hombre" y de otra clase de soledad: ni cerrada ni maquinal, sino abierta a la trascendencia. Sin duda la cercanía de la muerte y la fraternidad de las armas producen, en todos los tiempos y en todos los países, una atmósfera propicia a lo extraordinario, a todo aquello que sobrepasa la condición humana y rompe el círculo de soledad que rodea a cada hombre. Pero en aquellos rostros —rostros obtusos y obstinados, brutales y groseros, semejantes a los que, sin complacencia y con un realismo, acaso encarnizado, nos ha dejado la pintura española— había algo como una desesperación esperanzada, algo muy concreto y al mismo tiempo muy universal. No he visto después rostros parecidos.

Mi testimonio puede ser tachado de ilusorio. Considero inútil detenerme en esa objeción: esa evidencia ya forma parte de mi ser. Pensé entonces —y lo sigo

pensando— que en aquellos hombres amanecía "otro hombre". El sueño español —no por español, sino por universal y, al mismo tiempo, por concreto, porque era un sueño de carne y hueso y ojos atónitos— fue luego roto y manchado. Y los rostros que vi han vuelto a ser lo que eran antes de que se apoderase de ellos aquella alborozada seguridad (¿en qué: en la vida o en la muerte?): rostros de gente humilde y ruda. Pero su recuerdo no me abandona. Quien ha visto la Esperanza, no la olvida. La busca bajo todos los cielos y entre todos los hombres. Y sueña que un día va a encontrarla de nuevo, no sabe dónde, acaso entre los suyos. En cada hombre late la posibilidad de ser o, más exactamente, *de volver a ser,* otro hombre.

MÁSCARAS MEXICANAS

*Corazón apasionado
disimula tu tristeza.*

Canción popular

VIEJO o adolescente, criollo o mestizo, general, obrero o licenciado, el mexicano se me aparece como un ser que se encierra y se preserva: máscara el rostro y máscara la sonrisa. Plantado en su arisca soledad, espinoso y cortés a un tiempo, todo le sirve para defenderse: el silencio y la palabra, la cortesía y el desprecio, la ironía y la resignación. Tan celoso de su intimidad como de la ajena, ni siquiera se atreve a rozar con los ojos al vecino: una mirada puede desencadenar la cólera de esas almas cargadas de electricidad. Atraviesa la vida como desollado; todo puede herirle, palabras y sospecha de palabras. Su lenguaje está lleno de reticencias, de figuras y alusiones, de puntos suspensivos; en su silencio hay repliegues, matices, nubarrones, arcos iris súbitos, amenazas indescifrables. Aun en la disputa prefiere la expresión velada a la injuria: "al buen entendedor pocas palabras". En suma, entre la realidad y su persona establece una muralla, no por invisible menos infranqueable, de impasibilidad y lejanía. El mexicano siempre está lejos, lejos del mundo y de los demás. Lejos, también, de sí mismo.

El lenguaje popular refleja hasta qué punto nos defendemos del exterior: el ideal de la "hombría"

consiste en no "rajarse" nunca. Los que se "abren" son cobardes. Para nosotros, contrariamente a lo que ocurre con otros pueblos, abrirse es una debilidad o una traición. El mexicano puede doblarse, humillarse, "agacharse", pero no "rajarse", esto es, permitir que el mundo exterior penetre en su intimidad. El "rajado" es de poco fiar, un traidor o un hombre de dudosa fidelidad, que cuenta los secretos y es incapaz de afrontar los peligros como se debe. Las mujeres son seres inferiores porque, al entregarse, se abren. Su inferioridad es constitucional y radica en su sexo, en su "rajada", herida que jamás cicatriza.

El hermetismo es un recurso de nuestro recelo y desconfianza. Muestra que instintivamente consideramos peligroso al medio que nos rodea. Esta reacción se justifica si se piensa en lo que ha sido nuestra historia y en el carácter de la sociedad que hemos creado. La dureza y hostilidad del ambiente —y esa amenaza, escondida e indefinible, que siempre flota en el aire— nos obligan a cerrarnos al exterior, como esas plantas de la meseta que acumulan sus jugos tras una cáscara espinosa. Pero esta conducta, legítima en su origen, se ha convertido en un mecanismo que funciona solo, automáticamente. Ante la simpatía y la dulzura nuestra respuesta es la reserva, pues no sabemos si esos sentimientos son verdaderos o simulados. Y además, nuestra integridad masculina corre tanto peligro ante la benevolencia como ante la hostilidad. Toda abertura de nuestro ser entraña una dimisión de nuestra hombría.

Nuestras relaciones con los otros hombres también están teñidas de recelo. Cada vez que el mexicano se confía a un amigo o a un conocido, cada vez que se "abre", abdica. Y teme que el desprecio del confidente siga a su entrega. Por eso la confidencia des-

honra y es tan peligrosa para el que la hace como para el que la escucha; no nos ahogamos en la fuente que nos refleja, como Narciso, sino que la cegamos. Nuestra cólera no se nutre nada más del temor de ser utilizados por nuestros confidentes —temor general a todos los hombres— sino de la vergüenza de haber renunciado a nuestra soledad. El que se confía, se enajena; "me he vendido con Fulano", decimos cuando nos confiamos a alguien que no lo merece. Esto es, nos hemos "rajado", alguien ha penetrado en el castillo fuerte. La distancia entre hombre y hombre, creadora del mutuo respeto y la mutua seguridad, ha desaparecido. No solamente estamos a merced del intruso, sino que hemos abdicado.

Todas estas expresiones revelan que el mexicano considera la vida como lucha, concepción que no lo distingue del resto de los hombres modernos. El ideal de hombría para otros pueblos consiste en una abierta y agresiva disposición al combate; nosotros acentuamos el carácter defensivo, listos a repeler el ataque. El "macho" es un ser hermético, encerrado en sí mismo, capaz de guardarse y guardar lo que se le confía. La hombría se mide por la invulnerabilidad ante las armas enemigas o ante los impactos del mundo exterior. El estoicismo es la más alta de nuestras virtudes guerreras y políticas. Nuestra historia está llena de frases y episodios que revelan la indiferencia de nuestros héroes ante el dolor o el peligro. Desde niños nos enseñan a sufrir con dignidad las derrotas, concepción que no carece de grandeza. Y si no todos somos estoicos e impasibles –como Juárez y Cuauhtémoc— al menos procuramos ser resignados, pacientes y sufridos. La resignación es una de nuestras virtudes populares. Más que el brillo de la victoria nos conmueve la entereza ante la adversidad.

La preeminencia de lo cerrado frente a lo abierto no se manifiesta sólo como impasibilidad y desconfianza, ironía y recelo, sino como amor a la Forma. Ésta contiene y encierra a la intimidad, impide sus excesos, reprime sus explosiones, la separa y aísla, la preserva. La doble influencia indígena y española se conjugan en nuestra predilección por la ceremonia, las fórmulas y el orden. El mexicano, contra lo que supone una superficial interpretación de nuestra historia, aspira a crear un mundo ordenado conforme a principios claros. La agitación y encono de nuestras luchas políticas prueba hasta qué punto las nociones jurídicas juegan un papel importante en nuestra vida pública. Y en la de todos los días el mexicano es un hombre que se esfuerza por ser formal y que muy fácilmente se convierte en formulista. Y es explicable. El orden —jurídico, social, religioso o artístico— constituye una esfera segura y estable. En su ámbito basta con ajustarse a los modelos y principios que regulan la vida; nadie, para manifestarse, necesita recurrir a la continua invención que exige una sociedad libre. Quizá nuestro tradicionalismo —que es una de las constantes de nuestro ser y lo que da coherencia y antigüedad a nuestro pueblo— parte del amor que profesamos a la Forma.

Las complicaciones rituales de la cortesía, la persistencia del humanismo clásico, el gusto por las formas cerradas en la poesía (el soneto y la décima, por ejemplo), nuestro amor por la geometría en las artes decorativas, por el dibujo y la composición en la pintura, la pobreza de nuestro Romanticismo frente a la excelencia de nuestro arte barroco, el formalismo de nuestras instituciones políticas y, en fin, la peligrosa inclinación que mostramos por las fórmulas —sociales, morales y burocráticas—, son otras tantas expre-

siones de esta tendencia de nuestro carácter. El mexicano no sólo no se abre; tampoco se derrama.

A veces las formas nos ahogan. Durante el siglo pasado los liberales vanamente intentaron someter la realidad del país a la camisa de fuerza de la Constitución de 1857. Los resultados fueron la Dictadura de Porfirio Díaz y la Revolución de 1910. En cierto sentido la historia de México, como la de cada mexicano, consiste en una lucha entre las formas y fórmulas en que se pretende encerrar a nuestro ser y las explosiones con que nuestra espontaneidad se venga. Pocas veces la Forma ha sido una creación original, un equilibrio alcanzado no a expensas sino gracias a la expresión de nuestros instintos y quereres. Nuestras formas jurídicas y morales, por el contrario, mutilan con frecuencia a nuestro ser, nos impiden expresarnos y niegan satisfacción a nuestros apetitos vitales.

La preferencia por la Forma, inclusive vacía de contenido, se manifiesta a lo largo de la historia de nuestro arte, desde la época precortesiana hasta nuestros días. Antonio Castro Leal, en su excelente estudio sobre Juan Ruiz de Alarcón, muestra cómo la reserva frente al romanticismo —que es, por definición, expansivo y abierto— se expresa ya en el siglo XVII, esto es, antes de que siquiera tuviésemos conciencia de nacionalidad. Tenían razón los contemporáneos de Juan Ruiz de Alarcón al acusarlo de entrometido, aunque más bien hablasen de la deformidad de su cuerpo que de la singularidad de su obra. En efecto, la porción más característica de su teatro niega al de sus contemporáneos españoles. Y su negación contiene, en cifra, la que México ha opuesto siempre a España. El teatro de Alarcón es una respuesta a la vitalidad española, afirmativa y

36

deslumbrante en esa época, y que se expresa a través de un gran Sí a la historia y a las pasiones. Lope exalta el amor, lo heroico, lo sobrehumano, lo increíble; Alarcón opone a estas virtudes desmesuradas otras más sutiles y burguesas: la dignidad, la cortesía, un estoicismo melancólico, un pudor sonriente. Los problemas morales interesan poco a Lope, que ama la acción, como todos sus contemporáneos. Más tarde Calderón mostrará el mismo desdén por la psicología; los conflictos morales y las oscilaciones, caídas y cambios del alma humana sólo son metáforas que transparentan un drama teológico cuyos dos personajes son el pecado original y la Gracia divina. En las comedias más representativas de Alarcón, en cambio, el cielo cuenta poco, tan poco como el viento pasional que arrebata a los personajes lopescos. El hombre, nos dice el mexicano, es un compuesto, y el mal y el bien se mezclan sutilmente en su alma. En lugar de proceder por síntesis, utiliza el análisis: el héroe se vuelve problema. En varias comedias se plantea la cuestión de la mentira: ¿hasta qué punto el mentiroso de veras miente, de veras se propone engañar?; ¿no es él la primera víctima de sus engaños y no es a sí mismo a quien engaña? El mentiroso se miente a sí mismo: tiene miedo de sí. Al plantearse el problema de la autenticidad, Alarcón anticipa uno de los temas constantes de reflexión del mexicano, que más tarde recogerá Rodolfo Usigli en *El gesticulador*.

En el mundo de Alarcón no triunfan la pasión ni la Gracia; todo se subordina a lo razonable; sus arquetipos son los de la moral que sonríe y perdona. Al sustituir los valores vitales y románticos de Lope por los abstractos de una moral universal y razonable, ¿no se evade, no nos escamotea su propio ser? Su negación, como la de México, no afirma nuestra sin-

gularidad frente a la de los españoles. Los valores que postula Alarcón pertenecen a todos los hombres y son una herencia grecorromana tanto como una profecía de la moral que impondrá el mundo burgués. No expresan nuestra espontaneidad, ni resuelven nuestros conflictos; son Formas que no hemos creado ni sufrido, máscaras. Sólo hasta nuestros días hemos sido capaces de enfrentar al Sí español un Sí mexicano y no una afirmación intelectual, vacía de nuestras particularidades. La Revolución mexicana, al descubrir las artes populares, dio origen a la pintura moderna; al descubrir el lenguaje de los mexicanos, creó la nueva poesía.

Si en la política y el arte el mexicano aspira a crear mundos cerrados, en la esfera de las relaciones cotidianas procura que imperen el pudor, el recato y la reserva ceremoniosa. El pudor, que nace de la vergüenza ante la desnudez propia o ajena, es un reflejo casi físico entre nosotros. Nada más alejado de esta actitud que el miedo al cuerpo, característico de la vida norteamericana. No nos da miedo ni vergüenza nuestro cuerpo; lo afrontamos con naturalidad y lo vivimos con cierta plenitud —a la inversa de lo que ocurre con los puritanos—. Para nosotros el cuerpo existe; da gravedad y límites a nuestro ser. Lo sufrimos y gozamos; no es un traje que estamos acostumbrados a habitar, ni algo ajeno a nosotros: somos nuestro cuerpo. Pero las miradas extrañas nos sobresaltan, porque el cuerpo no vela intimidad, sino la descubre. El pudor, así, tiene un carácter defensivo, como la muralla china de la cortesía o las cercas de órganos y cactos que separan en el campo a los jacales de los campesinos. Y por eso la virtud que más estimamos en las mujeres es el recato, como en los hombres la reserva. Ellas también deben defender su intimidad.

Sin duda en nuestra concepción del recato femenino interviene la vanidad masculina del señor —que hemos heredado de indios y españoles—. Como casi todos los pueblos, los mexicanos consideran a la mujer como un instrumento, ya de los deseos del hombre, ya de los fines que le asignan la ley, la sociedad o la moral. Fines, hay que decirlo, sobre los que nunca se le ha pedido su consentimiento y en cuya realización participa sólo pasivamente, en tanto que "depositaria" de ciertos valores. Prostituta, diosa, gran señora, amante, la mujer transmite o conserva, pero no crea, los valores y energías que le confían la naturaleza o la sociedad. En un mundo hecho a la imagen de los hombres, la mujer es sólo un reflejo de la voluntad y querer masculinos. Pasiva, se convierte en diosa, amada, ser que encarna los elementos estables y antiguos del universo: la tierra, madre y virgen; activa, es siempre función, medio, canal. La feminidad nunca es un fin en sí mismo, como lo es la hombría.

En otros países estas funciones se realizan a la luz pública y con brillo. En algunos se reverencia a las prostitutas o a las vírgenes; en otros, se premia a las madres; en casi todos, se adula y respeta a la gran señora. Nosotros preferimos ocultar esas gracias y virtudes. El secreto debe acompañar a la mujer. Pero la mujer no sólo debe ocultarse sino que, además, debe ofrecer cierta impasibilidad sonriente al mundo exterior. Ante el escarceo erótico, debe ser "decente"; ante la adversidad, "sufrida". En ambos casos su respuesta no es instintiva ni personal, sino conforme a un modelo genérico. Y ese modelo, como en el caso del "macho", tiende a subrayar los aspectos defensivos y pasivos, en una gama que va desde el pudor y la "decencia" hasta el estoicismo, la resignación y la impasibilidad.

La herencia hispanoárabe no explica completamente esta conducta. La actitud de los españoles frente a las mujeres es muy simple y se expresa, con brutalidad y concisión, en dos refranes: "la mujer en casa y con la pata rota" y "entre santa y santo, pared de cal y canto". La mujer es una fiera doméstica, lujuriosa y pecadora de nacimiento, a quien hay que someter con el palo y conducir con el "freno de la religión". De ahí que muchos españoles consideren a las extranjeras —y especialmente a las que pertenecen a países de raza o religión diversas a las suyas— como presa fácil. Para los mexicanos la mujer es un ser oscuro, secreto y pasivo. No se le atribuyen malos instintos: se pretende que ni siquiera los tiene. Mejor dicho, no son suyos sino de la especie; la mujer encarna la voluntad de la vida, que es por esencia impersonal, y en este hecho radica su imposibilidad de tener una vida personal. Ser ella misma, dueña de su deseo, su pasión o su capricho, es ser infiel a sí misma. Bastante más libre y pagano que el español —como heredero de las grandes religiones naturalistas precolombinas— el mexicano no condena al mundo natural. Tampoco el amor sexual está teñido de luto y horror, como en España. La peligrosidad no radica en el instinto sino en asumirlo personalmente. Reaparece así la idea de pasividad: tendida o erguida, vestida o desnuda, la mujer nunca es ella misma. Manifestación indiferenciada de la vida, es el canal del apetito cósmico. En este sentido, no tiene deseos propios.

Las norteamericanas proclaman también la ausencia de instintos y deseos, pero la raíz de su pretensión es distinta y hasta contraria. La norteamericana oculta o niega ciertas partes de su cuerpo —y, con más frecuencia, de su psiquis: son inmorales y, por lo

tanto, no existen—. Al negarse, reprime su espontaneidad. La mexicana simplemente no tiene voluntad. Su cuerpo duerme y sólo se enciende si alguien lo despierta. Nunca es pregunta, sino respuesta, materia fácil y vibrante que la imaginación y la sensualidad masculina esculpen. Frente a la actividad que despliegan las otras mujeres, que desean cautivar a los hombres a través de la agilidad de su espíritu o del movimiento de su cuerpo, la mexicana opone un cierto hieratismo, un reposo hecho al mismo tiempo de espera y desdén. El hombre revolotea a su alrededor, la festeja, la canta, hace caracolear su caballo o su imaginación. Ella se vela en el recato y la inmovilidad. Es un ídolo. Como todos los ídolos, es dueña de fuerzas magnéticas, cuya eficacia y poder crecen a medida que el foco emisor es más pasivo y secreto. Analogía cósmica: la mujer no busca, atrae. Y el centro de su atracción es su sexo, oculto, pasivo. Inmóvil sol secreto.

Esta concepción —bastante falsa si se piensa que la mexicana es muy sensible e inquieta— no la convierte en mero objeto, en cosa. La mujer mexicana, como todas las otras, es un símbolo que representa la estabilidad y continuidad de la raza. A su significación cósmica se alía la social: en la vida diaria su función consiste en hacer imperar la ley y el orden, la piedad y la dulzura. Todos cuidamos que nadie "falte al respeto a las señoras", noción universal, sin duda, pero que en México se lleva hasta sus últimas consecuencias. Gracias a ella se suavizan muchas de las asperezas de nuestras relaciones de "hombre a hombre". Naturalmente habría que preguntar a las mexicanas su opinión; ese "respeto" es a veces una hipócrita manera de sujetarlas e impedirles que se expresen. Quizá muchas preferirían ser tratadas con

menos "respeto" (que, por lo demás, se les concede solamente en público) y con más libertad y autenticidad. Esto es, como seres humanos y no como símbolos o funciones. Pero, ¿cómo vamos a consentir que ellas se expresen, si toda nuestra vida tiende a paralizarse en una máscara que oculte nuestra intimidad?

Ni la modestia propia, ni la vigilancia social, hacen invulnerable a la mujer. Tanto por la fatalidad de su anatomía "abierta" como por su situación social —depositaria de la honra, a la española— está expuesta a toda clase de peligros, contra los que nada pueden la moral personal ni la protección masculina. El mal radica en ella misma; por naturaleza es un ser "rajado", abierto. Mas, en virtud de un mecanismo de compensación fácilmente explicable, se hace virtud de su flaqueza original y se crea el mito de la "sufrida mujer mexicana". El ídolo —siempre vulnerable, siempre en trance de convertirse en ser humano— se transforma en víctima, pero en víctima endurecida e insensible al sufrimiento, encallecida a fuerza de sufrir. (Una persona "sufrida" es menos sensible al dolor que las que apenas si han sido tocadas por la adversidad.) Por obra del sufrimiento, las mujeres se vuelven como los hombres: invulnerables, impasibles y estoicas.

Se dirá que al transformar en virtud algo que debería ser motivo de vergüenza, sólo pretendemos descargar nuestra conciencia y encubrir con una imagen una realidad atroz. Es cierto, pero también lo es que al atribuir a la mujer la misma invulnerabilidad a que aspiramos, recubrimos con una inmunidad moral su fatalidad anatómica, abierta al exterior. Gracias al sufrimiento, y a su capacidad para resistirlo sin protesta, la mujer trasciende su condición y adquiere los mismos atributos del hombre.

Es curioso advertir que la imagen de la "mala mujer" casi siempre se presenta acompañada de la idea de actividad. A la inversa de la "abnegada madre", de la "novia que espera" y del ídolo hermético, seres estáticos, la "mala" va y viene, busca a los hombres, los abandona. Por un mecanismo análogo al descrito más arriba, su extrema movilidad la vuelve invulnerable. Actividad e impudicia se alían en ella y acaban por petrificar su alma. La "mala" es dura, impía, independiente, como el "macho". Por caminos distintos, ella también trasciende su fisiología y se cierra al mundo.

Es significativo, por otra parte, que el homosexualismo masculino sea considerado con cierta indulgencia, por lo que toca al agente activo. El pasivo, al contrario, es un ser degradado y abyecto. El juego de los "albures" —esto es, el combate verbal hecho de alusiones obscenas y de doble sentido, que tanto se practica en la ciudad de México— transparenta esta ambigua concepción. Cada uno de los interlocutores, a través de trampas verbales y de ingeniosas combinaciones lingüísticas, procura anonadar a su adversario; el vencido es el que no puede contestar, el que se traga las palabras de su enemigo. Y esas palabras están teñidas de alusiones sexualmente agresivas; el perdidoso es poseído, violado, por el otro. Sobre él caen las burlas y escarnios de los espectadores. Así pues, el homosexualismo masculino es tolerado, a condición de que se trate de una violación del agente pasivo. Como en el caso de las relaciones heterosexuales, lo importante es "no abrirse" y, simultáneamente, rajar, herir al contrario.

ME PARECE que todas estas actitudes, por diversas que sean sus raíces, confirman el carácter "cerrado" de

nuestras reacciones frente al mundo o frente a nuestros semejantes. Pero no nos bastan los mecanismos de preservación y defensa. La simulación, que no acude a nuestra pasividad, sino que exige una invención activa y que se recrea a sí misma a cada instante, es una de nuestras formas de conducta habituales. Mentimos por placer y fantasía, sí, como todos los pueblos imaginativos, pero también para ocultarnos y ponernos al abrigo de intrusos. La mentira posee una importancia decisiva en nuestra vida cotidiana, en la política, el amor, la amistad. Con ella no pretendemos nada más engañar a los demás, sino a nosotros mismos. De ahí su fertilidad y lo que distingue a nuestras mentiras de las groseras invenciones de otros pueblos. La mentira es un juego trágico, en el que arriesgamos parte de nuestro ser. Por eso es estéril su denuncia.

El simulador pretende ser lo que no es. Su actividad reclama una constante improvisación, un ir hacia adelante siempre, entre arenas movedizas. A cada minuto hay que rehacer, recrear, modificar el personaje que fingimos, hasta que llega un momento en que realidad y apariencia, mentira y verdad, se confunden. De tejido de invenciones para deslumbrar al prójimo, la simulación se trueca en una forma superior, por artística, de la realidad. Nuestras mentiras reflejan, simultáneamente, nuestras carencias y nuestros apetitos, lo que no somos y lo que deseamos ser. Simulando, nos acercamos a nuestro modelo y a veces el gesticulador, como ha visto con hondura Usigli, se funde con sus gestos, los hace auténticos. La muerte del profesor Rubio lo convierte en lo que deseaba ser: el general Rubio, un revolucionario sincero y un hombre capaz de impulsar y purificar a la Revolución estancada. En la obra de Usigli el profesor Rubio se inventa

a sí mismo y se transforma en general; su mentira es tan verdadera que Navarro, el corrompido, no tiene más remedio que volver a matar en él a su antiguo jefe, el general Rubio. Mata en él la verdad de la Revolución.

Si por el camino de la mentira podemos llegar a la autenticidad, un exceso de sinceridad puede conducirnos a formas refinadas de la mentira. Cuando nos enamoramos nos "abrimos", mostramos nuestra intimidad, ya que una vieja tradición quiere que el que sufre de amor exhiba sus heridas ante la que ama. Pero al descubrir sus llagas de amor, el enamorado transforma su ser en una imagen, en un objeto que entrega a la contemplación de la mujer —y de sí mismo—. Al mostrarse, invita a que lo contemplen con los mismos ojos piadosos con que él se contempla. La mirada ajena ya no lo desnuda; lo recubre de piedad. Y al presentarse como espectáculo y pretender que se le mire con los mismos ojos con que él se ve, se evade del juego erótico, pone a salvo su verdadero ser, lo sustituye por una imagen. Substrae su intimidad, que se refugia en sus ojos, esos ojos que son nada más contemplación y piedad de sí mismo. Se vuelve su imagen y la mirada que la contempla.

En todos los tiempos y en todos los climas las relaciones humanas —y especialmente las amorosas— corren el riesgo de volverse equívocas. Narcisismo y masoquismo no son tendencias exclusivas del mexicano. Pero es notable la frecuencia con que canciones populares, refranes y conductas cotidianas aluden al amor como falsedad y mentira. Casi siempre eludimos los riesgos de una relación desnuda a través de una exageración, en su origen sincera, de nuestros sentimientos. Asimismo, es revelador cómo el carácter combativo del erotismo se acentúa entre nosotros

45

y se encona. El amor es una tentativa de penetrar en otro ser, pero sólo puede realizarse a condición de que la entrega sea mutua. En todas partes es difícil este abandono de sí mismo; pocos coinciden en la entrega y más pocos aún logran trascender esa etapa posesiva y gozar del amor como lo que realmente es: un perpetuo descubrimiento, una inmersión en las aguas de la realidad y una recreación constante. Nosotros concebimos el amor como conquista y como lucha. No se trata tanto de penetrar la realidad, a través de un cuerpo, como de violarla. De ahí que la imagen del amante afortunado —herencia, acaso, del Don Juan español— se confunda con la del hombre que se vale de sus sentimientos —reales o inventados— para obtener a la mujer.

La simulación es una actividad parecida a la de los actores y puede expresarse en tantas formas como personajes fingimos. Pero el actor, si lo es de veras, se entrega a su personaje y lo encarna plenamente, aunque después, terminada la representación, lo abandone como su piel la serpiente. El simulador jamás se entrega y se olvida de sí, pues dejaría de simular si se fundiera con su imagen. Al mismo tiempo, esa ficción se convierte en una parte inseparable —y espuria— de su ser: está condenado a representar toda su vida, porque entre su personaje y él se ha establecido una complicidad que nada puede romper, excepto la muerte o el sacrificio. La mentira se instala en su ser y se convierte en el fondo último de su personalidad.

SIMULAR es inventar o, mejor, aparentar y así eludir nuestra condición. La disimulación exige mayor sutileza: el que disimula no representa, sino que quiere hacerse invisible, pasar inadvertido —sin re-

nunciar a su ser—. El mexicano excede en el disimulo de sus pasiones y de sí mismo. Temeroso de la mirada ajena, se contrae, se reduce, se vuelve sombra y fantasma, eco. No camina, se desliza; no propone, insinúa; no replica, rezonga; no se queja, sonríe; hasta cuando canta —si no estalla y se abre el pecho— lo hace entre dientes y a media voz, disimulando su cantar:

> Y es tanta la tiranía
> de esta disimulación
> que aunque de raros anhelos
> se me hincha el corazón,
> tengo miradas de reto
> y voz de resignación.

Quizá el disimulo nació durante la Colonia. Indios y mestizos tenían, como en el poema de Reyes, que cantar quedo, pues "entre dientes mal se oyen palabras de rebelión". El mundo colonial ha desaparecido, pero no el temor, la desconfianza y el recelo. Y ahora no solamente disimulamos nuestra cólera sino nuestra ternura. Cuando pide disculpas, la gente del campo suele decir "Disimule usted, señor". Y disimulamos. Nos disimulamos con tal ahínco que casi no existimos.

En sus formas radicales el disimulo llega al mimetismo. El indio se funde con el paisaje, se confunde con la barda blanca en que se apoya por la tarde, con la tierra oscura en que se tiende a mediodía, con el silencio que lo rodea. Se disimula tanto su humana singularidad que acaba por abolirla; y se vuelve piedra, pirú, muro, silencio: espacio. No quiero decir que comulgue con el todo, a la manera panteísta, ni que en un árbol aprehenda todos los árboles, sino

47

que, efectivamente, esto es, de una manera concreta y particular, se confunde con un objeto determinado.

Roger Caillois observa que el mimetismo no implica siempre una tentativa de protección contra las amenazas virtuales que pululan en el mundo externo. A veces los insectos se "hacen los muertos" o imitan las formas de la materia en descomposición, fascinados por la muerte, por la inercia del espacio. Esta fascinación —fuerza de gravedad, diría yo, de la vida— es común a todos los seres y el hecho de que se exprese como mimetismo confirma que no debemos considerar a éste exclusivamente como un recurso del instinto vital para escapar del peligro y la muerte.

Defensa frente al exterior o fascinación ante la muerte, el mimetismo no consiste tanto en cambiar de naturaleza como de apariencia. Es revelador que la apariencia escogida sea la de la muerte o la del espacio inerte, en reposo. Extenderse, confundirse con el espacio, ser espacio, es una manera de rehusar las apariencias, pero también es una manera de ser sólo Apariencia. El mexicano tiene tanto horror a las apariencias, como amor le profesan sus demagogos y dirigentes. Por eso se disimula su propio existir hasta confundirse con los objetos que lo rodean. Y así, por miedo a las apariencias, se vuelve sólo Apariencia. Aparenta ser otra cosa e incluso prefiere la apariencia de la muerte o del no ser antes que abrir su intimidad y cambiar. La disimulación mimética, en fin, es una de tantas manifestaciones de nuestro hermetismo. Si el gesticulador acude al disfraz, los demás queremos pasar inadvertidos. En ambos casos ocultamos nuestro ser. Y a veces lo negamos. Recuerdo que una tarde, como oyera un leve ruido en el cuarto vecino al mío, pregunté en voz alta: "¿Quién anda por ahí?" Y

la voz de una criada recién llegada de su pueblo contestó: "No es nadie, señor, soy yo."

No sólo nos disimulamos a nosotros mismos y nos hacemos transparentes y fantasmales; también disimulamos la existencia de nuestros semejantes. No quiero decir que los ignoremos o los hagamos menos, actos deliberados y soberbios. Los disimulamos de manera más definitiva y radical: los ninguneamos. El ninguneo es una operación que consiste en hacer de Alguien, Ninguno. La nada de pronto se individualiza, se hace cuerpo y ojos, se hace Ninguno.

Don Nadie, padre español de Ninguno, posee don, vientre, honra, cuenta en el banco y habla con voz fuerte y segura. Don Nadie llena al mundo con su vacía y vocinglera presencia. Está en todas partes y en todos los sitios tiene amigos. Es banquero, embajador, hombre de empresa. Se pasea por todos los salones, lo condecoran en Jamaica, en Estocolmo y en Londres. Don Nadie es funcionario o influyente y tiene una agresiva y engreída manera de no ser. Ninguno es silencioso y tímido, resignado. Es sensible e inteligente. Sonríe siempre. Espera siempre. Y cada vez que quiere hablar, tropieza con un muro de silencio; si saluda encuentra una espalda glacial; si suplica, llora o grita, sus gestos y gritos se pierden en el vacío que don Nadie crea con su vozarrón. Ninguno no se atreve a no ser: oscila, intenta una vez y otra vez ser Alguien. Al fin, entre vanos gestos, se pierde en el limbo de donde surgió.

Sería un error pensar que los demás le impiden existir. Simplemente disimulan su existencia, obran como si no existiera. Lo nulifican, lo anulan, lo ningunean. Es inútil que Ninguno hable, publique libros, pinte cuadros, se ponga de cabeza. Ninguno es la ausencia de nuestras miradas, la pausa de nuestra

conversación, la reticencia de nuestro silencio. Es el nombre que olvidamos siempre por una extraña fatalidad, el eterno ausente, el invitado que no invitamos, el hueco que no llenamos. Es una omisión. Y sin embargo, Ninguno está presente siempre. Es nuestro secreto, nuestro crimen y nuestro remordimiento. Por eso el Ninguneador también se ningunea; él es la omisión de Alguien. Y si todos somos Ninguno, no existe ninguno de nosotros. El círculo se cierra y la sombra de Ninguno se extiende sobre México, asfixia al Gesticulador y lo cubre todo. En nuestro territorio, más fuerte que las pirámides y los sacrificios, que las iglesias, los motines y los cantos populares, vuelve a imperar el silencio, anterior a la Historia.

TODOS SANTOS, DÍA DE MUERTOS

EL SOLITARIO mexicano ama las fiestas y las reuniones públicas. Todo es ocasión para reunirse. Cualquier pretexto es bueno para interrumpir la marcha del tiempo y celebrar con festejos y ceremonias hombres y acontecimientos. Somos un pueblo ritual. Y esta tendencia beneficia a nuestra imaginación tanto como a nuestra sensibilidad, siempre afinadas y despiertas. El arte de la Fiesta, envilecido en casi todas partes, se conserva intacto entre nosotros. En pocos lugares del mundo se puede vivir un espectáculo parecido al de las grandes fiestas religiosas de México, con sus colores violentos, agrios y puros, sus danzas, ceremonias, fuegos de artificio, trajes insólitos y la inagotable cascada de sorpresas de los frutos, dulces y objetos que se venden esos días en plazas y mercados.

Nuestro calendario está poblado de fiestas. Ciertos días, lo mismo en los lugarejos más apartados que en las grandes ciudades, el país entero reza, grita, come, se emborracha y mata en honor de la Virgen de Guadalupe o del general Zaragoza. Cada año, el 15 de septiembre a las once de la noche, en todas las plazas de México celebramos la Fiesta del Grito; y una multitud enardecida efectivamente grita por espacio de una hora, quizá para callar mejor el resto del año. Durante los días que preceden y suceden al 12 de diciembre, el tiempo suspende su carrera, hace un alto y en lugar de empujarnos hacia un mañana siempre inalcanzable y mentiroso, nos ofrece un presente redondo y perfecto, de danza y juerga, de

51

comunión y comilona con lo más antiguo y secreto de México. El tiempo deja de ser sucesión y vuelve a ser lo que fue, y es, originariamente: un presente en donde pasado y futuro al fin se reconcilian.

Pero no bastan las fiestas que ofrecen a todo el país la Iglesia y la República. La vida de cada ciudad y de cada pueblo está regida por un santo, al que se festeja con devoción y regularidad. Los barrios y los gremios tienen también sus fiestas anuales, sus ceremonias y sus ferias. Y, en fin, cada uno de nosotros —ateos, católicos o indiferentes— poseemos nuestro santo, al que cada año honramos. Son incalculables las fiestas que celebramos y los recursos y tiempo que gastamos en festejar. Recuerdo que hace años pregunté al presidente municipal de un poblado vecino a Mitla: "¿A cuánto ascienden los ingresos del Municipio por contribuciones?" "A unos tres mil pesos anuales. Somos muy pobres. Por eso el señor gobernador y la Federación nos ayudan cada año a completar nuestros gastos." "¿Y en qué utilizan esos tres mil pesos?" "Pues casi todo en fiestas, señor. Chico como lo ve, el pueblo tiene dos santos patronos."

Esa respuesta no es asombrosa. Nuestra pobreza puede medirse por el número y suntuosidad de las fiestas populares. Los países ricos tienen pocas: no hay tiempo, ni humor. Y no son necesarias; las gentes tienen otras cosas que hacer y cuando se divierten lo hacen en grupos pequeños. Las masas modernas son aglomeraciones de solitarios. En las grandes ocasiones, en París o en Nueva York, cuando el público se congrega en plazas o estadios, es notable la ausencia de pueblo: se ven parejas y grupos, nunca una comunidad viva en donde la persona humana se disuelve y rescata simultáneamente. Pero un pobre mexicano, ¿cómo podría vivir sin esas dos o tres fies-

tas anuales que lo compensan de su estrechez y de su miseria? Las fiestas son nuestro único lujo; ellas sustituyen, acaso con ventaja, al teatro y a las vacaciones, al *week end* y al *cocktail party* de los sajones, a las recepciones de la burguesía y al café de los mediterráneos.

En esas ceremonias —nacionales, locales, gremiales o familiares— el mexicano se abre al exterior. Todas ellas le dan ocasión de revelarse y dialogar con la divinidad, la patria, los amigos o los parientes. Durante esos días el silencioso mexicano silba, grita, canta, arroja petardos, descarga su pistola al aire. Descarga su alma. Y su grito, como los cohetes que tanto nos gustan, sube hasta el cielo, estalla en una explosión verde, roja, azul y blanca y cae vertiginoso dejando una cauda de chispas doradas. Esa noche los amigos, que durante meses no pronunciaron más palabras que las prescritas por la indispensable cortesía, se emborrachan juntos, se hacen confidencias, lloran las mismas penas, se descubren hermanos y a veces, para probarse, se matan entre sí. La noche se puebla de canciones y aullidos. Los enamorados despiertan con orquestas a las muchachas. Hay diálogos y burlas de balcón a balcón, de acera a acera. Nadie habla en voz baja. Se arrojan los sombreros al aire. Las malas palabras y los chistes caen como cascadas de pesos fuertes. Brotan las guitarras. En ocasiones, es cierto, la alegría acaba mal: hay riñas, injurias, balazos, cuchilladas. También eso forma parte de la fiesta. Porque el mexicano no se divierte: quiere sobrepasarse, saltar el muro de soledad que el resto del año lo incomunica. Todos están poseídos por la violencia y el frenesí. Las almas estallan como los colores, las voces, los sentimientos. ¿Se olvidan de sí mismos, muestran su verdadero rostro? Nadie lo

sabe. Lo importante es salir, abrirse paso, embriagarse de ruido, de gente, de color. México está de fiesta. Y esa Fiesta, cruzada por relámpagos y delirios, es como el revés brillante de nuestro silencio y apatía, de nuestra reserva y hosquedad.

Algunos sociólogos franceses consideran a la Fiesta como un gasto ritual. Gracias al derroche, la colectividad se pone al abrigo de la envidia celeste y humana. Los sacrificios y las ofrendas calman o compran a dioses y santos patronos; las dádivas y festejos, al pueblo. El exceso en el gastar y el desperdicio de energías afirman la opulencia de la colectividad. Ese lujo es una prueba de salud, una exhibición de abundancia y poder. O una trampa mágica. Porque con el derroche se espera atraer, por contagio, a la verdadera abundancia. Dinero llama a dinero. La vida que se riega, da más vida; la orgía, gasto sexual, es también una ceremonia de regeneración genésica; y el desperdicio, fortalece. Las ceremonias de fin de año, en todas las culturas, significan algo más que la conmemoración de una fecha. Ese día es una pausa; efectivamente el tiempo se acaba, se extingue. Los ritos que celebran su extinción están destinados a provocar su renacimiento: la fiesta del fin de año es también la del año nuevo, la del tiempo que empieza. Todo atrae a su contrario. En suma, la función de la Fiesta es más utilitaria de lo que se piensa; el desperdicio atrae o suscita la abundancia y es una inversión como cualquiera otra. Sólo que aquí la ganancia no se mide, ni cuenta. Se trata de adquirir potencia, vida y salud. En este sentido la Fiesta es una de las formas económicas más antiguas, con el don y la ofrenda.

Esta interpretación me ha parecido siempre incompleta. Inscrita en la órbita de lo sagrado, la Fiesta es ante todo el advenimiento de lo insólito. La rigen

54

reglas especiales, privativas, que la aíslan y hacen un día de excepción. Y con ellas se introduce una lógica, una moral, y hasta una economía que frecuentemente contradicen las de todos los días. Todo ocurre en un mundo encantado: el tiempo es *otro tiempo* (situado en un pasado mítico o en una actualidad pura); el espacio en que se verifica cambia de aspecto, se desliga del resto de la tierra, se engalana y convierte en un "sitio de fiesta" (en general se escogen lugares especiales o poco frecuentados); los personajes que intervienen abandonan su rango humano o social y se transforman en vivas, aunque efímeras, representaciones. Y todo pasa como si no fuera cierto, como en los sueños. Ocurra lo que ocurra, nuestras acciones poseen mayor ligereza, una gravedad distinta: asumen significaciones diversas y contraemos con ellas responsabilidades singulares. Nos aligeramos de nuestra carga de tiempo y razón.

En ciertas fiestas desaparece la noción misma de Orden. El caos regresa y reina la licencia. Todo se permite: desaparecen las jerarquías habituales, las distinciones sociales, los sexos, las clases, los gremios. Los hombres se disfrazan de mujeres, los señores de esclavos, los pobres de ricos. Se ridiculiza al ejército, al clero, a la magistratura. Gobiernan los niños o los locos. Se cometen profanaciones rituales, sacrilegios obligatorios. El amor se vuelve promiscuo. A veces la Fiesta se convierte en Misa Negra. Se violan reglamentos, hábitos, costumbres. El individuo respetable arroja su máscara de carne y la ropa oscura que lo aísla y, vestido de colorines, se esconde en una careta, que lo libera de sí mismo.

Así pues, la Fiesta no es solamente un exceso, un desperdicio ritual de los bienes penosamente acumulados durante todo el año; también es una revuelta,

una súbita inmersión en lo informe, en la vida pura. A través de la Fiesta la sociedad se libera de las normas que se ha impuesto. Se burla de sus dioses, de sus principios y de sus leyes: se niega a sí misma.

La Fiesta es una Revuelta, en el sentido literal de la palabra. En la confusión que engendra, la sociedad se disuelve, se ahoga, en tanto que organismo regido conforme a ciertas reglas y principios. Pero se ahoga en sí misma, en su caos o libertad original. Todo se comunica; se mezcla el bien con el mal, el día con la noche, lo santo con lo maldito. Todo cohabita, pierde forma, singularidad, y vuelve al amasijo primordial. La Fiesta es una operación cósmica: la experiencia del Desorden, la reunión de los elementos y principios contrarios para provocar el renacimiento de la vida. La muerte ritual suscita el renacer; el vómito, el apetito; la orgía, estéril en sí misma, la fecundidad de las madres o de la tierra. La Fiesta es un regreso a un estado remoto e indiferenciado, prenatal o presocial, por decirlo así. Regreso que es también un comienzo, según quiere la dialéctica inherente a los hechos sociales.

El grupo sale purificado y fortalecido de ese baño de caos. Se ha sumergido en sí, en la entraña misma de donde salió. Dicho de otro modo, la Fiesta niega a la sociedad en tanto que conjunto orgánico de formas y principios diferenciados, pero la afirma en cuanto fuente de energía y creación. Es una verdadera recreación, al contrario de lo que ocurre con las vacaciones modernas, que no entrañan rito o ceremonia alguna, individuales y estériles como el mundo que las ha inventado.

La sociedad comulga consigo misma en la Fiesta. Todos sus miembros vuelven a la confusión y libertad originales. La estructura social se deshace y se

crean nuevas formas de relación, reglas inesperadas, jerarquías caprichosas. En el desorden general, cada quien se abandona y atraviesa por situaciones y lugares que habitualmente le estaban vedados. Las fronteras entre espectadores y actores, entre oficiantes y asistentes, se borran. Todos forman parte de la Fiesta, todos se disuelven en su torbellino. Cualquiera que sea su índole, su carácter, su significado, la Fiesta es participación. Este rasgo la distingue finalmente de otros fenómenos y ceremonias: laica o religiosa, orgía o saturnal, la Fiesta es un hecho social basado en la activa participación de los asistentes.

Gracias a las Fiestas el mexicano se abre, participa, comulga con sus semejantes y con los valores que dan sentido a su existencia religiosa o política. Y es significativo que un país tan triste como el nuestro tenga tantas y tan alegres fiestas. Su frecuencia, el brillo que alcanzan, el entusiasmo con que todos participamos, parecen revelar que, sin ellas, estallaríamos. Ellas nos liberan, así sea momentáneamente, de todos esos impulsos sin salida y de todas esas materias inflamables que guardamos en nuestro interior. Pero a diferencia de lo que ocurre en otras sociedades, la Fiesta mexicana no es nada más un regreso a un estado original de indiferenciación y libertad; el mexicano no intenta regresar, sino salir de sí mismo, sobrepasarse. Entre nosotros la Fiesta es una explosión, un estallido. Muerte y vida, júbilo y lamento, canto y aullido se alían en nuestros festejos, no para recrearse o reconocerse, sino para entredevorarse. No hay nada más alegre que una fiesta mexicana, pero también no hay nada más triste. La noche de fiesta es también noche de duelo.

Si en la vida diaria nos ocultamos a nosotros mismos, en el remolino de la Fiesta nos disparamos. Más

que abrirnos, nos desgarramos. Todo termina en alarido y desgarradura: el canto, el amor, la amistad. La violencia de nuestros festejos muestra hasta qué punto nuestro hermetismo nos cierra las vías de comunicación con el mundo. Conocemos el delirio, la canción, el aullido y el monólogo, pero no el diálogo. Nuestras Fiestas, como nuestras confidencias, nuestros amores y nuestras tentativas por reordenar nuestra sociedad, son rupturas violentas con lo antiguo o con lo establecido. Cada vez que intentamos expresarnos, necesitamos romper con nosotros mismos. Y la Fiesta sólo es un ejemplo, acaso el más típico, de ruptura violenta. No sería difícil enumerar otros, igualmente reveladores: el juego, que es siempre un ir a los extremos, mortal con frecuencia; nuestra prodigalidad en el gastar, reverso de la timidez de nuestras inversiones y empresas económicas; nuestras confesiones. El mexicano, ser hosco, encerrado en sí mismo, de pronto estalla, se abre el pecho y se exhibe, con cierta complacencia y deteniéndose en los repliegues vergonzosos o terribles de su intimidad. No somos francos, pero nuestra sinceridad puede llegar a extremos que horrorizarían a un europeo. La manera explosiva y dramática, a veces suicida, con que nos desnudamos y entregamos, inermes casi, revela que algo nos asfixia y cohíbe. Algo nos impide ser. Y porque no nos atrevemos o no podemos enfrentarnos con nuestro ser, recurrimos a la Fiesta. Ella nos lanza al vacío, embriaguez que se quema a sí misma, disparo en el aire, fuego de artificio.

LA MUERTE es un espejo que refleja las vanas gesticulaciones de la vida. Toda esa abigarrada confusión de actos, omisiones, arrepentimientos y tentativas —obras y sobras— que es cada vida, encuentra en la muerte, ya

58

que no sentido o explicación, fin. Frente a ella nuestra vida se dibuja e inmoviliza. Antes de desmoronarse y hundirse en la nada, se esculpe y vuelve forma inmutable: ya no cambiaremos sino para desaparecer. Nuestra muerte ilumina nuestra vida. Si nuestra muerte carece de sentido, tampoco lo tuvo nuestra vida. Por eso cuando alguien muere de muerte violenta, solemos decir: "se la buscó". Y es cierto, cada quien tiene la muerte que se busca, la muerte que se hace. Muerte de cristiano o muerte de perro son maneras de morir que reflejan maneras de vivir. Si la muerte nos traiciona y morimos de mala manera, todos se lamentan: hay que morir como se vive. La muerte es intransferible, como la vida. Si no morimos como vivimos es porque realmente no fue nuestra la vida que vivimos: no nos pertenecía como no nos pertenece la mala suerte que nos mata. Dime cómo mueres y te diré quién eres.

Para los antiguos mexicanos la oposición entre muerte y vida no era tan absoluta como para nosotros. La vida se prolongaba en la muerte. Y a la inversa. La muerte no era el fin natural de la vida, sino fase de un ciclo infinito. Vida, muerte y resurrección eran estadios de un proceso cósmico, que se repetía insaciable. La vida no tenía función más alta que desembocar en la muerte, su contrario y complemento; y la muerte, a su vez, no era un fin en sí; el hombre alimentaba con su muerte la voracidad de la vida, siempre insatisfecha. El sacrificio poseía un doble objeto: por una parte, el hombre accedía al proceso creador (pagando a los dioses, simultáneamente, la deuda contraída por la especie); por la otra, alimentaba la vida cósmica y la social, que se nutría de la primera.

Posiblemente el rasgo más característico de esta concepción es el sentido impersonal del sacrificio. Del

mismo modo que su vida no les pertenecía, su muerte carecía de todo propósito personal. Los muertos —incluso los guerreros caídos en el combate y las mujeres muertas en el parto, compañeros de Huitzilopochtli, el dios solar— desaparecían al cabo de algún tiempo, ya para volver al país indiferenciado de las sombras, ya para fundirse al aire, a la tierra, al fuego, a la sustancia animadora del universo. Nuestros antepasados indígenas no creían que su muerte les pertenecía, como jamás pensaron que su vida fuese realmente "su vida", en el sentido cristiano de la palabra. Todo se conjugaba para determinar, desde el nacimiento, la vida y la muerte de cada hombre: la clase social, el año, el lugar, el día, la hora. El azteca era tan poco responsable de sus actos como de su muerte.

Espacio y tiempo estaban ligados y formaban una unidad inseparable. A cada espacio, a cada uno de los puntos cardinales, y al centro en que se inmovilizaban, correspondía un "tiempo" particular. Y este complejo de espacio-tiempo poseía virtudes y poderes propios, que influían y determinaban profundamente la vida humana. Nacer un día cualquiera, era pertenecer a un espacio, a un tiempo, a un color y a un destino. Todo estaba previamente trazado. En tanto que nosotros disociamos espacio y tiempo, meros escenarios que atraviesan nuestras vidas, para ellos había tantos "espacios-tiempos" como combinaciones poseía el calendario sacerdotal. Y cada uno estaba dotado de una significación cualitativa particular, superior a la voluntad humana.

Religión y destino regían su vida, como moral y libertad presiden la nuestra. Mientras nosotros vivimos bajo el signo de la libertad y todo —aun la fatalidad griega y la gracia de los teólogos— es elección y lucha, para los aztecas el problema se reducía a inves-

tigar la no siempre clara voluntad de los dioses. De ahí la importancia de las prácticas adivinatorias. Los únicos libres eran los dioses. Ellos podían escoger —y, por lo tanto, en un sentido profundo, pecar—. La religión azteca está llena de grandes dioses pecadores —Quetzalcóatl, como ejemplo máximo—, dioses que desfallecen y pueden abandonar a sus creyentes, del mismo modo que los cristianos reniegan a veces de su Dios. La conquista de México sería inexplicable sin la traición de los dioses, que reniegan de su pueblo.

El advenimiento del catolicismo modifica radicalmente esta situación. El sacrificio y la idea de salvación, que antes eran colectivos, se vuelven personales. La libertad se humaniza, encarna en los hombres. Para los antiguos aztecas lo esencial era asegurar la continuidad de la creación; el sacrificio no entrañaba la salvación ultraterrena, sino la salud cósmica; el mundo, y no el individuo, vivía gracias a la sangre y la muerte de los hombres. Para los cristianos, el individuo es lo que cuenta. El mundo —la historia, la sociedad— está condenado de antemano. La muerte de Cristo salva a cada hombre en particular. Cada uno de nosotros es el Hombre y en cada uno están depositadas las esperanzas y posibilidades de la especie. La redención es obra personal.

Ambas actitudes, por más opuestas que nos parezcan, poseen una nota común: la vida, colectiva o individual, está abierta a la perspectiva de una muerte que es, a su modo, una nueva vida. La vida sólo se justifica y trasciende cuando se realiza en la muerte. Y ésta también es trascendencia, más allá, puesto que consiste en una nueva vida. Para los cristianos la muerte es un tránsito, un salto mortal entre dos vidas, la temporal y la ultraterrena; para los aztecas, la manera más honda de participar en la continua

regeneración de las fuerzas creadoras, siempre en peligro de extinguirse si no se les provee de sangre, alimento sagrado. En ambos sistemas vida y muerte carecen de autonomía; son las dos caras de una misma realidad. Toda su significación proviene de otros valores, que las rigen. Son referencias a realidades invisibles.

La muerte moderna no posee ninguna significación que la trascienda o refiera a otros valores. En casi todos los casos es, simplemente, el fin inevitable de un proceso natural. En un mundo de hechos, la muerte es un hecho más. Pero como es un hecho desagradable, un hecho que pone en tela de juicio todas nuestras concepciones y el sentido mismo de nuestra vida, la filosofía del progreso (¿el progreso hacia dónde y desde dónde?, se pregunta Scheler) pretende escamotearnos su presencia. En el mundo moderno todo funciona como si la muerte no existiera. Nadie cuenta con ella. Todo la suprime: las prédicas de los políticos, los anuncios de los comerciantes, la moral pública, las costumbres, la alegría a bajo precio y la salud al alcance de todos que nos ofrecen hospitales, farmacias y campos deportivos. Pero la muerte, ya no como tránsito, sino como gran boca vacía que nada sacia, habita todo lo que emprendemos. El siglo de la salud, la higiene, los anticonceptivos, las drogas milagrosas y los alimentos sintéticos, es también el siglo de los campos de concentración, del Estado policiaco, de la exterminación atómica y del *murder story*. Nadie piensa en la muerte, en su muerte propia, como quería Rilke, porque nadie vive una vida personal. La matanza colectiva no es sino el fruto de la colectivización de la vida.

También para el mexicano moderno la muerte carece de significación. Ha dejado de ser tránsito,

acceso a otra vida más vida que la nuestra. Pero la intrascendencia de la muerte no nos lleva a eliminarla de nuestra vida diaria. Para el habitante de Nueva York, París o Londres, la muerte es la palabra que jamás se pronuncia porque quema los labios. El mexicano, en cambio, la frecuenta, la burla, la acaricia, duerme con ella, la festeja, es uno de sus juguetes favoritos y su amor más permanente. Cierto, en su actitud hay quizá tanto miedo como en la de los otros; mas al menos no se esconde ni la esconde; la contempla cara a cara con impaciencia, desdén o ironía: "si me han de matar mañana, que me maten de una vez".

La indiferencia del mexicano ante la muerte se nutre de su indiferencia ante la vida. El mexicano no solamente postula la intrascendencia del morir, sino la del vivir. Nuestras canciones, refranes, fiestas y reflexiones populares manifiestan de una manera inequívoca que la muerte no nos asusta porque "la vida nos ha curado de espantos". Morir es natural y hasta deseable; cuanto más pronto, mejor. Nuestra indiferencia ante la muerte es la otra cara de nuestra indiferencia ante la vida. Matamos porque la vida, la nuestra y la ajena, carece de valor. Y es natural que así ocurra: vida y muerte son inseparables y cada vez que la primera pierde significación, la segunda se vuelve intrascendente. La muerte mexicana es el espejo de la vida de los mexicanos. Ante ambas el mexicano se cierra, las ignora.

El desprecio a la muerte no está reñido con el culto que le profesamos. Ella está presente en nuestras fiestas, en nuestros juegos, en nuestros amores y en nuestros pensamientos. Morir y matar son ideas que pocas veces nos abandonan. La muerte nos seduce. La fascinación que ejerce sobre nosotros quizá brote de nuestro hermetismo y de la furia con que lo rompemos. La

presión de nuestra vitalidad, constreñida a expresarse en formas que la traicionan, explica el carácter mortal, agresivo o suicida, de nuestras explosiones. Cuando estallamos, además, tocamos el punto más alto de la tensión, rozamos el vértice vibrante de la vida. Y allí, en la altura del frenesí, sentimos el vértigo: la muerte nos atrae.

Por otra parte, la muerte nos venga de la vida, la desnuda de todas sus vanidades y pretensiones y la convierte en lo que es: unos huesos mondos y una mueca espantable. En un mundo cerrado y sin salida, en donde todo es muerte, lo único valioso es la muerte. Pero afirmamos algo negativo. Calaveras de azúcar o de papel de China, esqueletos coloridos de fuegos de artificio, nuestras representaciones populares son siempre burla de la vida, afirmación de la nadería e insignificancia de la humana existencia. Adornamos nuestras casas con cráneos, comemos el día de los Difuntos panes que fingen huesos y nos divierten canciones y chascarrillos en los que ríe la muerte pelona, pero toda esa fanfarrona familiaridad no nos dispensa de la pregunta que todos nos hacemos: ¿qué es la muerte? No hemos inventado una nueva respuesta. Y cada vez que nos la preguntamos, nos encogemos de hombros: ¿qué me importa la muerte, si no me importa la vida?

El mexicano, obstinadamente cerrado ante el mundo y sus semejantes, ¿se abre ante la muerte? La adula, la festeja, la cultiva, se abraza a ella, definitivamente y para siempre, pero no se entrega. Todo está lejos del mexicano, todo le es extraño y, en primer término, la muerte, la extraña por excelencia. El mexicano no se entrega a la muerte, porque la entrega entraña sacrificio. Y el sacrificio, a su vez, exige que alguien dé y alguien reciba. Esto es, que alguien se

abra y se encare a una realidad que lo trasciende. En un mundo intrascendente, cerrado sobre sí mismo, la muerte mexicana no da ni recibe; se consume en sí misma y a sí misma se satisface. Así pues, nuestras relaciones con la muerte son íntimas —más íntimas, acaso, que las de cualquier otro pueblo— pero desnudas de significación y desprovistas de erotismo. La muerte mexicana es estéril, no engendra como la de aztecas y cristianos.

Nada más opuesto a esta actitud que la de europeos y norteamericanos. Leyes, costumbres, moral pública y privada, tienden a preservar la vida humana. Esta protección no impide que aparezcan cada vez con más frecuencia ingeniosos y refinados asesinos, eficaces productores del crimen perfecto y en serie. La reiterada irrupción de criminales profesionales, que maduran y calculan sus asesinatos con una precisión inaccesible a cualquier mexicano; el placer con que relatan sus experiencias, sus goces y sus procedimientos; la fascinación con que el público y los periódicos recogen sus confesiones; y, finalmente, la reconocida ineficacia de los sistemas de represión con que se pretende evitar nuevos crímenes, muestran que el respeto a la vida humana que tanto enorgullece a la civilización occidental es una noción incompleta o hipócrita.

El culto a la vida, si de verdad es profundo y total, es también culto a la muerte. Ambas son inseparables. Una civilización que niega a la muerte, acaba por negar a la vida. La perfección de los criminales modernos no es nada más una consecuencia del progreso de la técnica moderna, sino del desprecio a la vida inexorablemente implícito en todo voluntario escamoteo de la muerte. Y podría agregarse que la perfección de la técnica moderna y la popularidad de

la *murder story* no son sino **frutos** (como los campos de concentración y el empleo de sistemas de exterminación colectiva) de una concepción optimista y unilateral de la existencia. Y así, es inútil excluir a la muerte de nuestras representaciones, de nuestras palabras, de nuestras ideas, porque ella acabará por suprimirnos a todos y en primer término a los que viven ignorándola o fingiendo que la ignoran.

Cuando el mexicano mata —por vergüenza, placer o capricho— mata a una persona, a un semejante. Los criminales y estadistas modernos no matan: suprimen. Experimentan con seres que han perdido ya su calidad humana. En los campos de concentración primero se degrada al hombre; una vez convertido en un objeto, se le extermina en masa. El criminal típico de la gran ciudad —más allá de los móviles concretos que lo impulsan— realiza en pequeña escala lo que el caudillo moderno hace en grande. También a su modo experimenta: envenena, disgrega cadáveres con ácidos, incinera despojos, convierte en objeto a su víctima. La antigua relación entre víctima y victimario, que es lo único que humaniza al crimen, lo único que lo hace imaginable, ha desaparecido. Como en las novelas de Sade, no hay ya sino verdugos y objetos, instrumentos de placer y destrucción. Y la inexistencia de la víctima hace más intolerable y total la infinita soledad del victimario. Para nosotros el crimen es todavía una relación —y en ese sentido posee el mismo significado liberador que la Fiesta o la confesión—. De ahí su dramatismo, su poesía y —¿por qué no decirlo?— su grandeza. Gracias al crimen, accedemos a una efímera trascendencia.

EN LOS primeros versos de la *Octava elegía de Duino*, Rilke dice que la criatura —el ser en su inocencia ani-

mal— contempla lo Abierto, al contrario de nosotros, que jamás vemos hacia adelante, hacia lo absoluto. El miedo nos hace volver el rostro, darle la espalda a la muerte. Y al negarnos a contemplarla, nos cerramos fatalmente a la vida, que es una totalidad que la lleva en sí. Lo Abierto es el mundo en donde los contrarios se reconcilian y la luz y la sombra se funden. Esta concepción tiende a devolver a la muerte su sentido original, que nuestra época le ha arrebatado: muerte y vida son contrarios que se complementan. Ambas son mitades de una esfera que nosotros, sujetos a tiempo y espacio, no podemos sino entrever. En el mundo prenatal, muerte y vida se confunden; en el nuestro, se oponen; en el más allá, vuelven a reunirse, pero ya no en la ceguera animal, anterior al pecado y a la conciencia, sino como inocencia reconquistada. El hombre puede trascender la oposición temporal que las escinde —y que no reside en ellas, sino en su conciencia— y percibirlas como una unidad superior. Este conocimiento no se opera sino a través de un desprendimiento: la criatura debe renunciar a su vida temporal y a la nostalgia del limbo, del mundo animal. Debe abrirse a la muerte si quiere abrirse a la vida; entonces "será como los ángeles".

Así, frente a la muerte hay dos actitudes: una, hacia adelante, que la concibe como creación; otra, de regreso, que se expresa como fascinación ante la nada o como nostalgia del limbo. Ningún poeta mexicano o hispanoamericano, con la excepción, acaso, de César Vallejo, se aproxima a la primera de estas dos concepciones. En cambio, dos poetas mexicanos, José Gorostiza y Xavier Villaurrutia, encarnan la segunda de estas dos direcciones. Si para Gorostiza la vida es "una muerte sin fin", un continuo despeñarse en la nada,

67

para Villaurrutia la vida no es más que "nostalgia de la muerte".

La afortunada imagen que da título al libro de Villaurrutia, *Nostalgia de la muerte*, es algo más que un acierto verbal. Con él, su autor quiere señalarnos la significación última de su poesía. La muerte como nostalgia y no como fruto o fin de la vida, equivale a afirmar que no venimos de la vida, sino de la muerte. Lo antiguo y original, la entraña materna, es la huesa y no la matriz. Esta aseveración corre el riesgo de parecer una vana paradoja o la reiteración de un viejo lugar común: todos somos polvo y vamos al polvo. Creo, pues, que el poeta desea encontrar en la muerte (que es, en efecto, nuestro origen) una revelación que la vida temporal no le ha dado: la de la verdadera vida. Al morir,

> la aguja del instantero
> recorrerá su cuadrante
> todo cabrá en un instante
>
> y será posible acaso
> vivir, después de haber muerto.

Regresar a la muerte original será volver a la vida de antes de la vida, a la vida de antes de la muerte: al limbo, a la entraña materna.

Muerte sin fin, el poema de José Gorostiza, es quizá el más alto testimonio que poseemos los hispanoamericanos de una conciencia verdaderamente moderna, inclinada sobre sí misma, presa de sí, de su propia claridad cegadora. El poeta, al mismo tiempo lúcido y exasperado, desea arrancar su máscara a la existencia, para contemplarla en su desnudez. El diálogo entre el mundo y el hombre, viejo como la

poesía y el amor, se transforma en el del agua y el vaso que la ciñe, el del pensamiento y la forma en que se vierte y a la que acaba por corroer. Preso en las apariencias —árboles y pensamientos, piedras y emociones, días y noches, crepúsculos, no son sino metáforas, cinta de colores— el poeta advierte que el soplo que hincha la sustancia, la modela y la erige Forma, es el mismo que la carcome y arruga y destrona. En este drama sin personajes, pues todos son nada más reflejos, disfraces de un suicida que dialoga consigo mismo en un lenguaje de espejos y ecos, tampoco la inteligencia es otra cosa que reflejo, forma, y la más pura, de la muerte, de una muerte enamorada de sí misma. Todo se despeña en su propia claridad, todo se anega en su fulgor, todo se dirige hacia esa muerte transparente: la vida no es sino una metáfora, una invención con que la muerte —¡también ella!— quiere engañarse. El poema es el tenso desarrollo del viejo tema de Narciso —al que, por otra parte, no se alude una sola vez en el texto— . Y no solamente la conciencia se contempla a sí misma en sus aguas transparentes y vacías, espejo y ojo al mismo tiempo, como en el poema de Valéry: la nada, que se miente forma y vida, respiración y pecho, que se finge corrupción y muerte, termina por desnudarse y, ya vacía, se inclina sobre sí misma: se enamora de sí, cae en sí, incansable muerte sin fin.

En suma, si en la Fiesta, la borrachera o la confidencia nos abrimos, lo hacemos con tal violencia que nos desgarramos y acabamos por anularnos. Y ante la muerte, como ante la vida, nos alzamos de hombros y le oponemos un silencio o una sonrisa desdeñosa. La Fiesta y el crimen pasional o gratuito, revelan que el equilibrio de que hacemos gala sólo es una máscara,

siempre en peligro de ser desgarrada por una súbita explosión de nuestra intimidad.

Todas estas actitudes indican que el mexïcano siente, en sí mismo y en la carne del país, la presencia de una mancha, no por difusa menos viva, original e imborrable. Todos nuestros gestos tienden a ocultar esa llaga, siempre fresca, siempre lista a encenderse y arder bajo el sol de la mirada ajena.

Ahora bien, todo desprendimiento provoca una herida. A reserva de indagar cómo y en qué momento se produjo ese desprendimiento, debo apuntar que cualquier ruptura (con nosotros mismos o con lo que nos rodea, con el pasado o con el presente) engendra un sentimiento de soledad. En los casos extremos —separación de los padres, de la Matriz o de la tierra natal, muerte de los dioses o conciencia aguda de sí— la soledad se identifica con la orfandad. Y ambos se manifiestan generalmente como conciencia del pecado. Las penalidades y vergüenza que inflige el estado de separación pueden ser consideradas, gracias a la introducción de las nociones de expiación y redención, como sacrificios necesarios, prendas o promesas de una futura comunión que pondrá fin al exilio. La culpa puede desaparecer, la herida cicatrizar, el exilio resolverse en comunión. La soledad adquiere así un carácter purgativo, purificador. El solitario o aislado trasciende su soledad, la vive como una prueba y como una promesa de comunión.

El mexicano, según se ha visto en las descripciones anteriores, no trasciende su soledad. Al contrario, se encierra en ella. Habitamos nuestra soledad como Filoctetes su isla, no esperando, sino temiendo volver al mundo. No soportamos la presencia de nuestros compañeros. Encerrados en nosotros mismos, cuando no desgarrados y enajenados, apuramos una soledad

sin referencias a un más allá redentor o a un más acá creador. Oscilamos entre la entrega y la reserva, entre el grito y el silencio, entre la fiesta y el velorio, sin entregarnos jamás. Nuestra impasibilidad recubre la vida con la máscara de la muerte; nuestro grito desgarra esa máscara y sube al cielo hasta distenderse, romperse y caer como derrota y silencio. Por ambos caminos el mexicano se cierra al mundo: a la vida y a la muerte.

LOS HIJOS DE LA MALINCHE

LA EXTRAÑEZA que provoca nuestro hermetismo ha creado la leyenda del mexicano, ser insondable. Nuestro recelo provoca el ajeno. Si nuestra cortesía atrae, nuestra reserva hiela. Y las inesperadas violencias que nos desgarran, el esplendor convulso o solemne de nuestras fiestas, el culto a la muerte, acaban por desconcertar al extranjero. La sensación que causamos no es diversa a la que producen los orientales. También ellos, chinos, indostanos o árabes, son herméticos e indescifrables. También ellos arrastran en andrajos un pasado todavía vivo. Hay un misterio mexicano como hay un misterio amarillo y uno negro. El contenido concreto de esas representaciones depende de cada espectador. Pero todos coinciden en hacerse de nosotros una imagen ambigua, cuando no contradictoria: no somos gente segura y nuestras respuestas como nuestros silencios son imprevisibles, inesperados. Traición y lealtad, crimen y amor, se agazapan en el fondo de nuestra mirada. Atraemos y repelemos.

No es difícil comprender los orígenes de esta actitud. Para un europeo, México es un país al margen de la Historia universal. Y todo lo que se encuentra alejado del centro de la sociedad aparece como extraño e impenetrable. Los campesinos, remotos, ligeramente arcaicos en el vestir y el hablar, parcos, amantes de expresarse en formas y fórmulas tradicionales, ejercen siempre una fascinación sobre el hombre urbano. En todas partes representan el elemento más

antiguo y secreto de la sociedad. Para todos, excepto para ellos mismos, encarnan lo oculto, lo escondido y que no se entrega sino difícilmente, tesoro enterrado, espiga que madura en las entrañas terrestres, vieja sabiduría escondida entre los pliegues de la tierra.

La mujer, otro de los seres que viven aparte, también es figura enigmática. Mejor dicho, es el Enigma. A semejanza del hombre de raza o nacionalidad extraña, incita y repele. Es la imagen de la fecundidad, pero asimismo de la muerte. En casi todas las culturas las diosas de la creación son también deidades de destrucción. Cifra viviente de la extrañeza del universo y de su radical heterogeneidad, la mujer ¿esconde la muerte o la vida?, ¿en qué piensa?, ¿piensa acaso?, ¿siente de veras?, ¿es igual a nosotros? El sadismo se inicia como venganza ante el hermetismo femenino o como tentativa desesperada para obtener una respuesta de un cuerpo que tememos insensible. Porque, como dice Luis Cernuda, "el deseo es una pregunta cuya respuesta no existe". A pesar de su desnudez —redonda, plena— en las formas de la mujer siempre hay algo que desvelar:

> Eva y Cipris concentran el misterio
> del corazón del mundo.

Para Rubén Darío, como para todos los grandes poetas, la mujer no es solamente un instrumento de conocimiento, sino el conocimiento mismo. El conocimiento que no poseeremos nunca, la suma de nuestra definitiva ignorancia: el misterio supremo.

Es notable que nuestras representaciones de la clase obrera no estén teñidas de sentimientos parecidos, a pesar de que también vive alejada del centro de la sociedad —inclusive físicamente, recluida en barrios

y ciudades especiales—. Cuando un novelista contemporáneo introduce un personaje que simboliza la salud o la destrucción, la fertilidad o la muerte, no escoge, como podría esperarse, a un obrero —que encierra en su figura la muerte de la vieja sociedad y el nacimiento de otra—. D. H. Lawrence, que es uno de los críticos más violentos y profundos del mundo moderno, describe en casi todas sus obras las virtudes que harían del hombre fragmentario de nuestros días un hombre de verdad, dueño de una visión total del mundo. Para encarnar esas virtudes crea personajes de razas antiguas y no-europeas. O inventa la figura de Mellors, un guardabosque, un hijo de la tierra. Es posible que la infancia de Lawrence, transcurrida entre las minas de carbón inglesas, explique esta deliberada ausencia. Es sabido que detestaba a los obreros tanto como a los burgueses. Pero ¿cómo explicar que en todas las grandes novelas revolucionarias tampoco aparezcan los proletarios como héroes, sino como fondo? En todas ellas el héroe es siempre el aventurero, el intelectual o el revolucionario profesional. El hombre aparte, que ha renunciado a su clase, a su origen o a su patria. Herencia del romanticismo, sin duda, que hace del héroe un ser antisocial. Además, el obrero es demasiado reciente. Y se parece a sus señores: todos son hijos de la máquina.

El obrero moderno carece de individualidad. La clase es más fuerte que el individuo y la persona se disuelve en lo genérico. Porque ésa es la primera y más grave mutilación que sufre el hombre al convertirse en asalariado industrial. El capitalismo lo despoja de su naturaleza humana —lo que no ocurrió con el siervo— puesto que reduce todo su ser a fuerza de trabajo, transformándolo por este solo hecho en obje-

to. Y como a todos los objetos, en mercancía, en cosa susceptible de compra y venta. El obrero pierde, bruscamente y por razón misma de su estado social, toda relación humana y concreta con el mundo: ni son suyos los útiles que emplea, ni es suyo el fruto de su esfuerzo. Ni siquiera lo ve. En realidad no es un obrero, puesto que no hace obras o no tiene conciencia de las que hace, perdido en un aspecto de la producción. Es un trabajador, nombre abstracto, que no designa una tarea determinada, sino una función. Así, no lo distingue de los otros hombres su obra, como acontece con el médico, el ingeniero o el carpintero. La abstracción que lo califica —el trabajo medido en tiempo— no lo separa, sino lo liga a otras abstracciones. De ahí su ausencia de misterio, de problematicidad, su transparencia, que no es diversa a la de cualquier instrumento.

La complejidad de la sociedad contemporánea y la especialización que requiere el trabajo extienden la condición abstracta del obrero a otros grupos sociales. Vivimos en un mundo de técnicos, se dice. A pesar de las diferencias de salarios y de nivel de vida, la situación de estos técnicos no difiere esencialmente de la de los obreros: también son asalariados y tampoco tienen conciencia de la obra que realizan. El gobierno de los técnicos, ideal de la sociedad contemporánea, sería así el gobierno de los instrumentos. La función sustituiría al fin; el medio, al creador. La sociedad marcharía con eficacia, pero sin rumbo. Y la repetición del mismo gesto, distintiva de la máquina, llevaría a una forma desconocida de la inmovilidad: la del mecanismo que avanza de ninguna parte hacia ningún lado.

Los regímenes totalitarios no han hecho sino extender y generalizar, por medio de la fuerza o de la pro-

paganda, esta condición. Todos los hombres someti-
dos a su imperio la padecen. En cierto sentido se trata
de una transposición a la esfera social y política de
los sistemas económicos del capitalismo. La produc-
ción en masa se logra a través de la confección de
piezas sueltas que luego se unen en talleres espe-
ciales. La propaganda y la acción política totalitaria
—así como el terror y la represión— obedecen al mis-
mo sistema. La propaganda difunde verdades incom-
pletas, en serie y por piezas sueltas. Más tarde esos
fragmentos se organizan y se convierten en teorías
políticas, verdades absolutas para las masas. El terror
obedece al mismo principio. La persecución comienza
contra grupos aislados —razas, clases, disidentes,
sospechosos—, hasta que gradualmente alcanza a
todos. Al iniciarse, una parte del pueblo contempla
con indiferencia el exterminio de otros grupos socia-
les o contribuye a su persecución, pues se exasperan
los odios internos. Todos se vuelven cómplices y el
sentimiento de culpa se extiende a toda la sociedad.
El terror se generaliza: ya no hay sino persecutores y
perseguidos. El persecutor, por otra parte, se transfor-
ma muy fácilmente en perseguido. Basta una vuelta
de la máquina política. Y nadie escapa a esta dialécti-
ca feroz, ni los dirigentes.

El mundo del terror, como el de la producción en
serie, es un mundo de cosas, de útiles. (De ahí la
vanidad de la disputa sobre la validez histórica del
terror moderno.) Y los útiles nunca son misteriosos o
enigmáticos, pues el misterio proviene de la indeter-
minación del ser o del objeto que lo contiene. Un ani-
llo misterioso se desprende inmediatamente del
género anillo; adquiere vida propia, deja de ser un
objeto. En su forma yace, escondida, presta a saltar, la
sorpresa. El misterio es una fuerza o una virtud ocul-

ta, que no nos obedece y que no sabemos a qué hora y cómo va a manifestarse. Pero los útiles no esconden nada, no nos preguntan nada y nada nos responden. Son inequívocos y transparentes. Meras prolongaciones de nuestras manos, no poseen más vida que la que nuestra voluntad les otorga. Nos sirven; luego, gastados, viejos, los arrojamos sin pesar al cesto de la basura, al cementerio de automóviles, al campo de concentración. O los cambiamos a nuestros aliados o enemigos por otros objetos.

Todas nuestras facultades, y también todos nuestros defectos, se oponen a esta concepción del trabajo como esfuerzo impersonal, repetido en iguales y vacías porciones de tiempo: la lentitud y cuidado en la tarea, el amor por la obra y por cada uno de los detalles que la componen, el buen gusto, innato ya, a fuerza de ser herencia milenaria. Si no fabricamos productos en serie, sobresalimos en el arte difícil, exquisito e inútil de vestir pulgas. Lo que no quiere decir que el mexicano sea incapaz de convertirse en lo que se llama un buen obrero. Todo es cuestión de tiempo. Y nada, excepto un cambio histórico cada vez más remoto e impensable, impedirá que el mexicano deje de ser un problema, un ser enigmático, y se convierta en una abstracción más.

Mientras llega ese momento, que resolverá —aniquilándolas— todas nuestras contradicciones, debo señalar que lo extraordinario de nuestra situación reside en que no solamente somos enigmáticos ante los extraños, sino ante nosotros mismos. Un mexicano es un problema siempre, para otro mexicano y para sí mismo. Ahora bien, nada más simple que reducir todo el complejo grupo de actitudes que nos caracteriza —y en especial la que consiste en ser un problema para nosotros mismos— a lo que se podría llamar "moral de

siervo", por oposición no solamente a la "moral de señor", sino a la moral moderna, proletaria o burguesa.

La desconfianza, el disimulo, la reserva cortés que cierra el paso al extraño, la ironía, todas, en fin, las oscilaciones psíquicas con que al eludir la mirada ajena nos eludimos a nosotros mismos, son rasgos de gente dominada, que teme y que finge frente al señor. Es revelador que nuestra intimidad jamás aflore de manera natural, sin el acicate de la fiesta, el alcohol o la muerte. Esclavos, siervos y razas sometidas se presentan siempre recubiertos por una máscara, sonriente o adusta. Y únicamente a solas, en los grandes momentos, se atreven a manifestarse tal como son. Todas sus relaciones están envenenadas por el miedo y el recelo. Miedo al señor, recelo ante sus iguales. Cada uno observa al otro, porque cada compañero puede ser también un traidor. Para salir de sí mismo el siervo necesita saltar barreras, embriagarse, olvidar su condición. Vivir a solas, sin testigos. Solamente en la soledad se atreve a ser.

La indudable analogía que se observa entre ciertas de nuestras actitudes y las de los grupos sometidos al poder de un amo, una casta o un Estado extraño, podría resolverse en esta afirmación: el carácter de los mexicanos es un producto de las circunstancias sociales imperantes en nuestro país; la historia de México, que es la historia de esas circunstancias, contiene la respuesta a todas las preguntas. La situación del pueblo durante el período colonial sería así la raíz de nuestra actitud cerrada e inestable. Nuestra historia como nación independiente contribuiría también a perpetuar y hacer más neta esta psicología servil, puesto que no hemos logrado suprimir la miseria popular ni las exasperantes diferencias sociales, a

pesar de siglo y medio de luchas y experiencias constitucionales. El empleo de la violencia como recurso dialéctico, los abusos de autoridad de los poderosos —vicio que no ha desaparecido todavía— y finalmente el escepticismo y la resignación del pueblo, hoy más visibles que nunca debido a las sucesivas desilusiones posrevolucionarias, completarían esta explicación histórica.

El defecto de interpretaciones como la que acabo de bosquejar reside, precisamente, en su simplicidad. Nuestra actitud ante la vida no está condicionada por los hechos históricos, al menos de la manera rigurosa con que en el mundo de la mecánica la velocidad o la trayectoria de un proyectil se encuentra determinada por un conjunto de factores conocidos. Nuestra actitud vital —que es un factor que nunca acabaremos de conocer totalmente, pues cambio e indeterminación son las únicas constantes de su ser— también es historia. Quiero decir, los hechos históricos no son nada más hechos, sino que están teñidos de humanidad, esto es, de problematicidad. Tampoco son el mero resultado de otros hechos, que los causan, sino de una voluntad singular, capaz de regir dentro de ciertos límites su fatalidad. La historia no es un mecanismo y las influencias entre los diversos componentes de un hecho histórico son recíprocas, como tantas veces se ha dicho. Lo que distingue a un hecho histórico de los otros hechos es su carácter histórico. O sea, que es por sí mismo y en sí mismo una unidad irreductible a otras. Irreductible e inseparable. Un hecho histórico no es la suma de los llamados factores de la historia, sino una realidad indisoluble. Las circunstancias históricas explican nuestro carácter en la medida que nuestro carácter también las explica a ellas. Ambas son lo mismo. Por eso toda explicación puramente

histórica es insuficiente —lo que no equivale a decir que sea falsa.

Basta una observación para reducir a sus verdaderas proporciones la analogía entre la moral de los siervos y la nuestra: las reacciones habituales del mexicano no son privativas de una clase, raza o grupo aislado, en situación de inferioridad. Las clases ricas también se cierran al mundo exterior y también se desgarran cada vez que intentan abrirse. Se trata de una actitud que rebasa las circunstancias históricas, aunque se sirve de ellas para manifestarse y se modifica a su contacto. El mexicano, como todos los hombres, al servirse de las circunstancias las convierte en materia plástica y se funde a ellas. Al esculpirlas, se esculpe.

Si no es posible identificar nuestro carácter con el de los grupos sometidos, tampoco lo es negar su parentesco. En ambas situaciones el individuo y el grupo luchan, simultánea y contradictoriamente, por ocultarse y revelarse. Mas una diferencia nos separa. Siervos, criados o razas víctimas de un poder extraño cualquiera (los negros norteamericanos, por ejemplo), entablan un combate con una realidad concreta. Nosotros, en cambio, luchamos con entidades imaginarias, vestigios del pasado o fantasmas engendrados por nosotros mismos. Esos fantasmas y vestigios son reales, al menos para nosotros. Su realidad es de un orden sutil y atroz, porque es una realidad fantasmagórica. Son intocables e invencibles, ya que no están fuera de nosotros, sino en nosotros mismos. En la lucha que sostiene contra ellos nuestra voluntad de ser, cuentan con un aliado secreto y poderoso: nuestro miedo a ser. Porque todo lo que es el mexicano actual, como se ha visto, puede reducirse a esto: el mexicano no quiere o no se atreve a ser él mismo.

En muchos casos estos fantasmas son vestigios de realidades pasadas. Se originaron en la Conquista, en la Colonia, en la Independencia o en las guerras sostenidas contra yanquis y franceses. Otros reflejan nuestros problemas actuales, pero de una manera indirecta, escondiendo o disfrazando su verdadera naturaleza. ¿Y no es extraordinario que, desaparecidas las causas, persistan los efectos? ¿Y que los efectos oculten a las causas? En esta esfera es imposible escindir causas y efectos. En realidad, no hay causas y efectos, sino un complejo de reacciones y tendencias que se penetran mutuamente. La persistencia de ciertas actitudes y la libertad e independencia que asumen frente a las causas que las originaron conduce a estudiarlas en la carne viva del presente y no en los textos históricos.

En suma, la historia podrá esclarecer el origen de muchos de nuestros fantasmas, pero no los disipará. Sólo nosotros podemos enfrentarnos a ellos. O dicho de otro modo: la historia nos ayuda a comprender ciertos rasgos de nuestro carácter, a condición de que seamos capaces de aislarlos y denunciarlos previamente. Nosotros somos los únicos que podemos contestar a las preguntas que nos hacen la realidad y nuestro propio ser.

EN NUESTRO lenguaje diario hay un grupo de palabras prohibidas, secretas, sin contenido claro, y a cuya mágica ambigüedad confiamos la expresión de las más brutales o sutiles de nuestras emociones y reacciones. Palabras malditas, que sólo pronunciamos en voz alta cuando no somos dueños de nosotros mismos. Confusamente reflejan nuestra intimidad: las explosiones de nuestra vitalidad las iluminan y las depresiones de nuestro ánimo las oscurecen. Lenguaje

sagrado, como el de los niños, la poesía y las sectas. Cada letra y cada sílaba están animadas de una vida doble, al mismo tiempo luminosa y oscura, que nos revela y oculta. Palabras que no dicen nada y dicen todo. Los adolescentes, cuando quieren presumir de hombres, las pronuncian con voz ronca. Las repiten las señoras, ya para significar su libertad de espíritu, ya para mostrar la verdad de sus sentimientos. Pues estas palabras son definitivas, categóricas, a pesar de su ambigüedad y de la facilidad con que varía su significado. Son las malas palabras, único lenguaje vivo en un mundo de vocablos anémicos. La poesía al alcance de todos.

Cada país tiene la suya. En la nuestra, en sus breves y desgarradas, agresivas, chispeantes sílabas, parecidas a la momentánea luz que arroja el cuchillo cuando se le descarga contra un cuerpo opaco y duro, se condensan todos nuestros apetitos, nuestras iras, nuestros entusiasmos y los anhelos que pelean en nuestro fondo, inexpresados. Esa palabra es nuestro santo y seña. Por ella y en ella nos reconocemos entre extraños y a ella acudimos cada vez que aflora a nuestros labios la condición de nuestro ser. Conocerla, usarla, arrojándola al aire como un juguete vistoso o haciéndola vibrar como un arma afilada, es una manera de afirmar nuestra mexicanidad.

Toda la angustiosa tensión que nos habita se expresa en una frase que nos viene a la boca cuando la cólera, la alegría o el entusiasmo nos llevan a exaltar nuestra condición de mexicanos: ¡Viva México, hijos de la Chingada! Verdadero grito de guerra, cargado de una electricidad particular, esta frase es un reto y una afirmación, un disparo, dirigido contra un enemigo imaginario, y una explosión en el aire. Nuevamente, con cierta patética y plástica fatalidad, se pre-

senta la imagen del cohete que sube al cielo, se dispersa en chispas y cae oscuramente. O la del aullido en que terminan nuestras canciones, y que posee la misma ambigua resonancia: alegría rencorosa, desgarrada afirmación que se abre el pecho y se consume a sí misma.

Con ese grito, que es de rigor gritar cada 15 de septiembre, aniversario de la Independencia, nos afirmamos y afirmamos a nuestra patria, frente, contra y a pesar de los demás. ¿Y quiénes son los demás? Los demás son los "hijos de la chingada": los extranjeros, los malos mexicanos, nuestros enemigos, nuestros rivales. En todo caso, los "otros". Esto es, todos aquellos que no son lo que nosotros somos. Y esos otros no se definen sino en cuanto hijos de una madre tan indeterminada y vaga como ellos mismos.

¿Quién es la Chingada? Ante todo, es la Madre. No una Madre de carne y hueso, sino una figura mítica. La Chingada es una de las representaciones mexicanas de la Maternidad, como la Llorona o la "sufrida madre mexicana" que festejamos el diez de mayo. La Chingada es la madre que ha sufrido, metafórica o realmente, la acción corrosiva e infamante implícita en el verbo que le da nombre. Vale la pena detenerse en el significado de esta voz.

En la *Anarquía del lenguaje en la América Española*, Darío Rubio examina el origen de esta palabra y enumera las significaciones que le prestan casi todos los pueblos hispanoamericanos. Es probable su procedencia azteca: chingaste es xinachtli (semilla de hortaliza) o xinaxtli (aguamiel fermentado). La voz y sus derivados se usan, en casi toda América y en algunas regiones de España, asociados a las bebidas, alcohólicas o no: chingaste son los residuos o heces que quedan en el vaso, en Guatemala y El Salvador; en

Oaxaca llaman chingaditos a los restos del café; en todo México se llama chínguere —o, significativamente, piquete— al alcohol; en Chile, Perú y Ecuador la chingana es la taberna; en España chingar equivale a beber mucho, a embriagarse; y en Cuba, un chinguirito es un trago de alcohol.

Chingar también implica la idea de fracaso. En Chile y Argentina se chinga un petardo, "cuando no revienta, se frustra o sale fallido". Y las empresas que fracasan, las fiestas que se aguan, las acciones que no llegan a su término, se chingan. En Colombia, chingarse es llevarse un chasco. En el Plata un vestido desgarrado es un vestido chingado. En casi todas partes chingarse es salir burlado, fracasar. Chingar, asimismo, se emplea en algunas partes de Sudamérica como sinónimo de molestar, zaherir, burlar. Es un verbo agresivo, como puede verse por todas estas significaciones: descolar a los animales, incitar o hurgar a los gallos, chunguear, chasquear, perjudicar, echar a perder, frustrar.

En México los significados de la palabra son innumerables. Es una voz mágica. Basta un cambio de tono, una inflexión apenas, para que el sentido varíe. Hay tantos matices como entonaciones: tantos significados como sentimientos. Se puede ser un chingón, un Gran Chingón (en los negocios, en la política, en el crimen, con las mujeres), un chingaquedito (silencioso, disimulado, urdiendo tramas en la sombra, avanzando cauto para dar el mazazo), un chingoncito. Pero la pluralidad de significaciones no impide que la idea de agresión —en todos sus grados, desde el simple de incomodar picar, zaherir, hasta el de violar, desgarrar y matar— se presente siempre como significado último. El verbo denota violencia, salir de sí mismo y penetrar por la fuerza en otro. Y también, herir, rasgar,

violar —cuerpos, almas, objetos—, destruir. Cuando algo se rompe, decimos: "Se chingó." Cuando alguien ejecuta un acto desmesurado y contra las reglas, comentamos: "Hizo una chingadera."

La idea de romper y de abrir reaparece en casi todas las expresiones. La voz está teñida de sexualidad, pero no es sinónima del acto sexual; se puede chingar a una mujer sin poseerla. Y cuando se alude al acto sexual, la violación o el engaño le prestan un matiz particular. El que chinga jamás lo hace con el consentimiento de la chingada. En suma, chingar es hacer violencia sobre otro. Es un verbo masculino, activo, cruel: pica, hiere, desgarra, mancha. Y provoca una amarga, resentida satisfacción en el que lo ejecuta.

Lo chingado es lo pasivo, lo inerte y abierto, por oposición a lo que chinga, que es activo, agresivo y cerrado. El chingón es el macho, el que abre. La chingada, la hembra, la pasividad pura, inerme ante el exterior. La relación entre ambos es violenta, determinada por el poder cínico del primero y la impotencia de la otra. La idea de violación rige oscuramente todos los significados. La dialéctica de "lo cerrado" y "lo abierto" se cumple así con precisión casi feroz.

El poder mágico de la palabra se intensifica por su carácter prohibido. Nadie la dice en público. Solamente un exceso de cólera, una emoción o el entusiasmo delirante, justifican su expresión franca. Es una voz que sólo se oye entre hombres, o en las grandes fiestas. Al gritarla, rompemos un velo de pudor, de silencio o de hipocresía. Nos manifestamos tales como somos de verdad. Las malas palabras hierven en nuestro interior, como hierven nuestros sentimientos. Cuando salen, lo hacen brusca, brutalmente, en forma de alarido, de reto, de ofensa. Son proyectiles o cuchillos. Desgarran.

Los españoles también abusan de las expresiones fuertes. Frente a ellos el mexicano es singularmente pulcro. Pero mientras los españoles se complacen en la blasfemia y la escatología, nosotros nos especializamos en la crueldad y el sadismo. El español es simple: insulta a Dios porque cree en él. La blasfemia, dice Machado, es una oración al revés. El placer que experimentan muchos españoles, incluso algunos de sus más altos poetas, al aludir a los detritos y mezclar la mierda con lo sagrado se parece un poco al de los niños que juegan con lodo. Hay, además del resentimiento, el gusto por los contrastes, que ha engendrado el estilo barroco y el dramatismo de la gran pintura española. Sólo un español puede hablar con autoridad de Onán y Don Juan. En las expresiones mexicanas, por el contrario, no se advierte la dualidad española simbolizada por la oposición de lo real y lo ideal, los místicos y los pícaros, el Quevedo fúnebre y el escatológico, sino la dicotomía entre lo cerrado y lo abierto. El verbo chingar indica el triunfo de lo cerrado, del macho, del fuerte, sobre lo abierto.

La palabra chingar, con todas estas múltiples significaciones, define gran parte de nuestra vida y califica nuestras relaciones con el resto de nuestros amigos y compatriotas. Para el mexicano la vida es una posibilidad de chingar o de ser chingado. Es decir, de humillar, castigar y ofender. O a la inversa. Esta concepción de la vida social como combate engendra fatalmente la división de la sociedad en fuertes y débiles. Los fuertes —los chingones sin escrúpulos, duros e inexorables— se rodean de fidelidades ardientes e interesadas. El servilismo ante los poderosos —especialmente entre la casta de los "políticos", esto es, de los profesionales de los negocios públicos— es una de las deplorables consecuencias de esta situa-

ción. Otra, no menos degradante, es la adhesión a las personas y no a los principios. Con frecuencia nuestros políticos confunden los negocios públicos con los privados. No importa. Su riqueza o su influencia en la administración les permite sostener una mesnada que el pueblo llama, muy atinadamente, de "lambiscones" (de lamer).

El verbo chingar —maligno, ágil y juguetón como un animal de presa— engendra muchas expresiones que hacen de nuestro mundo una selva: hay tigres en los negocios, águilas en las escuelas o en los presidios, leones con los amigos. El soborno se llama "morder". Los burócratas roen sus huesos (los empleos públicos). Y en un mundo de chingones, de relaciones duras, presididas por la violencia y el recelo, en el que nadie se abre ni se raja y todos quieren chingar, las ideas y el trabajo cuentan poco. Lo único que vale es la hombría, el valor personal, capaz de imponerse.

La voz tiene además otro significado, más restringido. Cuando decimos "vete a la Chingada", enviamos a nuestro interlocutor a un espacio lejano, vago e indeterminado. Al país de las cosas rotas, gastadas. País gris, que no está en ninguna parte, inmenso y vacío. Y no sólo por simple asociación fonética lo comparamos a la China, que es también inmensa y remota. La Chingada, a fuerza de uso, de significaciones contrarias y del roce de labios coléricos o entusiasmados, acaba por gastarse, agotar sus contenidos y desaparecer. Es una palabra hueca. No quiere decir nada. Es la Nada.

Después de esta digresión sí se puede contestar a la pregunta ¿qué es la Chingada? La Chingada es la Madre abierta, violada o burlada por la fuerza. El "hijo de la Chingada" es el engendro de la violación,

del rapto o de la burla. Si se compara esta expresión con la española, "hijo de puta", se advierte inmediatamente la diferencia. Para el español la deshonra consiste en ser hijo de una mujer que voluntariamente se entrega, una prostituta; para el mexicano, en ser fruto de una violación.

Manuel Cabrera me hace observar que la actitud española refleja una concepción histórica y moral del pecado original, en tanto que la del mexicano, más honda y genuina, trasciende anécdota y ética. En efecto, toda mujer, aun la que se da voluntariamente, es desgarrada, chingada por el hombre. En cierto sentido todos somos, por el solo hecho de nacer de mujer, hijos de la Chingada, hijos de Eva. Mas lo característico del mexicano reside, a mi juicio, en la violenta, sarcástica humillación de la Madre y en la no menos violenta afirmación del Padre. Una amiga —las mujeres son más sensibles a la extrañeza de la situación— me hacía ver que la admiración por el Padre, símbolo de lo cerrado y agresivo, capaz de chingar y abrir, se transparenta en una expresión que empleamos cuando queremos imponer a otro nuestra superioridad: "Yo soy tu padre." En suma, la cuestión del origen es el centro secreto de nuestra ansiedad y angustia. Vale la pena detenerse un poco en el sentido que todo esto tiene para nosotros.

Estamos solos. La soledad, fondo de donde brota la angustia, empezó el día en que nos desprendimos del ámbito materno y caímos en un mundo extraño y hostil. Hemos caído; y esta caída, este sabernos caídos, nos vuelve culpables. ¿De qué? De un delito sin nombre: el haber nacido. Estos sentimientos son comunes a todos los hombres y no hay en ellos nada que sea específicamente mexicano; así pues, no se trata de repetir una descripción que ya ha sido hecha

muchas veces, sino de aislar algunos rasgos y emociones que iluminan con una luz particular la condición universal del hombre.

En todas las civilizaciones la imagen del Dios Padre —apenas destrona a las divinidades femeninas— se presenta como una figura ambivalente. Por una parte, ya sea Jehová, Dios Creador, o Zeus, rey de la creación, regulador cósmico, el Padre encarna el poder genérico, origen de la vida; por la otra, es el principio anterior, el Uno, de donde todo nace y adonde todo desemboca. Pero, además, es el dueño del rayo y del látigo, el tirano y el ogro devorador de la vida. Este aspecto —Jehová colérico, Dios de ira, Saturno, Zeus violador de mujeres— es el que aparece casi exclusivamente en las representaciones populares que se hace el mexicano del poder viril. El "macho" representa el polo masculino de la vida. La frase "yo soy tu padre" no tiene ningún sabor paternal, ni se dice para proteger, resguardar o conducir, sino para imponer una superioridad, esto es, para humillar. Su significado real no es distinto al del verbo chingar y algunos de sus derivados. El "Macho" es el Gran Chingón. Una palabra resume la agresividad, impasibilidad, invulnerabilidad, uso descarnado de la violencia, y demás atributos del "macho": poder. La fuerza, pero desligada de toda noción de orden: el poder arbitrario, la voluntad sin freno y sin cauce.

La arbitrariedad añade un elemento imprevisto a la figura del "macho". Es un humorista. Sus bromas son enormes, descomunales y desembocan siempre en el absurdo. Es conocida la anécdota de aquel que, para "curar" el dolor de cabeza de un compañero de juerga, le vació la pistola en el cráneo. Cierto o no, el sucedido revela con qué inexorable rigor la lógica de lo absurdo se introduce en la vida. El "macho" hace

"chingaderas", es decir, actos imprevistos y que producen la confusión, el horror, la destrucción. Abre al mundo; al abrirlo, lo desgarra. El desgarramiento provoca una gran risa siniestra. A su manera es justo: restablece el equilibrio, pone las cosas en su sitio, esto es, las reduce a polvo, miseria, nada. El humorismo del "macho" es un acto de venganza.

Un psicólogo diría que el resentimiento es el fondo de su carácter. No sería difícil percibir también ciertas inclinaciones homosexuales, como el uso y abuso de la pistola, símbolo fálico portador de la muerte y no de la vida, el gusto por las cofradías cerradamente masculinas, etc. Pero cualquiera que sea el origen de estas actitudes, el hecho es que el atributo esencial del "macho", la fuerza, se manifiesta casi siempre como capacidad de herir, rajar, aniquilar, humillar. Nada más natural, por tanto, que su indiferencia frente a la prole que engendra. No es el fundador de un pueblo; no es el patriarca que ejerce la *patria potestad*; no es rey, juez, jefe de clan. Es el poder, aislado en su misma potencia, sin relación ni compromiso con el mundo exterior. Es la incomunicación pura, la soledad que se devora a sí misma y devora lo que toca. No pertenece a nuestro mundo; no es de nuestra ciudad; no vive en nuestro barrio. Viene de lejos, está lejos siempre. Es el Extraño. Es imposible no advertir la semejanza que guarda la figura del "macho" con la del conquistador español. Ése es el modelo —más mítico que real— que rige las representaciones que el pueblo mexicano se ha hecho de los poderosos: caciques, señores feudales, hacendados, políticos, generales, capitanes de industria. Todos ellos son "machos", "chingones".

El "macho" no tiene contrapartida heroica o divina. Hidalgo, el "padre de la patria", como es costumbre

llamarlo en la jerga ritual de la República, es un anciano inerme, más encarnación del pueblo desvalido frente a la fuerza que imagen del poder y la cólera del padre terrible. Entre los numerosos santos patronos de los mexicanos tampoco aparece alguno que ofrezca semejanza con las grandes divinidades masculinas. Finalmente, no existe una veneración especial por el Dios padre de la Trinidad, figura más bien borrosa. En cambio, es muy frecuente y constante la devoción a Cristo, el Dios hijo, el Dios joven, sobre todo como víctima redentora. En las iglesias de los pueblos abundan las esculturas de Jesús —en cruz o cubiertas de llagas y heridas— en las que el realismo desollado de los españoles se alía al simbolismo trágico de los indios: las heridas son flores, prendas de resurrección, por una parte, y, asimismo, reiteración de que la vida es la máscara dolorosa de la muerte.

El fervor del culto al Dios hijo podría explicarse, a primera vista, como herencia de las religiones prehispánicas. En efecto, a la llegada de los españoles casi todas las grandes divinidades masculinas —con la excepción de Tláloc, niño y viejo simultáneamente, deidad de mayor antigüedad— eran dioses hijos, como Xipe, dios del maíz joven, y Huitzilopochtli, el "guerrero del Sur". Quizá no sea ocioso recordar que el nacimiento de Huitzilopochtli ofrece más de una analogía con el de Cristo: también él es concebido sin contacto carnal; el mensajero divino también es un pájaro (que deja caer una pluma en el regazo de Coatlicue); y, en fin, también el niño Huitzilopochtli debe escapar de la persecución de un Herodes mítico. Sin embargo, es abusivo utilizar estas analogías para explicar la devoción a Cristo, como lo sería atribuirla a una mera supervivencia del culto a los dioses hijos.

El mexicano venera al Cristo sangrante y humillado, golpeado por los soldados, condenado por los jueces, porque ve en él la imagen transfigurada de su propio destino. Y esto mismo lo lleva a reconocerse en Cuauhtémoc, el joven emperador azteca destronado, torturado y asesinado por Cortés.

Cuauhtémoc quiere decir "águila que cae". El jefe mexica asciende al poder al iniciarse el sitio de México-Tenochtitlan, cuando los aztecas han sido abandonados sucesivamente por sus dioses, sus vasallos y sus aliados. Asciende sólo para caer, como un héroe mítico. Inclusive su relación con la mujer se ajusta al arquetipo del héroe joven, a un tiempo amante e hijo de la Diosa. Así, López Velarde dice que Cuauhtémoc sale al encuentro de Cortés, es decir, al sacrificio final, "desprendido del pecho curvo de la Emperatriz". Es un guerrero pero también un niño. Sólo que el ciclo heroico no se cierra: héroe caído, aún espera su resurrección. No es sorprendente que, para la mayoría de los mexicanos, Cuauhtémoc sea el "joven abuelo", el origen de México: la tumba del héroe es la cuna del pueblo. Tal es la dialéctica de los mitos y Cuauhtémoc, antes que una figura histórica, es un mito. Y aquí interviene otro elemento decisivo, analogía que hace de esta historia un verdadero poema en busca de un desenlace: se ignora el lugar de la tumba de Cuauhtémoc. El misterio del paradero de sus restos es una de nuestras obsesiones. Encontrarlo significa nada menos que volver a nuestro origen, reanudar nuestra filiación, romper la soledad. Resucitar.

Si se interroga a la tercera figura de la tríada, la Madre, escucharemos una respuesta doble. No es un secreto para nadie que el catolicismo mexicano se concentra en el culto a la Virgen de Guadalupe. En primer término: se trata de una Virgen india; en se-

guida: el lugar de su aparición (ante el indio Juan Diego) es una colina que fue antes santuario dedicado a Tonantzin, "nuestra madre", diosa de la fertilidad entre los aztecas. Como es sabido, la Conquista coincide con el apogeo del culto a dos divinidades masculinas: Quetzalcóatl, el dios del autosacrificio (crea el mundo, según el mito, arrojándose a la hoguera, en Teotihuacan), y Huitzilopochtli, el joven dios guerrero que sacrifica. La derrota de estos dioses —pues eso fue la Conquista para el mundo indio: el fin de un ciclo cósmico y la instauración de un nuevo reinado divino— produjo entre los fieles una suerte de regreso hacia las antiguas divinidades femeninas. Este fenómeno de vuelta a la entraña materna, bien conocido de los psicólogos, es sin duda una de las causas determinantes de la rápida popularidad del culto a la Virgen. Ahora bien, las deidades indias eran diosas de fecundidad, ligadas a los ritmos cósmicos, los procesos de vegetación y los ritos agrarios. La Virgen católica es también una Madre (Guadalupe-Tonantzin la llaman aún algunos peregrinos indios) pero su atributo principal no es velar por la fertilidad de la tierra sino ser el refugio de los desamparados. La situación ha cambiado: no se trata ya de asegurar las cosechas sino de encontrar un regazo. La Virgen es el consuelo de los pobres, el escudo de los débiles, el amparo de los oprimidos. En suma, es la Madre de los huérfanos. Todos los hombres nacimos desheredados y nuestra condición verdadera es la orfandad, pero esto es particularmente cierto para los indios y los pobres de México. El culto a la Virgen no sólo refleja la condición general de los hombres sino una situación histórica concreta, tanto en lo espiritual como en lo material. Y hay más: Madre universal, la Virgen es también la intermediaria, la mensajera entre

93

el hombre desheredado y el poder desconocido, sin rostro: el Extraño.

Por contraposición a Guadalupe, que es la Madre virgen, la Chingada es la Madre violada. Ni en ella ni en la Virgen se encuentran rastros de los atributos negros de la Gran Diosa: lascivia de Amaterasu y Afrodita, crueldad de Artemisa y Astarté, magia funesta de Circe, amor por la sangre de Kali. Se trata de figuras pasivas. Guadalupe es la receptividad pura y los beneficios que produce son del mismo orden: consuela, serena, aquieta, enjuga las lágrimas, calma las pasiones. La Chingada es aún más pasiva. Su pasividad es abyecta: no ofrece resistencia a la violencia, es un montón inerte de sangre, huesos y polvo. Su mancha es constitucional y reside, según se ha dicho más arriba, en su sexo. Esta pasividad abierta al exterior la lleva a perder su identidad: es la Chingada. Pierde su nombre, no es nadie ya, se confunde con la nada, es la Nada. Y sin embargo, es la atroz encarnación de la condición femenina.

Si la Chingada es una representación de la Madre violada, no me parece forzado asociarla a la Conquista, que fue también una violación, no solamente en el sentido histórico, sino en la carne misma de las indias. El símbolo de la entrega es la Malinche, la amante de Cortés. Es verdad que ella se da voluntariamente al conquistador, pero éste, apenas deja de serle útil, la olvida. Doña Marina se ha convertido en una figura que representa a las indias, fascinadas, violadas o seducidas por los españoles. Y del mismo modo que el niño no perdona a su madre que lo abandone para ir en busca de su padre, el pueblo mexicano no perdona su traición a la Malinche. Ella encarna lo abierto, lo chingado, frente a nuestros indios, estoicos, impasibles y cerrados. Cuauhtémoc y doña

Marina son así dos símbolos antagónicos y complementarios. Y si no es sorprendente el culto que todos profesamos al joven emperador —"único héroe a la altura del arte", imagen del hijo sacrificado—, tampoco es extraña la maldición que pesa contra la Malinche. De ahí el éxito del adjetivo despectivo "malinchista", recientemente puesto en circulación por los periódicos para denunciar a todos los contagiados por tendencias extranjerizantes. Los malinchistas son los partidarios de que México se abra al exterior: los verdaderos hijos de la Malinche, que es la Chingada en persona. De nuevo aparece lo cerrado por oposición a lo abierto.

Nuestro grito es una expresión de la voluntad mexicana de vivir cerrados al exterior, sí, pero sobre todo, cerrados frente al pasado. En ese grito condenamos nuestro origen y renegamos de nuestro hibridismo. La extraña permanencia de Cortés y de la Malinche en la imaginación y en la sensibilidad de los mexicanos actuales revela que son algo más que figuras históricas: son símbolos de un conflicto secreto, que aún no hemos resuelto. Al repudiar a la Malinche —Eva mexicana, según la representa José Clemente Orozco en su mural de la Escuela Nacional Preparatoria— el mexicano rompe sus ligas con el pasado, reniega de su origen y se adentra solo en la vida histórica.

El mexicano condena en bloque toda su tradición, que es un conjunto de gestos, actitudes y tendencias en el que ya es difícil distinguir lo español de lo indio. Por eso la tesis hispanista, que nos hace descender de Cortés con exclusión de la Malinche, es el patrimonio de unos cuantos extravagantes —que ni siquiera son blancos puros—. Y otro tanto se puede decir de la propaganda indigenista, que también está sostenida por criollos y mestizos maniáticos, sin que jamás los

indios le hayan prestado atención. El mexicano no quiere ser ni indio, ni español. Tampoco quiere descender de ellos. Los niega. Y no se afirma en tanto que mestizo, sino como abstracción: es un hombre. Se vuelve hijo de la nada. Él empieza en sí mismo.

Esta actitud no se manifiesta nada más en nuestra vida diaria, sino en el curso de nuestra historia, que en ciertos momentos ha sido encarnizada voluntad de desarraigo. Es pasmoso que un país con un pasado tan vivo, profundamente tradicional, atado a sus raíces, rico en antigüedad legendaria si pobre en historia moderna, sólo se conciba como negación de su origen.

Nuestro grito popular nos desnuda y revela cuál es esa llaga que alternativamente mostramos o escondemos, pero no nos indica cuáles fueron las causas de esa separación y negación de la Madre, ni cuándo se realizó la ruptura. A reserva de examinar más detenidamente el problema, puede adelantarse que la Reforma liberal de mediados del siglo pasado parece ser el momento en que el mexicano se decide a romper con su tradición, que es una manera de romper con uno mismo. Si la Independencia corta los lazos políticos que nos unían a España, la Reforma niega que la nación mexicana, en tanto que proyecto histórico, continúe la tradición colonial. Juárez y su generación fundan un Estado cuyos ideales son distintos a los que animaban a Nueva España o a las sociedades precortesianas. El Estado mexicano proclama una concepción universal y abstracta del hombre: la República no está compuesta por criollos, indios y mestizos, como con gran amor por los matices y respeto por la naturaleza heteróclita del mundo colonial especificaban las Leyes de Indias, sino por hombres, a secas. Y a solas.

La Reforma es la gran Ruptura con la Madre. Esta separación era un acto fatal y necesario, porque toda vida verdaderamente autónoma se inicia como ruptura con la familia y el pasado. Pero nos duele todavía esa separación. Aún respiramos por la herida. De ahí que el sentimiento de orfandad sea el fondo constante de nuestras tentativas políticas y de nuestros conflictos íntimos. México está tan solo como cada uno de sus hijos. El mexicano y la mexicanidad se definen como ruptura y negación. Y, asimismo, como búsqueda, como voluntad por trascender ese estado de exilio. En suma, como viva conciencia de la soledad, histórica y personal. La historia, que no nos podía decir nada sobre la naturaleza de nuestros sentimientos y de nuestros conflictos, sí nos puede mostrar ahora cómo se realizó la ruptura y cuáles han sido nuestras tentativas para trascender la soledad.

CONQUISTA Y COLONIA

CUALQUIER contacto con el pueblo mexicano, así sea fugaz, muestra que bajo las formas occidentales laten todavía las antiguas creencias y costumbres. Esos despojos, vivos aún, son testimonio de la vitalidad de las culturas precortesianas. Y después de los descubrimientos de arqueólogos e historiadores ya no es posible referirse a esas sociedades como tribus bárbaras o primitivas. Por encima de la fascinación o del horror que nos produzcan, debe admitirse que los españoles al llegar a México encontraron civilizaciones complejas y refinadas.

Mesoamérica, esto es, el núcleo de lo que sería más tarde Nueva España, era un territorio que comprendía el centro y el sur del México actual y una parte de Centroamérica. Al norte, en los desiertos y planicies incultas, vagaban los nómadas, los chichimecas, como de manera genérica y sin distinción de nación llamaban a los bárbaros los habitantes de la Mesa Central. Las fronteras entre unos y otros eran inestables, como las de Roma. Los últimos siglos de Mesoamérica pueden reducirse, un poco sumariamente, a la historia del encuentro entre las oleadas de cazadores norteños, casi todos pertenecientes a la familia náhuatl, y las poblaciones sedentarias. Los aztecas son los últimos en establecerse en el Valle de México. El previo trabajo de erosión de sus predecesores y el desgaste de los resortes íntimos de las viejas culturas locales, hizo posible que acometieran la empresa extraordinaria de fundar lo que Arnold Toynbee llama un Imperio Uni-

versal, erigido sobre los restos de las antiguas socie-
dades. Los españoles, piensa el historiador inglés, no
hicieron sino sustituirlos, resolviendo en una síntesis
política la tendencia a la disgregación que amenazaba
al mundo mesoamericano.

Cuando se reflexiona en lo que era nuestro país a la
llegada de Cortés, sorprende la pluralidad de ciu-
dades y culturas, que contrasta con la relativa homo-
geneidad de sus rasgos más característicos. La diver-
sidad de los núcleos indígenas, y las rivalidades que
los desgarraban, indica que Mesoamérica estaba
constituida por un conjunto de pueblos, naciones y
culturas autónomas, con tradiciones propias, exacta-
mente como el Mediterráneo y otras áreas culturales.
Por sí misma Mesoamérica era un mundo histórico.

Por otra parte, la homogeneidad cultural de esos
centros muestra que la primitiva singularidad de
cada cultura había sido sustituida, en época acaso no
muy remota, por formas religiosas y políticas uni-
formes. En efecto, las culturas madres, en el centro y
en el sur, se habían extinguido hacía varios siglos.
Sus sucesores habían combinado y recreado toda
aquella variedad de expresiones locales. Esta tarea de
síntesis había culminado en la erección de un modelo,
el mismo, con leves diferencias, para todos.

A pesar del justo descrédito en que han caído las
analogías históricas, de las que se ha abusado con
tanto brillo como ligereza, es imposible no comparar
la imagen que nos ofrece Mesoamérica al comenzar el
siglo XVI, con la del mundo helenístico en el momento
en que Roma inicia su carrera de potencia universal.
La existencia de varios grandes estados, y la persis-
tencia de un gran número de ciudades independientes,
especialmente en la Grecia insular y conti-
nental, no impiden, sino subrayan, la uniformidad

cultural de ese universo. Seléucidas, tolomeos, macedonios y muchos pequeños y efímeros estados, no se distinguen entre sí por la diversidad y originalidad de sus respectivas sociedades, sino por las rencillas que fatalmente los dividen. Otro tanto puede decirse de las sociedades mesoamericanas. En unas y otras, diversas tradiciones y herencias culturales se mezclan y acaban por fundirse. La homogeneidad cultural contrasta con las querellas perpetuas que los dividen.

En el mundo helenístico la uniformidad se logró a través del predominio de la cultura griega, que absorbe a las culturas orientales. Es difícil determinar cuál fue el elemento unificador de las sociedades indígenas. Una hipótesis, que no tiene más valor que el de apoyarse en una simple reflexión, hace pensar que el papel realizado por la cultura griega en el mundo antiguo fue cumplido en Mesoamérica por la cultura, aún sin nombre propio, que floreció en Tula y Teotihuacan, y a la que, no sin inexactitud, se llama "tolteca". La influencia de las culturas de la Mesa Central en el sur, especialmente en el área ocupada por el llamado segundo Imperio maya, justifica esta idea. Es notable que no exista influencia maya en Teotihuacan. Chichén Itzá, por el contrario, es una ciudad "tolteca". Todo parece indicar, pues, que en cierto momento las formas culturales del centro de México terminaron por extenderse y predominar.

Desde un punto de vista muy general se ha descrito a Mesoamérica como un área histórica uniforme, determinada por la presencia constante de ciertos elementos comunes a todas las culturas: agricultura del maíz, calendario ritual, juego de pelota, sacrificios humanos, mitos solares y de la vegetación semejantes, etc. Se dice que todos esos elementos son de

origen suriano y que fueron asimilados una y otra vez por las inmigraciones norteñas. Así, la cultura mesoamericana sería el fruto de diversas creaciones del Sur, recogidas, desarrolladas y sistematizadas por grupos nómadas. Este esquema olvida la originalidad de cada cultura local. La semejanza que se observa entre las concepciones religiosas, políticas y míticas de los pueblos indoeuropeos, por ejemplo, no niega la originalidad de cada uno de ellos. De todos modos, y más allá de la originalidad particular de cada cultura, es evidente que todas ellas, decadentes o debilitadas, estaban a punto de ser absorbidas por el Imperio azteca, heredero de las civilizaciones de la Meseta.

Aquellas sociedades estaban impregnadas de religión. La misma sociedad azteca era un Estado teocrático y militar. Así, la unificación religiosa antecedía, completaba o correspondía de alguna manera a la unificación política. Con diversos nombres, en lenguas distintas, pero con ceremonias, ritos y significaciones muy parecidos, cada ciudad precortesiana adoraba a dioses cada vez más semejantes entre sí. Las divinidades agrarias —los dioses del suelo, de la vegetación y de la fertilidad, como Tláloc— y los dioses nórdicos —celestes, guerreros y cazadores, como Tezcatlipoca, Huitzilopochtli, Mixcóatl— convivían en un mismo culto. El rasgo más acusado de la religión azteca en el momento de la Conquista es la incesante especulación teológica que refundía, sistematizaba y unificaba creencias dispersas, propias y ajenas. Esta síntesis no era el fruto de un movimiento religioso popular, como las religiones proletarias que se difunden en el mundo antiguo al iniciarse el cristianismo, sino la tarea de una casta, colocada en el pináculo de la pirámide social. Las sistematizaciones, adaptaciones y reformas de la casta sacerdotal refle-

jan que en la esfera de las creencias también se procedía por superposición —característica de las ciudades prehispánicas—. Del mismo modo que una pirámide azteca recubre a veces un edificio más antiguo, la unificación religiosa solamente afectaba a la superficie de la conciencia, dejando intactas las creencias primitivas. Esta situación prefiguraba la que introduciría el catolicismo, que también es una religión superpuesta a un fondo religioso original y siempre viviente. Todo preparaba la dominación española.

La Conquista de México sería inexplicable sin estos antecedentes. La llegada de los españoles parece una liberación a los pueblos sometidos por los aztecas. Los diversos estados-ciudades se alían a los conquistadores o contemplan con indiferencia, cuando no con alegría, la caída de cada uno de sus rivales y en particular del más poderoso: Tenochtitlan. Pero ni el genio político de Cortés, ni la superioridad técnica —ausente en hechos de armas decisivos como la batalla de Otumba—, ni la defección de vasallos y aliados, hubieran logrado la ruina del Imperio azteca si éste no hubiese sentido de pronto un desfallecimiento, una duda íntima que lo hizo vacilar y ceder. Cuando Moctezuma abre las puertas de Tenochtitlan a los españoles y recibe a Cortés con presentes, los aztecas pierden la partida. Su lucha final es un suicidio y así lo dan a entender todos los textos que tenemos sobre este acontecimiento grandioso y sombrío.

¿Por qué cede Moctezuma? ¿Por qué se siente extrañamente fascinado por los españoles y experimenta ante ellos un vértigo que no es exagerado llamar sagrado —el vértigo lúcido del suicida ante el abismo—? Los dioses lo han abandonado. La gran traición con que comienza la historia de México no es la

de los tlaxcaltecas, ni la de Moctezuma y su grupo, sino la de los dioses. Ningún otro pueblo se ha sentido tan totalmente desamparado como se sintió la nación azteca ante los avisos, profecías y signos que anunciaron su caída. Se corre el riesgo de no comprender el sentido que tenían esos signos y profecías para los indios si se olvida su concepción cíclica del tiempo. Según ocurre con muchos otros pueblos y civilizaciones, para los aztecas el tiempo no era una medida abstracta y vacía de contenido, sino algo concreto, una fuerza, sustancia o fluido que se gasta y consume. De ahí la necesidad de los ritos y sacrificios destinados a revigorizar el año o el siglo. Pero el tiempo —o más exactamente: los tiempos— además de constituir algo vivo que nace, crece, decae, renace, era una sucesión que regresa. Un tiempo se acaba; otro vuelve. La llegada de los españoles fue interpretada por Moctezuma —al menos al principio— no tanto como un peligro "exterior" sino como el acabamiento interno de una era cósmica y el principio de otra. Los dioses se van porque su tiempo se ha acabado; pero regresa otro tiempo y con él otros dioses, otra era.

Resulta más patética esta deserción divina cuando se piensa en la juventud y vigor del naciente Estado. Todos los viejos imperios, como Roma y Bizancio, sienten la seducción de la muerte al final de su historia. Los ciudadanos se alzan de hombros cuando llega, siempre tardío, el golpe final del extraño. Hay un cansancio imperial y la servidumbre parece carga ligera al que siente la fatiga del poder. Los aztecas experimentan el calosfrío de la muerte en plena juventud, cuando marchaban hacia la madurez. En suma, la Conquista de México es un hecho histórico en el que intervienen muchas y muy diversas circuns-

tancias, pero se olvida con frecuencia la que me parece más significativa: el suicidio del pueblo azteca.

Recordemos cómo la fascinación ante la muerte no es tanto un rasgo de madurez o de vejez como de juventud. Mediodía y medianoche son horas de suicidio ritual. Al mediodía, durante un instante, todo se detiene y vacila; la vida, como el sol, se pregunta a sí misma si vale la pena seguir. En ese momento de inmovilidad, que es también de vértigo, a la mitad de su carrera, el pueblo azteca alza la cara: los signos celestes le son adversos. Y siente la atracción de la muerte:

> *Je pense, sur le bord doré de l'univers*
> *A ce goût de périr qui prend la Pythonisse*
> *En qui mugit l'espoir que le monde finisse.*

Una parte del pueblo azteca desfallece y busca al invasor. La otra, sin esperanza de salvación, traicionada por todos, escoge la muerte. Ante la sola presencia de los españoles se produce una escisión en la sociedad azteca, que corresponde al dualismo de sus dioses, de su sistema religioso y de sus castas superiores.

La religión azteca, como la de todos los pueblos conquistadores, era una religión solar. En el Sol, el dios que es fuente de vida, el dios pájaro, y en su marcha que rompe las tinieblas y se establece en el centro del cielo como un ejército vencedor en medio de un campo de batalla, el azteca condensa todas las aspiraciones y empresas guerreras de su pueblo. Pues los dioses no son meras representaciones de la naturaleza. Encarnan también los deseos y la voluntad de la sociedad, que se autodiviniza en ellos. Huitzilo-

pochtli, el guerrero del sur, "es el dios tribal de la guerra y del sacrificio... y comienza su carrera con una matanza. Quetzalcóatl-Nanauatzin es el dios-sol de los sacerdotes, que ven en el autosacrificio voluntario la más alta expresión de su doctrina del mundo y de la vida: Quetzalcóatl es un rey-sacerdote, respetuoso de los ritos y de los decretos del destino, que no combate y que se da la muerte para renacer. Huitzilopochtli, al contrario, es el sol-héroe de los guerreros, que se defiende, que lucha y que triunfa, *invictus sol* que abate a sus enemigos con las llamas de su xiucóatl. Cada una de estas personalidades divinas corresponde al ideal de unas de las fracciones principales de la clase dirigente."[1]

La dualidad de la religión azteca, reflejo de su división teocrático-militar y de su sistema social, corresponde también a los impulsos contradictorios que habitan cada ser y cada grupo humano. El instinto de la muerte y el de la vida disputan en cada uno de nosotros. Esas tendencias profundas impregnan la actividad de clases, castas e individuos y en los momentos críticos se manifiestan con toda desnudez. La victoria del instinto de la muerte revela que el pueblo azteca pierde de pronto la conciencia de su destino. Cuauhtémoc lucha a sabiendas de la derrota. En esta íntima y denodada aceptación de su pérdida radica el carácter trágico de su combate. Y el drama de esta conciencia que ve derrumbarse todo en torno suyo, y en primer término sus dioses, creadores de la grandeza de su pueblo, parece presidir nuestra historia entera. Cuauhtémoc y su pueblo mueren solos, abandonados de amigos, aliados, vasallos y dioses. En la orfandad.

[1] Jacques Soustelle, *La pensée cosmologique des anciens mexicains,*. París, 1940.

La caída de la sociedad azteca precipita la del resto del mundo indio. Todas las naciones que lo componían son presa del mismo horror, que se expresó casi siempre como fascinada aceptación de la muerte. Pocos documentos son tan impresionantes como los escasos que nos restan sobre esa catástrofe que sumió en una inmensa tristeza a muchos seres. He aquí el testimonio maya, según lo relata el *Chilam Balam de Chumayel*: "El II Ahan Katun llegaron los extranjeros de barbas rubias, los hijos del sol, los hombres de color claro. ¡Ay, entristezcámonos porque llegaron!... El palo del blanco bajará, vendrá del cielo, por todas partes vendrá... Triste estará la palabra de Hunab-Ku, Única-deidad para nosotros, cuando se extienda por toda la tierra la palabra del Dios de los cielos..." Y más adelante: "será el comenzar de los ahorcamientos, el estallar del rayo en el extremo del brazo de los blancos" (las armas de fuego)... "cuando caiga sobre los Hermanos el rigor de la pelea, cuando les caiga el tributo en la gran entrada del cristianismo, cuando se funde el principio de los Siete Sacramentos, cuando comience el mucho trabajar en los pueblos y la miseria se establezca en la tierra".

EL CARÁCTER de la Conquista es igualmente complejo desde la perspectiva que nos ofrecen los testimonios legados por los españoles. Todo es contradictorio en ella. Como la Reconquista, es una empresa privada y una hazaña nacional. Cortés y el Cid guerrean, por su cuenta, bajo su responsabilidad y contra la voluntad de sus señores, pero en nombre y provecho del Rey. Son vasallos, rebeldes y cruzados. En su conciencia y en la de sus ejércitos combaten nociones opuestas: los intereses de la Monarquía y los individuales, los de la fe y los del lucro. Y cada conquistador, cada misio-

nero y cada burócrata es un campo de batalla. Si, aisladamente considerados, cada uno representa a los grandes poderes que se disputan la dirección de la sociedad —el feudalismo, la Iglesia y la Monarquía absoluta—, en su interior pelean otras tendencias. Las mismas que distinguen a España del resto de Europa y que la hacen, en el sentido literal de la palabra, una nación excéntrica.

España es la defensora de la fe y sus soldados los guerreros de Cristo. Esta circunstancia no impide al Emperador y a sus sucesores sostener polémicas encarnizadas con el Papado, que el Concilio de Trento no hace cesar completamente. España es una nación todavía medieval y muchas de las instituciones que erige en la Colonia y muchos de los hombres que las establecen son medievales. Al mismo tiempo, el Descubrimiento y la Conquista de América son una empresa renacentista. Así, España participa también en el Renacimiento —a menos que se piense que sus hazañas ultramarinas, consecuencia de la ciencia, la técnica y aun de los sueños y utopías renacentistas, no forman parte de ese movimiento histórico—.

Por otra parte, los conquistadores no son nada más repeticiones del guerrero medieval, que lucha contra moros e infieles. Son aventureros, esto es, gente que se interna en los espacios abiertos y se arriesga en lo desconocido, rasgo también renacentista. El caballero medieval, por el contrario, vive en un mundo cerrado. Su gran empresa fueron las Cruzadas, acontecimiento histórico de signo distinto a la Conquista de América. El primero fue un rescate: el segundo, un descubrimiento y una fundación. Y, en fin, muchos de los conquistadores —Cortés, Jiménez de Quesada— son figuras inconcebibles en la Edad Media. Sus gustos literarios tanto como su realismo político, su

conciencia de la obra que realizan tanto como lo que Ortega y Gasset llamaría "su estilo de vida", tienen escasa relación con la sensibilidad medieval.

Si España se cierra al Occidente y renuncia al porvenir en el momento de la Contrarreforma, no lo hace sin antes adoptar y asimilar casi todas las formas artísticas del Renacimiento: poesía, pintura, novela, arquitectura. Esas formas —amén de otras filosóficas y políticas—, mezcladas a tradiciones e instituciones españolas y de entraña medieval, son trasplantadas a nuestro continente. Y es significativo que la parte más viva de la herencia española en América esté constituida por esos elementos universales que España asimiló en un período también universal de su historia. La ausencia de casticismo, tradicionalismo y españolismo —en el sentido medieval que se ha querido dar a la palabra: costra y cáscara de la casta Castilla— es un rasgo permanente de la cultura hispanoamericana, abierta siempre al exterior y con voluntad de universalidad. Ni Juan Ruiz de Alarcón, ni Sor Juana, ni Darío, ni Bello, son espíritus tradicionales, castizos. La tradición española que heredamos los hispanoamericanos es la que en España misma ha sido vista con desconfianza o desdén: la de los heterodoxos, abiertos hacia Italia o hacia Francia. Nuestra cultura, como una parte de la española, es libre elección de unos cuantos espíritus. Y así, según apuntaba Jorge Cuesta, se define como una libertad frente al pasivo tradicionalismo de nuestros pueblos. Es una forma, a veces superpuesta o indiferente a la realidad que la sustenta. En ese carácter estriba su grandeza y también, en algunos casos, su vacuidad o su impotencia. El crecimiento de nuestra lírica —que es por naturaleza diálogo entre el poeta y el Mundo— y la relativa pobreza de nuestras formas épicas y dra-

máticas, reside acaso en este carácter ajeno, desprendido de la realidad, de nuestra tradición.

La disparidad de elementos y tendencias que se observan en la Conquista no enturbia su clara unidad histórica. Todos ellos reflejan la naturaleza del Estado español, cuyo rasgo más notable consistía en ser una creación artificial, una construcción política en el más estricto de los significados de la palabra. La monarquía española nace de una violencia: la que los Reyes Católicos y sus sucesores imponen a la diversidad de pueblos y naciones sometidos a su dominio. La unidad española fue, y sigue siendo, fruto de la voluntad política del Estado, ajena a la de los elementos que la componen. (El catolicismo español siempre ha vivido en función de esa voluntad. De ahí, quizá, su tono beligerante, autoritario e inquisitorial.) La rapidez con que el Estado español asimila y organiza las conquistas que realizan los particulares muestra que una misma voluntad, perseguida con cierta coherente inflexibilidad, anima las empresas europeas y las de ultramar. Las colonias alcanzaron en poco tiempo una complejidad y perfección que contrasta con el lento desarrollo de las fundadas por otros países. La previa existencia de sociedades estables y maduras facilitó, sin duda, la tarea de los españoles, pero es evidente la voluntad hispana de crear un mundo a su imagen. En 1604, a menos de un siglo de la caída de Tenochtitlan, Balbuena da a conocer la *Grandeza mexicana*.

En resumen, se contemple la Conquista desde la perspectiva indígena o desde la española, este acontecimiento es expresión de una voluntad unitaria. A pesar de las contradicciones que la constituyen, la Conquista es un hecho histórico destinado a crear una unidad de la pluralidad cultural y política pre-

cortesiana. Frente a la variedad de razas, lenguas, tendencias y Estados del mundo prehispánico, los españoles postulan un solo idioma, una sola fe, un solo Señor. Si México nace en el siglo XVI, hay que convenir que es hijo de una doble violencia imperial y unitaria: la de los aztecas y la de los españoles.

El Imperio que funda Cortés sobre los restos de las viejas culturas aborígenes era un organismo subsidiario, satélite del sol hispano. La suerte de los indios pudo ser así la de tantos pueblos que ven humillada su cultura nacional, sin que el nuevo orden —mera superposición tiránica— abra sus puertas a la participación de los dominados. Pero el Estado fundado por los españoles fue un orden abierto. Y esta circunstancia, así como las modalidades de la participación de los vencidos en la actividad central de la nueva sociedad: la religión, merecen un examen detenido. La historia de México, y aun la de cada mexicano, arranca precisamente de esa situación. Así pues, el estudio del orden colonial es imprescindible. La determinación de las notas más salientes de la religiosidad colonial —sea en sus manifestaciones populares o en las de sus espíritus más representativos— nos mostrará el sentido de nuestra cultura y el origen de muchos de nuestros conflictos posteriores.

LA PRESTEZA con que el Estado español —eliminando ambiciones de encomenderos, infidelidades de oidores y rivalidades de toda índole— recrea las nuevas posesiones a imagen y semejanza de la Metrópoli, es tan asombrosa como la solidez del edificio social que construye. La sociedad colonial es un orden hecho para durar. Quiero decir, una sociedad regida conforme a principios jurídicos, económicos y religiosos plenamente coherentes entre sí y que establecían una

110

relación viva y armónica entre las partes y el todo. Un mundo suficiente, cerrado al exterior pero abierto a lo ultraterreno.

Es muy fácil reír de la pretensión ultraterrena de la sociedad colonial. Y más fácil aún denunciarla como una forma vacía, destinada a encubrir los abusos de los conquistadores o a justificarlos ante sí mismos y ante sus víctimas. Sin duda esto es verdad, pero no lo es menos que esa aspiración ultraterrena no era un simple añadido, sino una fe viva y que sustentaba, como la raíz al árbol, fatal y necesariamente, otras formas culturales y económicas. El catolicismo es el centro de la sociedad colonial porque de verdad es la fuente de vida que nutre las actividades, las pasiones, las virtudes y hasta los pecados de siervos y señores, de funcionarios y sacerdotes, de comerciantes y militares. Gracias a la religión el orden colonial no es una mera superposición de nuevas formas históricas, sino un organismo viviente. Con la llave del bautismo el catolicismo abre las puertas de la sociedad y la convierte en un orden universal, abierto a todos los pobladores. Y al hablar de la Iglesia católica, no me refiero nada más a la obra apostólica de los misioneros, sino a su cuerpo entero, con sus santos, sus prelados rapaces, sus eclesiásticos pedantes, sus juristas apasionados, sus obras de caridad y su atesoramiento de riquezas.

Es cierto que los españoles no exterminaron a los indios porque necesitaban la mano de obra nativa para el cultivo de los enormes feudos y la explotación minera. Los indios eran bienes que no convenía malgastar. Es difícil que a esta consideración se hayan mezclado otras de carácter humanitario. Semejante hipótesis hará sonreír a cualquiera que conozca la conducta de los encomenderos con los indígenas.

Pero sin la Iglesia el destino de los indios habría sido muy diverso. Y no pienso solamente en la lucha emprendida para dulcificar sus condiciones de vida y organizarlos de manera más justa y cristiana, sino en la posibilidad que el bautismo les ofrecía de formar parte, por la virtud de la consagración, de un orden y de una Iglesia. Por la fe católica los indios, en situación de orfandad, rotos los lazos con sus antiguas culturas, muertos sus dioses tanto como sus ciudades, encuentran un lugar en el mundo. Esa posibilidad de pertenecer a un orden vivo, así fuese en la base de la pirámide social, les fue despiadadamente negada a los nativos por los protestantes de Nueva Inglaterra. Se olvida con frecuencia que pertenecer a la fe católica significaba encontrar un sitio en el Cosmos. La huida de los dioses y la muerte de los jefes habían dejado al indígena en una soledad tan completa como difícil de imaginar para un hombre moderno. El catolicismo le hace reanudar sus lazos con el mundo y el trasmundo. Devuelve sentido a su presencia en la tierra, alimenta sus esperanzas y justifica su vida y su muerte.

Resulta innecesario añadir que la religión de los indios, como la de casi todo el pueblo mexicano, era una mezcla de las nuevas y las antiguas creencias. No podía ser de otro modo, pues el catolicismo fue una religión impuesta. Esta circunstancia, de la más alta trascendencia desde otro punto de vista, carecía de interés inmediato para los nuevos creyentes. Lo esencial era que sus relaciones sociales, humanas y religiosas con el mundo circundante y con lo Sagrado se habían restablecido. Su existencia particular se insertaba en un orden más vasto. No por simple devoción o servilismo los indios llamaban "tatas" a los misioneros y "madre" a la Virgen de Guadalupe.

La diferencia con las colonias sajonas es radical. Nueva España conoció muchos horrores, pero por lo menos ignoró el más grave de todos: negarle un sitio, así fuere el último en la escala social, a los hombres que la componían. Había clases, castas, esclavos, pero no había parias, gente sin condición social determinada o sin estado jurídico, moral o religioso. La diferencia con el mundo de las modernas sociedades totalitarias es también decisiva.

Es cierto que Nueva España, al fin y al cabo sociedad satélite, no creó un arte, un pensamiento, un mito o formas de vida originales. (Las únicas creaciones realmente originales de América —y no excluyo naturalmente a los Estados Unidos— son las precolombinas.) También es cierto que la superioridad técnica del mundo colonial y la introducción de formas culturales más ricas y complejas que las mesoamericanas, no bastan para justificar una época. Pero la creación de un orden universal, logro extraordinario de la Colonia, sí justifica a esa sociedad y la redime de sus limitaciones. La gran poesía colonial, el arte barroco, las Leyes de Indias, los cronistas, historiadores y sabios y, en fin, la arquitectura novohispana, en la que todo, aun los frutos fantásticos y los delirios profanos, se armoniza bajo un orden tan riguroso como amplio, no son sino reflejos del equilibrio de una sociedad en la que también todos los hombres y todas las razas encontraban sitio, justificación y sentido. La sociedad estaba regida por un orden cristiano que no es distinto al que se admira en templos y poemas.

No pretendo justificar a la sociedad colonial. En rigor, mientras subsista esta o aquella forma de opresión, ninguna sociedad se justifica. Aspiro a comprenderla como una totalidad viva y, por eso, con-

tradictoria. Del mismo modo me niego a ver en los sacrificios humanos de los aztecas una expresión aislada de crueldad sin relación con el resto de esa civilización: la extracción de corazones y las pirámides monumentales, la escultura y el canibalismo ritual, la poesía y la "guerra florida", la teocracia y los mitos grandiosos son un todo indisoluble. Negar esto es tan infantil como negar al arte gótico o a la poesía provenzal en nombre de la situación de los siervos medievales, negar a Esquilo porque había esclavos en Atenas. La historia tiene la realidad atroz de una pesadilla; la grandeza del hombre consiste en hacer obras hermosas y durables con la sustancia real de esa pesadilla. O dicho de otro modo: transfigurar la pesadilla en visión, liberarnos, así sea por un instante, de la realidad disforme por medio de la creación.

Durante siglos España digiere y perfecciona las ideas que le habían dado el ser. La actividad intelectual no deja de ser creadora, pero solamente en la esfera del arte y dentro de los límites que se sabe. La crítica —que en esos siglos y en otras partes es la más alta forma de creación— existe apenas en ese mundo cerrado y satisfecho. Hay, sí, la sátira, la disputa teológica y una actividad constante por extender, perfeccionar y hacer más sólido el edificio que albergaba a tantos y tan diversos pueblos. Pero los principios que rigen a la sociedad son inmutables e intocables. España no inventa ya, ni descubre: se extiende, se defiende, se recrea. No quiere cambiar, sino durar. Y otro tanto ocurre con sus posesiones ultramarinas. Superada la primera época de borrascas y disturbios, la Colonia padece crisis periódicas —como la que atraviesan Sigüenza y Góngora y Sor Juana— pero

114

ninguna de ellas toca las raíces del régimen o pone en tela de juicio los principios en que se funda.

El mundo colonial era proyección de una sociedad que había ya alcanzado su madurez y estabilidad en Europa. Su originalidad es escasa. Nueva España no busca, ni inventa: aplica y adapta. Todas sus creaciones, incluso la de su propio ser, son reflejos de las españolas. Y la permeabilidad con que lentamente las formas hispánicas aceptan las modificaciones que les impone la realidad novohispana, no niega el carácter conservador de la Colonia. Las sociedades tradicionales, observa Ortega y Gasset, son realistas: desconfían de los saltos bruscos pero cambian despacio, aceptando las sugestiones de la realidad. La "Grandeza mexicana" es la de un sol inmóvil, mediodía prematuro que ya nada tiene que conquistar sino su descomposición.

La especulación religiosa había cesado desde hacía siglos. La doctrina estaba hecha y se trataba sobre todo de vivirla. La Iglesia se inmoviliza en Europa, a la defensiva. La escolástica se defiende mal, como las pesadas naves españolas, presa de las más ligeras de holandeses e ingleses. La decadencia del catolicismo europeo coincide con su apogeo hispanoamericano: se extiende en tierras nuevas en el momento en que ha dejado de ser creador. Ofrece una filosofía hecha y una fe petrificada, de modo que la originalidad de los nuevos creyentes no encuentra ocasión de manifestarse. Su adhesión es pasiva. El fervor y la profundidad de la religiosidad mexicana contrastan con la relativa pobreza de sus creaciones. No poseemos una gran poesía religiosa, como no tenemos una filosofía original, ni un solo místico o reformador de importancia.

Esta situación paradójica —y no por eso menos

real— explica buena parte de nuestra historia y es el origen de muchos de nuestros conflictos psíquicos. El catolicismo ofrece un refugio a los descendientes de aquellos que habían visto la exterminación de sus clases dirigentes, la destrucción de sus templos y manuscritos y la supresión de las formas superiores de su cultura pero, por razón misma de su decadencia europea, les niega toda posibilidad de expresar su singularidad. Así, redujo la participación de los fieles a la más elemental y pasiva de las actitudes religiosas. Pocos podían alcanzar una comprensión más entera de sus nuevas creencias. Y la inmovilidad de éstas, así como la del enmohecido aparato escolástico, hacía más difícil toda participación creadora. Agréguese que el conjunto de los creyentes descendía de las clases inferiores de la antigua sociedad. Por tal razón, eran gente con una tradición cultural pobre (los depositarios del saber mágico y religioso, guerreros y sacerdotes, habían sido exterminados o españoliza-dos). En suma, la creación religiosa estaba vedada a los creyentes a consecuencia de las circunstancias que determinaban su participación. De ahí la relativa infe-cundidad del catolicismo colonial, sobre todo si se recuerda su fertilidad entre bárbaros y romanos, cris-tianizados en el momento en que la religión era la única fuerza viva del mundo antiguo. No es difícil, pues, que nuestra actitud antitradicional y la ambi-güedad de nuestra posición frente al catolicismo se originen en este hecho. Religión y Tradición se nos han ofrecido siempre como formas muertas, inservi-bles, que mutilan o asfixian nuestra singularidad.

No es sorprendente, en estas circunstancias, la per-sistencia del fondo precortesiano. El mexicano es un ser religioso y su experiencia de lo Sagrado es muy verdadera, mas ¿quién es su Dios: las antiguas divi-

nidades de la tierra o Cristo? Una invocación chamula, verdadera plegaria a pesar de la presencia de ciertos elementos mágicos, responde con claridad a esta pregunta:

Santa tierra, santo cielo; Dios Señor, Dios Hijo, santa tierra, santo cielo, santa gloria, hazte cargo de mí, represéntame; ve mi trabajo, ve mi labor, ve mi sufrir. Gran Hombre, gran Señor, gran padre, gran petome, gran espíritu de mujer, ayúdame. En tus manos pongo el tributo; aquí está la reposición de su chulel. Por mi incienso, por mis velas, espíritu de la luna, virgen madre del cielo, virgen madre de la tierra; Santa Rosa, por tu primer hijo, por tu primera gloria, ve a tu hijo estrujado en su espíritu, en su chulel.

En muchos casos el catolicismo sólo recubre las antiguas creencias cosmogónicas. He aquí cómo el mismo chamula, Juan Pérez Jolote, nuestro contemporáneo según el Registro Civil, nuestro antepasado si se atiende a sus creencias, describe la imagen de Cristo en una iglesia de su pueblo, explicando lo que significa para él y su raza:

Este que está encajonado es el señor San Manuel; se llama también señor San Salvador, o señor San Mateo; es el que cuida a la gente, a las criaturas. A él se le pide que cuide a uno en la casa, en los caminos, en la tierra. Este otro que está en la cruz es también el señor San Mateo; está enseñando, está mostrando cómo se muere en la cruz, para enseñarnos a respetar... antes de que naciera San Manuel, el sol estaba frío igual que la luna. En la tierra vivían los pukujes, que se comían a la gente. El sol empezó a calentar cuando nació el niño Dios, que es hijo de la Virgen, el señor San Salvador.[2]

[2] Ricardo Pozas A., *Juan Pérez Jolote. Autobiografía de un tzotzil*, 16ª ed., FCE, México, 1992.

En el relato del chamula, caso extremo y por lo tanto ejemplar, es visible la superposición religiosa y la presencia imborrable de los mitos indígenas. Antes del nacimiento de Cristo, el Sol —ojo de Dios— no calienta. El astro es un atributo de la divinidad. De ahí que el chamula repita que gracias a la presencia de Dios la naturaleza se pone en marcha. ¿No es ésta una versión, muy deformada, del hermoso mito de la creación del mundo? En Teotihuacan los dioses también se enfrentan al problema del astro-fuente-de-vida. Y sólo el sacrificio de Quetzalcóatl pone en movimiento al Sol y salva al mundo del incendio sagrado. La persistencia del mito precortesiano subraya la diferencia entre la concepción cristiana y la indígena; Cristo salva al mundo porque nos redime y lava la mancha del pecado original. Quetzalcóatl no es tanto un dios redentor como re-creador. La noción del pecado para los indios está todavía ligada a la idea de salud y enfermedad, personal, social y cósmica. Para el cristiano se trata de salvar el alma individual, desprendida del grupo y del cuerpo. El cristianismo condena al mundo; el indio sólo concibe la salvación personal como parte de la del cosmos y de la sociedad.

Nada ha trastornado la relación filial del pueblo con lo Sagrado, fuerza constante que da permanencia a nuestra nación y hondura a la vida afectiva de los desposeídos. Pero nada tampoco ha logrado hacerla más despierta y fecunda, ni siquiera la mexicanización del catolicismo, ni siquiera la Virgen de Guadalupe. Por eso los mejores no han vacilado en desprenderse del cuerpo de la Iglesia y salir a la intemperie. Allí, en la soledad y desnudez del combate espiritual, han respirado un poco de ese "aire religioso fresco" que pedía Jorge Cuesta.

La ÉPOCA de Carlos II es una de las más tristes y vacías de la Historia de España. Todas sus reservas espirituales habían sido devoradas por el fuego de una vida y un arte dinámicos, desgarrados por los extremos y las antítesis. La decadencia de la cultura española en la Península coincide con su mediodía en América. El arte barroco alcanza un momento de plenitud en este período. Los mejores no sólo escriben poesía. Se interesan por la astronomía, la física o la antigüedad americana. Espíritus despiertos en una sociedad inmovilizada por la letra, presagian otra época y otras preocupaciones, al mismo tiempo que llevan hasta sus últimas consecuencias las tendencias estéticas de su tiempo. Y en todos ellos se dibuja una cierta oposición entre sus concepciones religiosas y las exigencias de su curiosidad y rigor intelectuales. Algunos emprenden una imposible síntesis. Sor Juana, por ejemplo, emprende la composición del *Primer sueño*, tentativa por conciliar ciencia y poesía, barroquismo e iluminismo.

Sería inexacto identificar el drama de esta generación con el que desgarra a sus contemporáneos europeos y que el siglo XVIII hará patente. El conflicto que los habita —y que acaba por reducirlos al silencio— no es tanto el de la fe y la razón como el de la petrificación de unas creencias que habían perdido toda su frescura y fertilidad y que, por lo tanto, eran incapaces de satisfacer lo que su apetito espiritual les pedía. Edmundo O'Gorman plantea así los términos del conflicto: "estado intermedio en que la razón hace estragos en la calma y en que ya no basta el consuelo de la religión". Pero no bastan los consuelos de la fe porque se trata de una fe inmóvil y seca. La crítica de la razón vendrá, en América, más tarde. O'Gorman precisa el carácter de la disyuntiva como sigue: "tener

119

fe en Dios y en la razón a un mismo tiempo es vivir con el ser arraigado, desgarrado si se prefiere, en la posibilidad real, única, extremosa y contradictoria, constituida por dos posibles imposibles del existir humano".[3] Esta penetrante descripción es válida si se atenúan los polos de esas imposibles posibilidades. Pues no se puede negar la autenticidad de los sentimientos religiosos de esa generación, pero tampoco su inmovilidad y cansancio. Y, por lo que toca al otro término de la disyuntiva, no se debe exagerar el racionalismo de Sigüenza o de Sor Juana, que nunca tuvieron plena conciencia del problema que empezaba a escindir los espíritus. La lucha me parece que se entabla entre su vitalidad intelectual, su ansia por saber y penetrar en mundos mal explorados, y la ineficacia de los instrumentos que les proporcionaban la teología y la cultura novohispana. Su conflicto transparenta el de la sociedad colonial, que no dudaba tampoco, pero que no acertaba a expresar su intimidad a través de formas petrificadas. El orden colonial fue un orden impuesto de arriba hacia abajo; sus formas sociales, económicas, jurídicas y religiosas eran inmutables. Sociedad regida por el derecho divino y el absolutismo monárquico, había sido creada en todas sus piezas como un inmenso, complicado artefacto destinado a durar pero no a transformarse. En la época de Sor Juana los mejores espíritus empiezan a mostrar —así sea en forma borrosa y tímida— una vitalidad y curiosidad intelectual en abierto contraste con la anemia de la España negra de Carlos II (significativamente apodado El Hechizado). Sigüenza y Góngora se interesa por las antiguas civilizaciones indias y, con Sor Juana y algunos otros, por la filo-

[3] Edmundo O'Gorman, *Crisis y porvenir de la ciencia histórica*, México, 1947.

sofía de Descartes, la física experimental, la astronomía. La Iglesia ve con recelo todas estas curiosidades; el poder temporal, por su parte, extrema el aislamiento político, económico y espiritual de sus colonias, hasta convertirlas en recintos cerrados. En los campos y en las ciudades hay disturbios, reprimidos implacablemente. En ese mundo cerrado la generación de Sor Juana se hace ciertas preguntas —más insinuadas que formuladas, más presentidas que pensadas— para las que su tradición espiritual no ofrecía respuesta. (Las respuestas ya habían sido dadas afuera, en el aire libre de la cultura europea.) Esto explica, acaso, que a pesar de su osadía, nadie entre ellos emprenda la crítica de los principios que fundaban la sociedad colonial, ni proponga otros. Cuando la crisis se declara, esa generación abdica. Ha cesado su ambigua lucha. Su renuncia —que no tiene nada que ver con una conversión religiosa— desemboca en el silencio. No se entregan a Dios, sino que se niegan a sí mismos. Esa negación es la del mundo colonial, que se cierra sobre sí mismo. No hay salida, excepto por la ruptura.

Nadie como Juana de Asbaje encarna la dualidad de ese mundo, aunque la superficie de su obra, como la de su vida, no delate fisura alguna. Todo en ella responde a lo que su tiempo podía pedir a una mujer. Al mismo tiempo y sin contradicción profunda, Sor Juana era poetisa y monja jerónima, amiga de la condesa de Paredes y autora dramática. Sus devaneos amorosos, si los tuvo o si sólo son inflamadas invenciones retóricas, su amor por la conversación y la música, sus tentativas literarias y hasta las tendencias sexuales que algunos le atribuyen, no se oponen, sino exigen su fin ejemplar. Sor Juana afirma su tiempo tanto como su tiempo se afirma en ella. Pero dos de

sus obras, la *Respuesta a Sor Filotea* y el *Primer sueño*, arrojan una extraña luz sobre su figura y sobre su tiempo. Y la hacen ejemplar en sentido muy distinto al que piensan sus panegiristas católicos.

Se ha comparado el *Primer sueño* a las *Soledades*. En efecto, el poema de Sor Juana es una imitación del de don Luis de Góngora. No obstante, las diferencias profundas son mayores que las semejanzas externas. Menéndez y Pelayo reprochaba a Góngora su vaciedad. Si se sustituye este adjetivo por la palabra "superficial", se estará más cerca de la concepción poética de Góngora, que no pretende sino construir —o como decía Bernardo Balbuena: contrahacer— un mundo de apariencias. La trama de las *Soledades* cuenta poco; la sustancia filosófica —si existe alguna— importa menos. Todo es pretexto para descripciones y digresiones. Y cada una de ellas se disuelve, a su vez, en imágenes, antítesis y figuras retóricas Si algo camina en el poema de Góngora, no es precisamente el náufrago, ni su pensamiento, sino la imaginación del poeta. Pues, como él mismo dice en el prólogo, sus versos "pasos de un peregrino son errante". Y este son peregrino, este peregrino que canta, se detiene en una palabra o en un color, lo acaricia y lo prolonga y hace de cada período una imagen y de cada imagen un mundo. El discurso poético fluye lento, se bifurca en "paréntesis frondosos", que son islas esbeltas, y continúa errante entre paisajes, sombras, luces, realidades que redime e inmoviliza. La poesía es goce puro, recreación artificial de una naturaleza ideal, según dice Dámaso Alonso. Así, no hay conflicto entre sustancia y forma, porque Góngora vuelve todo forma, todo superficie cristalina o trémula, tersa o undosa.

Sor Juana utiliza el procedimiento de Góngora,

pero acomete un poema filosófico. Quiere penetrar en la realidad, no transmutarla en deliciosa superficie. Las oscuridades del poema son dobles: las sintácticas y mitológicas y las conceptuales. El poema, dice Alfonso Reyes, es una tentativa por llegar "a una poesía de pura emoción intelectual". La visión que nos entrega el *Primer sueño* es la del sueño de la noche universal, en la que el mundo y el hombre sueñan y son soñados, Cosmos que se sueña hasta cuando sueña que despierta. Nada más alejado de la noche carnal y espiritual de los místicos que esta noche intelectual. El poema de Sor Juana no tiene antecedentes en la poesía de la lengua española y, como insinúa Vossler, prefigura el movimiento poético de la Ilustración alemana. Pero el *Primer sueño* es un intento más que un logro, al contrario de lo que ocurre con las *Soledades*, aunque su autor no las haya terminado. Y no podía ser de otro modo, pues en el poema de Sor Juana, como en su vida misma, hay una zona neutra, de vacío: la que produce el choque de las tendencias opuestas que la devoraban y que no acertó a reconciliar.

Sor Juana nos ha dejado un texto revelador, al mismo tiempo declaración de fe en la inteligencia y renuncia a su ejercicio: la *Respuesta a Sor Filotea*. Defensa del intelectual y de la mujer, la *Respuesta* es también la historia de una vocación. Si se ha de hacer caso a sus confesiones, apenas hubo ciencia que no la tentara. Su curiosidad no es la del hombre de ciencia, sino la del hombre culto que aspira a integrar en una visión coherente todas las particularidades del conocimiento. Presentía un oculto engarce entre todas las verdades. Al referirse a la diversidad de sus estudios, advierte que sus contradicciones son más aparentes que reales, "al menos en lo formal y especulativo".

Las ciencias y las artes, por más contrarias que sean, no sólo no estorban a la comprensión general de la naturaleza, "sino la ayudan, dando luz y abriendo camino las unas a las otras, por variaciones y ocultos enlaces... de manera que parece que se corresponden y están unidas en admirable trabazón y concierto..."

Si no era mujer de ciencia, tampoco era un espíritu filosófico, porque carecía del poder que abstrae. Su sed de conocimiento no está reñida con la ironía y la versatilidad y en otros tiempos hubiera escrito ensayos y crítica. Así, no vive para una idea, ni crea ideas nuevas: vive las ideas, que son su atmósfera y su alimento natural. Es una intelectual: una conciencia. No es posible dudar de la sinceridad de sus sentimientos religiosos, pero allí donde un espíritu devoto encontraría pruebas de la presencia de Dios o de su poder, Sor Juana halla ocasión para formular hipótesis y preguntas. Aunque repita con frecuencia que todo viene de Dios busca siempre una explicación racional: "Estaban en mi presencia dos niñas jugando con un trompo y apenas yo vi el movimiento y la figura cuando empecé, con esta mi locura, a considerar el fácil *motu* de la forma esférica..."

Contrastan estas declaraciones con las de los escritores españoles de la época —y aun con las de los escritores de las generaciones posteriores—. Para ninguno de ellos el mundo físico es un problema: aceptan la realidad tal cual es o la condenan. Fuera de la acción, no hay sino la contemplación, parece decirnos la literatura española de los Siglos de Oro. Entre aventura y renuncia se mueve la vida histórica española. Ni Gracián ni Quevedo, para no hablar de los escritores religiosos, muestran interés por el conocimiento en sí. Desdeñan la curiosidad intelectual y todo su saber lo refieren a la conducta, a la mo-

ral o a la salvación. Estoicos o cristianos, como se ha dicho, ignoran la actividad intelectual pura. *Fausto* es impensable en esa tradición. La inteligencia no les proporciona ningún placer; es un arma peligrosa: sirve para derrotar a los enemigos pero también puede hacernos perder el alma. La solitaria figura de Sor Juana se aísla más en ese mundo hecho de afirmaciones y negaciones, que ignora el valor de la duda y del examen.

La *Respuesta* no es sólo un autorretrato sino la defensa de un espíritu siempre adolescente, siempre ávido e irónico, apasionado y reticente. Su doble soledad, de mujer y de intelectual, condensa un conflicto también doble: el de su sociedad y el de su feminidad. La *Respuesta a Sor Filotea* es una defensa de la mujer. Hacer esa defensa y atreverse a proclamar su afición por el pensamiento desinteresado, la hacen una figura moderna. Si en su afirmación del valor de la experiencia no es ilusorio ver una instintiva reacción contra el pensamiento tradicional de España, en su concepción del conocimiento —que no confunde con la erudición, ni identifica con la religión— hay una implícita defensa de la conciencia intelectual. Todo la lleva a concebir el mundo como un problema o como un enigma más que como un sitio de salvación o perdición. Y esto da a su pensamiento una originalidad que merecía algo más que los elogios de sus contemporáneos o que los reproches de su confesor y que aún en nuestros días solicita un juicio más hondo y un examen más arriesgado.

"¿Cómo es posible que sonidos tan preñados de futuro salgan de pronto de un convento de monjas mexicanas?", se pregunta Vossler. Y se responde: "su curiosidad por la mitología antigua y por la física moderna, por Aristóteles y Harvey, por las ideas de

Platón y la linterna mágica de Kircher... no hubiera prosperado en las universidades pedantes y temerosamente dogmáticas de la Vieja España". Tampoco prosperó en México mucho tiempo. Después de los motines de 1692 la vida intelectual se oscurece rápidamente. Sigüenza y Góngora abandona bruscamente sus aficiones históricas y arqueológicas. Sor Juana renuncia a sus libros y muere poco después. La crisis social, hace notar Vossler, coincide con la de los espíritus.

Pese al brillo de su vida, al patetismo de su muerte, y a la admirable geometría que preside sus mejores creaciones poéticas, hay en la vida y en la obra de Sor Juana algo irrealizado y deshecho. Se advierte la melancolía de un espíritu que no logró nunca hacerse perdonar su atrevimiento y su condición de mujer. Ni su época le ofrecía los alimentos intelectuales que su avidez necesitaba, ni ella pudo —¿y quién?— crearse un mundo de ideas con las que vivir a solas. Siempre fue muy viva en ella la conciencia de su singularidad: "¿Qué podemos saber las mujeres sino filosofía de cocina?", pregunta con una sonrisa. Pero le duele la herida: "¿Quién no creerá, viendo tan generales aplausos, que he navegado viento en popa sobre las palmas de las aclamaciones comunes?" Sor Juana es una figura de soledad. Indecisa y sonriente se mueve entre dos luces, consciente de la dualidad de su condición y de lo imposible de su empeño. Es muy frecuente escuchar reproches contra hombres que han estado por debajo de su destino, ¿cómo no lamentarse por la suerte de una mujer que estuvo por encima de su sociedad y de su cultura?

Su imagen es la de una solitaria melancólica que sonríe y calla. El silencio, dice ella misma en alguna parte, está poblado de voces. ¿Y qué nos dice su silen-

cio? Si en la obra de Sor Juana la sociedad colonial se expresa y afirma, en su silencio esa misma sociedad se condena. La experiencia de Sor Juana, que acaba en silencio y abdicación, completa así el examen del orden colonial. Mundo abierto a la participación y, por lo tanto, orden cultural vivo, sí, pero implacablemente cerrado a toda expresión personal, a toda aventura. Mundo cerrado al futuro. Para ser nosotros mismos, tuvimos que romper con ese orden sin salida, aun a riesgo de quedarnos en la orfandad. El siglo XIX será el siglo de la ruptura y, al mismo tiempo, el de la tentativa por crear nuevos lazos con otra tradición, si más lejana, no menos universal que la que nos ofreció la Iglesia católica: la del racionalismo europeo.

DE LA INDEPENDENCIA A LA REVOLUCIÓN

LAS REFORMAS que emprende la dinastía borbónica, en particular Carlos III, sanean la economía y hacen más eficaz el despacho de los negocios, pero acentúan el centralismo administrativo y convierten a Nueva España en una verdadera colonia, esto es, en un territorio sometido a una explotación sistemática y estrechamente sujeto al poder central. El absolutismo de la casa de Austria tenía otro sentido: las colonias eran reinos dueños de cierta autonomía y el Imperio se asemejaba a un sistema solar. Nueva España, sobre todo en los primeros tiempos, giraba en torno a la Corona como un astro menor, mas dueño de luz propia, como las otras posesiones y reinos. Los Borbones transformaron a Nueva España, reino vasallo, en simple territorio ultramarino. No bastaron a reanimar a la sociedad colonial la creación de las Intendencias, el impulso que se otorgó a la investigación científica, el desarrollo del humanismo, la construcción de obras monumentales de servicio público ni, en fin, el buen gobierno de varios virreyes. La Colonia, como la Metrópoli, era ya sólo forma, cuerpo deshabitado. Desde fines del siglo XVII los lazos que unían a Madrid con sus posesiones habían cesado de ser los armoniosos que unen entre sí a un organismo viviente. El Imperio se sobrevive gracias a la perfección y complejidad de su estructura, a su grandeza física y a la inercia. Gracias también a las querellas que dividen a sus rivales. Y la reforma de Carlos III muestra

hasta qué punto la mera acción política es insuficiente, si no está precedida por una transformación de la estructura misma de la sociedad y por un examen de los supuestos que la fundan.

Se repite que el siglo XVIII prepara el movimiento de Independencia. En efecto, la ciencia y la filosofía de la época (a través de la reforma de la escolástica que intentan hombres como Francisco Javier Clavijero o del pensamiento y la acción de otros como Benito Díaz de Gamarra y Antonio Alzate) constituyen los necesarios antecedentes intelectuales del Grito de Dolores. Mas se olvida que la Independencia sobreviene cuando ya nada nos unía a España, excepto la inercia. Esa inercia terrible del agonizante que inmoviliza su mano en un gesto duro, de garra, como para asir un minuto más la vida. Pero la vida lo deserta, con un último y brusco movimiento. Nueva España, en tanto que creación universal, en tanto que orden vivo y no máscara del orden, se extingue cuando deja de alimentarla una fe. Sor Juana, incapaz de resolver en una forma creadora y orgánica el conflicto entre su curiosidad intelectual y los principios religiosos de la época, renuncia y muere, ejemplarmente. Con menos ejemplaridad la sociedad colonial se arrastra por un siglo todavía, defendiéndose con estéril tenacidad.

La Independencia ofrece la misma ambigua figura que la Conquista. La obra de Cortés es precedida por la síntesis política que realizan en España los Reyes Católicos y por la que inician en Mesoamérica los aztecas. La Independencia se presenta también como un fenómeno de doble significado: disgregación del cuerpo muerto del Imperio y nacimiento de una pluralidad de nuevos Estados. Conquista e Independencia parecen ser momentos de flujo y reflujo de una gran ola histórica, que se forma en el siglo XV, se

extiende hasta América, alcanza un momento de hermoso equilibrio en los siglos XVI y XVII y finalmente se retira, no sin antes dispersarse en mil fragmentos.

Confirma esta imagen el filósofo José Gaos cuando divide al pensamiento moderno en lengua española en dos porciones: la propiamente peninsular —que consiste en una larga reflexión sobre la decadencia española— y la hispanoamericana —que es, más que una meditación, un alegato en favor de la Independencia y una búsqueda de nuestro destino—. El pensamiento español se vuelve sobre el pasado y sobre sí mismo, para investigar las causas de la decadencia o para aislar, entre tanta muerte, los elementos todavía vivos que den sentido y actualidad al hecho, extraño entre todos, de ser español. El hispanoamericano principia como una justificación de la Independencia, pero se transforma casi inmediatamente en un proyecto: América no es tanto una tradición que continuar como un futuro que realizar. Proyecto y utopía son inseparables del pensamiento hispanoamericano, desde fines del siglo XVIII hasta nuestros días. Elegía y crítica, lo son del peninsular —incluyendo a Unamuno, el poeta elegíaco, y a Ortega y Gasset, el filósofo crítico.

En los países sudamericanos es más perceptible la dualidad anterior. La personalidad de los dirigentes es más neta y más radical su oposición a la tradición hispánica. Aristócratas, intelectuales y viajeros cosmopolitas, no solamente conocen las nuevas ideas, sino que frecuentan a los nuevos hombres y a las nuevas sociedades. Miranda participa en la Revolución francesa y combate en Valmy. Bello vive en Londres. Los años de aprendizaje de Bolívar transcurren en esa atmósfera que prepara a los héroes y a los príncipes: desde niño se le educa para libertar y para

gobernar. Nuestra Revolución de Independencia es menos brillante, menos rica en ideas y frases universales y más determinada por las circunstancias locales. Nuestros caudillos, sacerdotes humildes y oscuros capitanes, no tienen una noción tan clara de su obra. En cambio, poseen un sentido más profundo de la realidad y escuchan mejor lo que, a media voz y en cifra, les dice el pueblo.

Estas diferencias influyen en la historia posterior de nuestros países. La Independencia sudamericana se inicia con un gran movimiento continental: San Martín libera medio continente, Bolívar otro medio. Se crean grandes Estados, confederaciones, anfictionías. Se piensa que la emancipación de España no acarreará la desmembración del mundo hispánico. Al poco tiempo la realidad hace astillas todos esos proyectos. El proceso de disgregación del Imperio español se mostró más fuerte que la clarividencia de Bolívar.

En suma, en el movimiento de Independencia pelean dos tendencias opuestas: una, de origen europeo, liberal y utópica, que concibe a la América española como un todo unitario, asamblea de naciones libres; otra, tradicional, que rompe lazos con la Metrópoli sólo para acelerar el proceso de dispersión del Imperio.

La Independencia hispanoamericana, como la historia entera de nuestros pueblos, es un hecho ambiguo y de difícil interpretación porque, una vez más, las ideas enmascaran a la realidad en lugar de desnudarla o expresarla. Los grupos y clases que realizan la Independencia en Sudamérica pertenecían a la aristocracia feudal nativa; eran los descendientes de los colonos españoles, colocados en situación de inferioridad frente a los peninsulares. La Metrópoli,

empeñada en una política proteccionista, por una parte impedía el libre comercio de las colonias y obstruía su desarrollo económico y social por medio de trabas administrativas y políticas; por la otra, cerraba el paso a los "criollos" que con toda justicia deseaban ingresar a los altos empleos y a la dirección del Estado. Así pues, la lucha por la Independencia tendía a liberar a los "criollos" de la momificada burocracia peninsular aunque, en realidad, no se proponía cambiar la estructura social de las colonias. Cierto, los programas y el lenguaje de los caudillos de la Independencia recuerdan al de los revolucionarios de la época. Eran sinceros, sin duda. Aquel lenguaje era "moderno", eco de los revolucionarios franceses y, sobre todo, de las ideas de la Independencia norteamericana. Pero en la América sajona esas ideas expresaban realmente a grupos que se proponían transformar el país conforme a una nueva filosofía política. Y aún más: con esos principios no intentaban cambiar un estado de cosas por otro sino, diferencia radical, crear una nueva nación. En efecto: los Estados Unidos son, en la historia del siglo XIX, una novedad mundial, una sociedad que crece y se extiende naturalmente. Entre nosotros, en cambio, una vez consumada la Independencia las clases dirigentes se consolidan como las herederas del viejo orden español. Rompen con España pero se muestran incapaces de crear una sociedad moderna. No podía ser de otro modo, ya que los grupos que encabezaron el movimiento de Independencia no constituían nuevas fuerzas sociales, sino la prolongación del sistema feudal. La novedad de las nuevas naciones hispanoamericanas es engañosa; en verdad se trata de sociedades en decadencia o en forzada inmovilidad, supervivencias y fragmentos de un todo deshecho.

El Imperio español se dividió en una multitud de Repúblicas por obra de las oligarquías nativas, que en todos los casos favorecieron o impulsaron el proceso de desintegración. No debe olvidarse, además, la influencia determinante de muchos de los caudillos revolucionarios. Algunos, más afortunados en esto que los conquistadores, su contrafigura histórica, lograron "alzarse con los reinos", como si se tratase de un botín medieval. La imagen del "dictador hispanoamericano" aparece ya, en embrión, en la del "libertador". Así, las nuevas Repúblicas fueron inventadas por necesidades políticas y militares del momento, no porque expresasen una real peculiaridad histórica. Los "rasgos nacionales" se fueron formando más tarde; en muchos casos, no son sino consecuencia de la prédica nacionalista de los gobiernos. Aún ahora, un siglo y medio después, nadie puede explicar satisfactoriamente en qué consisten las diferencias "nacionales" entre argentinos y uruguayos, peruanos y ecuatorianos, guatemaltecos y mexicanos. Nada tampoco —excepto la persistencia de las oligarquías locales, sostenidas por el imperialismo norteamericano— explica la existencia en Centroamérica y las Antillas de nueve repúblicas.

No es esto todo. Cada una de las nuevas naciones tuvo, al otro día de la Independencia, una constitución más o menos (casi siempre menos que más) liberal y democrática. En Europa y en los Estados Unidos esas leyes correspondían a una realidad histórica: eran la expresión del ascenso de la burguesía, la consecuencia de la Revolución industrial y de la destrucción del antiguo régimen. En Hispanoamérica sólo servían para vestir a la moderna las supervivencias del sistema colonial. La ideología liberal y democrática, lejos de expresar nuestra situación histórica con-

creta, la ocultaba. La mentira política se instaló en nuestros pueblos casi constitucionalmente. El daño moral ha sido incalculable y alcanza a zonas muy profundas de nuestro ser. Nos movemos en la mentira con naturalidad. Durante más de cien años hemos sufrido regímenes de fuerza, al servicio de las oligarquías feudales, pero que utilizan el lenguaje de la libertad. Esta situación se ha prolongado hasta nuestros días. De allí que la lucha contra la mentira oficial y constitucional sea el primer paso de toda tentativa seria de reforma. Éste parece ser el sentido de los actuales movimientos latinoamericanos, cuyo objetivo común consiste en realizar de una vez por todas la Independencia. O sea: transformar nuestros países en sociedades realmente modernas y no en meras fachadas para demagogos y turistas. En esta lucha nuestros pueblos no sólo se enfrentan a la vieja herencia española (la Iglesia, el ejército y la oligarquía), sino al Dictador, al Jefe con la boca henchida de fórmulas legales y patrióticas, ahora aliado a un poder muy distinto al viejo imperialismo hispano: los grandes intereses del capitalismo extranjero.

Casi todo lo anterior es aplicable a México, con decisivas salvedades. En primer término, nuestra revolución de Independencia jamás manifiesta las pretensiones de universalidad que son, a un tiempo, la videncia y la ceguera de Bolívar. Además, los insurgentes vacilan entre la Independencia (Morelos) y formas modernas de autonomía (Hidalgo). La guerra se inicia como una protesta contra los abusos de la Metrópoli y de la alta burocracia española, sí, pero también y sobre todo contra los grandes latifundistas nativos. No es la rebelión de la aristocracia local contra la Metrópoli, sino la del pueblo contra la primera. De ahí que los revolucionarios hayan concedido ma-

yor importancia a determinadas reformas sociales que a la Independencia misma: Hidalgo decreta la abolición de la esclavitud; Morelos, el reparto de los latifundios. La guerra de Independencia fue una guerra de clases y no se comprenderá bien su carácter si se ignora que, a diferencia de lo ocurrido en Sudamérica, fue una revolución agraria en gestación. Por eso el ejército (en el que servían "criollos" como Iturbide), la Iglesia y los grandes propietarios se aliaron a la Corona española. Esas fuerzas fueron las que derrotaron a Hidalgo, Morelos y Mina. Un poco más tarde, casi extinguido el movimiento insurgente, ocurre lo inesperado: en España los liberales toman el poder, transforman la Monarquía absoluta en constitucional y amenazan los privilegios de la Iglesia y de la aristocracia. Se opera entonces un brusco cambio de frente; ante este nuevo peligro exterior, el alto clero, los grandes terratenientes, la burocracia y los militares criollos buscan la alianza con los restos de los insurgentes y consuman la Independencia. Se trata de un verdadero acto de prestidigitación: la separación política de la Metrópoli se realiza en contra de las clases que habían luchado por la Independencia. El virreinato de Nueva España se transforma en el Imperio mexicano. Iturbide, el antiguo general realista, se convierte en Agustín I. Al poco tiempo, una rebelión lo derriba. Se inicia la era de los pronunciamientos.

Durante más de un cuarto de siglo, en una lucha confusa que no excluye las alianzas transitorias, los cambios de bando y aun las traiciones, los liberales intentan consumar la ruptura con la tradición colonial. En cierto modo son los continuadores de los primeros caudillos, Hidalgo y Morelos. Sin embargo, su crítica al orden de cosas no se dirige tanto a cam-

biar la realidad como la legislación. Casi todos piensan, con un optimismo heredado de la Enciclopedia, que basta con decretar nuevas leyes para que la realidad se transforme. Ven en los Estados Unidos un modelo y creen que su prosperidad se debe a la excelencia de las instituciones republicanas. De ahí su federalismo, por oposición al centralismo de los conservadores. Todos esperan que una Constitución democrática, al limitar el poder temporal de la Iglesia y acabar con los privilegios de la aristocracia terrateniente, producirá casi automáticamente una nueva clase social: la burguesía. Los liberales no sólo tienen que luchar contra los conservadores, sino que deben contar con los militares, que cambian de bando según sus intereses. Mientras disputan las facciones, el país se desintegra. Los Estados Unidos aprovechan la ocasión y en una de las guerras más injustas en la historia, ya de por sí negra, de la expansión imperialista, nos arrebatan más de la mitad del territorio. Esta derrota produjo, a la larga, una reacción saludable, pues hirió de muerte al caudillismo militar, encarnado en el dictador Santa Anna. (Alternativamente liberal y conservador, guardián de la libertad y vendedor del país, Santa Anna es uno de los arquetipos del dictador latinoamericano: al final de su carrera política ordena honras fúnebres para la pierna que pierde en una batalla y se declara Alteza Serenísima.) La rebelión popular expulsa a Santa Anna y da el poder a los liberales. Una nueva generación, heredera de José María Mora y Valentín Gómez Farías, maestro de la "inteligencia" liberal, se dispone a dar nuevos fundamentos a la nación. La primera piedra será una constitución. En efecto, en 1857, México adopta una Carta constitucional liberal. Los conservadores apelan a las armas. Juárez responde con las Leyes de Reforma,

que acaban con los "fueros" y destruyen el poder material de la Iglesia. Derrotado, el partido conservador acude al extranjero y, apoyado por las tropas de Napoleón III, instala en la capital a Maximiliano, segundo emperador de México. (Nueva ambigüedad histórica: Maximiliano era liberal y soñaba con crear un Imperio latino que se opusiese al poderío yanqui. Sus ideas no tenían relación alguna con las de los obstinados conservadores que lo sostenían.) Los reveses europeos del Imperio napoleónico, la presión norteamericana (cuyo sentido puede tergiversarse si se olvida que Lincoln estaba en el poder) y, en fin, la encarnizada resistencia popular, causa original y determinante de la victoria, consuman el triunfo republicano. Juárez fusila a Maximiliano, episodio no sin analogías con la ejecución de Luis XVI: la "razón geométrica" es acerada.

La Reforma consuma la Independencia y le otorga su verdadera significación, pues plantea el examen de las bases mismas de la sociedad mexicana y de los supuestos históricos y filosóficos en que se apoyaba. Ese examen concluye en una triple negación: la de la herencia española, la del pasado indígena y la del catolicismo —que conciliaba a las dos primeras en una afirmación superior—. La Constitución de 1857 y las Leyes de Reforma son la expresión jurídica y política de ese examen y promueven la destrucción de dos instituciones que representaban la continuidad de nuestra triple herencia: las asociaciones religiosas y la propiedad comunal indígena. La separación de la Iglesia y del Estado, la desamortización de los bienes eclesiásticos y la libertad de enseñanza (completada con la disolución de las órdenes religiosas que la monopolizaban) no eran sino el aspecto negativo de la Reforma. Con la misma violencia con

que negaba la tradición, la generación de 1857 afirmaba algunos principios. Su obra no consiste nada más en la ruptura con el mundo colonial; es un proyecto tendiente a fundar una nueva sociedad. Es decir, el proyecto histórico de los liberales aspiraba a sustituir la tradición colonial, basada en la doctrina del catolicismo, por una afirmación igualmente universal: la libertad de la persona humana. La nación mexicana se fundaría sobre un principio distinto al jerárquico que animaba a la Colonia: la igualdad ante la ley de todos los mexicanos en tanto que seres humanos, que seres de razón. La Reforma funda a México negando su pasado. Rechaza la tradición y busca justificarse en el futuro.

El sentido de este necesario matricidio no escapaba a la penetración de los mejores. Ignacio Ramírez, quizá la figura más saliente de ese grupo de hombres extraordinarios, termina así uno de sus poemas:

> Madre naturaleza, ya no hay flores
> por do mi paso vacilante avanza;
> nací sin esperanzas ni temores;
> vuelvo a ti sin temores ni esperanza.

Muerto Dios, eje de la sociedad colonial, la naturaleza vuelve a ser una Madre. Como más tarde el marxismo de Diego Rivera, el ateísmo de Ramírez se resuelve en una afirmación materialista, no exenta de religiosidad. Una auténtica concepción científica o simplemente racional de la materia no puede ver en ésta, ni en la naturaleza, una Madre. Ni siquiera la madrastra del pesimista Leopardi, sino un proceso indiferente, que se hace y deshace, se inventa y se repite, sin descanso, sin memoria y sin reflexión.

Si, como quiere Ortega y Gasset, una nación se

constituye no solamente por un pasado que pasivamente la determina, sino por la validez de un proyecto histórico capaz de mover las voluntades dispersas y dar unidad y trascendencia al esfuerzo solitario, México nace en la época de la Reforma. En ella y por ella se concibe, se inventa y se proyecta. Ahora bien, la Reforma es el proyecto de un grupo bastante reducido de mexicanos, que voluntariamente se desprende de la gran masa, pasivamente religiosa y tradicional. La nación mexicana es el proyecto de una minoría que impone su esquema al resto de la población, en contra de otra minoría activamente tradicional.

Como el catolicismo colonial, la Reforma es un movimiento inspirado en una filosofía universal. Las diferencias y semejanzas entre ambos son reveladoras. El catolicismo fue impuesto por una minoría de extranjeros, tras una conquista militar; el liberalismo por una minoría nativa, aunque de formación intelectual francesa, después de una guerra civil. El primero es la otra cara de la Conquista; destruida la teocracia indígena, muertos o exiliados los dioses, sin tierra en que apoyarse ni trasmundo al que emigrar, el indio ve en la religión cristiana una Madre. Como todas las madres, es entraña, reposo, regreso a los orígenes; y, asimismo, boca que devora, señora que mutila y castiga: madre terrible. El liberalismo es una crítica del orden antiguo y un proyecto de pacto social. No es una religión, sino una ideología utópica; no consuela, combate; sustituye la noción de más allá por la de un futuro terrestre. Afirma al hombre pero ignora una mitad del hombre: esa que se expresa en los mitos, la comunión, el festín, el sueño, el erotismo. La Reforma es, ante todo, una negación y en ella reside su grandeza. Pero lo que afirmaba esa negación —los princi-

pios del liberalismo europeo— eran ideas de una hermosura precisa, estéril y, a la postre, vacía. La geometría no sustituye a los mitos. Para que el esquema liberal se convirtiese en verdad en un proyecto nacional, necesitaba lograr la adhesión de todo el país a las nuevas formas políticas. Pero la Reforma oponía a una afirmación muy concreta y particular: todos los hombres son hijos de Dios, afirmación que permitía una relación entrañable y verdaderamente filial entre el Cosmos y la criatura, un postulado abstracto: la igualdad de los hombres ante la Ley. La libertad y la igualdad eran, y son, conceptos vacíos, ideas sin más contenido histórico concreto que el que le prestan las relaciones sociales, como ha mostrado Marx. Y ya se sabe en qué se convirtió esa igualdad abstracta y cuál fue el significado real de esa libertad vacía. Por otra parte, al fundar a México sobre una noción general del Hombre y no sobre la situación real de los habitantes de nuestro territorio, se sacrificaba la realidad a las palabras y se entregaba a los hombres de carne a la voracidad de los más fuertes.

Contra las previsiones de los más lúcidos, la Revolución liberal no provoca el nacimiento de una burguesía fuerte, en cuya acción todos, hasta Justo Sierra, veían la única esperanza de México. Por el contrario, la venta de los bienes de la Iglesia y la desaparición de la propiedad comunal indígena —que había resistido, precariamente, tres siglos y medio de abusos y acometidas de encomenderos y hacendados— acentúan el carácter feudal de nuestro país. Y esta vez en provecho de un grupo de especuladores, que constituiría la aristocracia del nuevo régimen. Surge así una nueva casta latifundista. La República, sin enemigo al frente, derrotados conservadores e imperialistas, se

encuentra de pronto sin base social. Al romper lazos con el pasado, los rompe también con la realidad mexicana. El poder será de quien se atreva a alargar la mano. Y Porfirio Díaz se atreve. Era el más brillante de los generales que la derrota del Imperio había dejado ociosos, por primera vez después de tres cuartos de siglo de batallas y pronunciamientos.

El "soldado del 2 de abril" se convierte en "el héroe de la paz". Suprime la anarquía, pero sacrifica la libertad. Reconcilia a los mexicanos, pero restaura los privilegios. Organiza el país, pero prolonga un feudalismo anacrónico e impío, que nada suavizaba (las Leyes de Indias contenían preceptos que protegían a los indios). Estimula el comercio, construye ferrocarriles, limpia de deudas la Hacienda Pública y crea las primeras industrias modernas, pero abre las puertas al capitalismo anglonorteamericano. En esos años México inicia su vida de país semicolonial.

A pesar de lo que comúnmente se piensa, la dictadura de Porfirio Díaz es el regreso del pasado. En apariencia, Díaz gobierna inspirado por las ideas en boga: cree en el progreso, en la ciencia, en los milagros de la industria y del libre comercio. Sus ideales son los de la burguesía europea. Es el más ilustrado de los dictadores hispanoamericanos y su régimen recuerda a veces los años de la *belle époque* en Francia. Los intelectuales descubren a Comte y Renan, Spencer y Darwin; los poetas imitan a los parnasianos y simbolistas franceses; la aristocracia mexicana es una clase urbana y civilizada. La otra cara de la medalla es muy distinta. Esos grandes señores amantes del progreso y la ciencia no son industriales ni hombres de empresa: son terratenientes enriquecidos por la compra de los bienes de la Iglesia o en los negocios públicos del régimen. En sus haciendas los cam-

pesinos viven una vida de siervos, no muy distinta a la del período colonial. Así, desde el punto de vista "ideológico", el porfirismo se ostenta como el sucesor legítimo del liberalismo. La Constitución de 1857 sigue vigente en teoría y nada ni nadie pretende oponer a las ideas de la Reforma principios distintos. Muchos, sin excluir a los antiguos liberales, piensan de buena fe que el régimen de Díaz prepara el tránsito entre el pasado feudal y la sociedad moderna. En realidad, el porfirismo es el heredero del feudalismo colonial: la propiedad de la tierra se concentra en unas cuantas manos y la clase terrateniente se fortalece. Enmascarado, ataviado con los ropajes del progreso, la ciencia y la legalidad republicana, el pasado vuelve, pero ya desprovisto de fecundidad. Nada puede producir, excepto la rebelión.

Debemos a Leopoldo Zea un análisis muy completo de las ideas de este período.[1] Zea observa que la adopción del positivismo como filosofía oficiosa del Estado corresponde a ciertas necesidades intelectuales y morales de la dictadura de Díaz. El pensamiento liberal era un instrumento de crítica al mismo tiempo que una construcción utópica y contenía principios explosivos. Prolongar su vigencia hubiera sido prolongar la anarquía. La época de paz necesitaba una filosofía de orden. Los intelectuales de la época la encontraron en el positivismo de Comte, con su ley de los tres estados y, más tarde, en el de Spencer y en el evolucionismo de Darwin. El primitivo, abstracto y revolucionario principio de la igualdad de todos los hombres deja de regir las conciencias, sustituido por la teoría de la lucha por la vida y la supervivencia del más apto. El positivismo ofrece una nueva justifi-

[1] Leopoldo Zea, *El positivismo en México*, México, 1942.

cación de las jerarquías sociales. Pero ya no son la sangre, ni la herencia, ni Dios, quienes explican las desigualdades, sino la Ciencia.

El análisis de Zea es inmejorable, salvo en un punto. Es verdad que el positivismo expresa a la burguesía europea en un momento de su historia. Mas la expresa de una manera natural, orgánica. En México se sirve de esta tendencia una clase relativamente nueva en el sentido de las familias que la componían —casi todos habían logrado la riqueza y el poder durante el período inmediatamente posterior a la guerra de Reforma— pero que históricamente no hace sino heredar y sustituir a la aristocracia feudal de la Colonia. Por lo tanto, si la función de la filosofía positivista es parecida aquí y allá, la relación histórica y humana que se establece entre esa doctrina y la burguesía europea es distinta a la que se constituye en México entre "neofeudales" y positivismo.

El porfirismo adopta la filosofía positivista, no la engendra. Así, se encuentra en una situación de dependencia más grave que la de los liberales y teólogos coloniales, pues ni asume ante ella una posición crítica ni la abraza con entera buena fe. En algunos casos se trata de uno de esos actos que Antonio Caso, siguiendo a Tarde, llamaba de "imitación extralógica": innecesario, superfluo y contrario a la condición del imitador. Entre el sistema y el que lo adopta se abre así un abismo, muy sutil si se quiere, pero que hace imposible toda relación auténtica con las ideas, que se convierten a veces en máscaras. El porfirismo, en efecto, es un período de inautenticidad histórica. Santa Anna cambia alegremente de disfraces: es el actor que no cree en lo que dice. El porfirismo se esfuerza por creer, se esfuerza por hacer suyas las ideas adoptadas. Simula, en todos los sentidos de la palabra.

La simulación porfirista era particularmente grave, pues al abrazar el positivismo se apropiaba de un sistema que históricamente no le correspondía. La clase latifundista no constituía el equivalente mexicano de la burguesía europea, ni su tarea tenía relación alguna con la de su modelo. Las ideas de Spencer y Stuart Mill reclamaban como clima histórico el desarrollo de la gran industria, la democracia burguesa y el libre ejercicio de la actividad intelectual. Basada en la gran propiedad agrícola, el caciquismo y la ausencia de libertades democráticas, la dictadura de Díaz no podía hacer suyas esas ideas sin negarse a sí misma o sin desfigurarlas. El positivismo se convierte así en una superposición histórica bastante más peligrosa que todas las anteriores, porque estaba fundada en un equívoco. Entre los terratenientes y sus ideas políticas y filosóficas se levantaba un invisible muro de mala fe. El desarraigo del porfirismo procede de este equívoco.

El disfraz positivista no estaba destinado a engañar al pueblo, sino a ocultar la desnudez moral del régimen a sus mismos usufructuarios. Pues esas ideas no justificaban las jerarquías sociales ante los desheredados (a quienes la religión católica reservaba un sitio de elección en el más allá y el liberalismo otorgaba la dignidad de hombres). La nueva filosofía no tenía nada que ofrecer a los pobres; su función consistía en justificar la conciencia —la *mauvaise conscience*— de la burguesía europea. En México el sentimiento de culpabilidad de la burguesía europea se teñía de un matiz particular, por una doble razón histórica: los neofeudales eran al mismo tiempo los herederos del liberalismo y los sucesores de la aristocracia colonial. La herencia intelectual y moral de los principios de la Reforma y el usufructo de los bienes de la Iglesia tenían que producir en el grupo dominante un sen-

timiento de culpa muy profundo. Su gestión social era el fruto de una usurpación y un equívoco. Pero el positivismo no remediaba ni atenuaba esta vergonzosa condición. Al contrario, la enconaba, puesto que no hundía sus raíces en la conciencia de los que lo adoptaban. Mentira e inautenticidad son así el fondo psicológico del positivismo mexicano.

A su manera, la Dictadura completa la obra de la Reforma. Gracias a la introducción de la filosofía positivista la nación rompe sus últimos vínculos con el pasado. Si la Conquista destruye templos, la Colonia erige otros. La Reforma niega la tradición, mas nos ofrece una imagen universal del hombre. El positivismo no nos dio nada. En cambio, mostró en toda su desnudez a los principios liberales: hermosas palabras inaplicables. El esquema de la Reforma, el gran proyecto histórico mediante el cual México se fundaba a sí mismo como una nación destinada a realizarse en ciertas verdades universales, queda reducido a sueño y utopía. Y sus principios se convierten en una armazón rígida, que ahoga nuestra espontaneidad y mutila nuestro ser. Al cabo de cien años de luchas el pueblo se encontraba más solo que nunca, empobrecida su vida religiosa, humillada su cultura popular. Habíamos perdido nuestra filiación histórica.

La imagen que nos ofrece México al finalizar el siglo XIX es la de la discordia. Una discordia más profunda que la querella política o la guerra civil, pues consistía en la superposición de formas jurídicas y culturales que no solamente no expresaban a nuestra realidad, sino que la asfixiaban e inmovilizaban. Al amparo de esta discordia medraba una casta que se mostraba incapaz de transformarse en clase, en el sentido estricto de la palabra. Vivíamos una vida envenenada por la mentira y la esterilidad. Cortados

los lazos con el pasado, imposible el diálogo con los Estados Unidos —que sólo hablaban con nosotros el lenguaje de la fuerza o el de los negocios—, inútil la relación con los pueblos de lengua española, encerrados en formas muertas, estábamos reducidos a una imitación unilateral de Francia —que siempre nos ignoró—. ¿Qué nos quedaba? Asfixia y soledad.

Si la historia de México es la de un pueblo que busca una forma que lo exprese, la del mexicano es la de un hombre que aspira a la comunión. La fecundidad del catolicismo colonial residía en que era, ante todo y sobre todo, participación. Los liberales nos ofrecieron ideas. Pero no se comulga con las ideas, al menos mientras no encarnan y se hacen sangre, alimento. La comunión es festín y ceremonia. Al finalizar el siglo XIX el mexicano, como la nación entera, se asfixia en un catolicismo yerto o en el universo sin salida y sin esperanza de la filosofía oficiosa del régimen.

Justo Sierra es el primero que comprende el significado de esta situación. A pesar de sus antecedentes liberales y positivistas, es el único mexicano de su época que tiene la preocupación y la angustia de la Historia. La porción más duradera y valiosa de su obra es una meditación sobre la Historia universal y sobre la de México. Su actitud difiere radicalmente de las anteriores. Para liberales, conservadores y positivistas la realidad mexicana carece de significación en sí misma; es algo inerte que sólo adquiere sentido cuando refleja un esquema universal. Sierra concibe a México como una realidad autónoma, viva en el tiempo: la nación es un pasado que avanza, tortuoso, hacia un futuro; y el presente está lleno de signos. En suma, ni la Religión, ni la Ciencia, ni la Utopía nos justifican. Nuestra historia, como la de cualquier otro

pueblo, posee un sentido y una dirección. Acaso sin plena conciencia de lo que hacía, Sierra introduce la Filosofía de la Historia como una posible respuesta a nuestra soledad y malestar.

Consecuente con estas ideas, funda la Universidad. En su discurso de inauguración expresa que el nuevo instituto "no tiene antecesores ni abuelos...; el gremio y el claustro de la Real y Pontificia Universidad de México no es para nosotros el antepasado, sino el pasado. Y sin embargo, lo recordamos con cierta involuntaria filialidad; involuntaria, pero no destituida de emoción e interés". Estas palabras muestran hasta qué punto era honda para los liberales y sus herederos la ruptura con la Colonia. Sierra sospechaba la insuficiencia del laicismo liberal y del positivismo, tanto como rechazaba el dogmatismo religioso; pensaba que la ciencia y la razón eran los únicos asideros del hombre y lo único digno de confianza. Pero las concebía como instrumentos. Por lo tanto, deberían servir al hombre y a la nación; sólo así "la Universidad tendría la potencia suficiente para coordinar las líneas directrices del carácter nacional..."

La verdad, dice en otra parte del mismo discurso, no está hecha, no es una cosa dada, como pensaban los escolásticos medievales o los metafísicos del racionalismo. La verdad se encuentra repartida en las verdades particulares de cada ciencia. Reconstruirla, era una de las tareas de la época. Sin nombrarla, invocaba a la filosofía, ausente de la enseñanza positivista. El positivismo iba a enfrentarse a nuevas doctrinas.

Las palabras del ministro de Instrucción Pública inauguraban otro capítulo en la historia de las ideas en México. Pero no era él quien iba a escribirlo, sino un grupo de jóvenes: Antonio Caso, José Vasconcelos, Alfonso Reyes y Pedro Henríquez Ureña. Ellos aco-

meten la crítica del positivismo y lo llevan a su final descrédito. Su inquietud intelectual coincide con una búsqueda más dramática: la que hace el país de sí mismo en la lucha civil.

LA REVOLUCIÓN MEXICANA es un hecho que irrumpe en nuestra historia como una verdadera revelación de nuestro ser. Muchos acontecimientos —que comprenden la historia política interna del país, y la historia, más secreta, de nuestro ser nacional— la preparan, pero muy pocas voces, y todas ellas débiles y borrosas, la anticipan. La Revolución tiene antecedentes, causas y motivos; carece, en un sentido profundo, de precursores. La Independencia no es solamente fruto de diversas circunstancias históricas, sino de un movimiento intelectual universal, que en México se inicia en el siglo XVIII. La Reforma es el resultado de la obra y de la ideología de varias generaciones intelectuales, que la preparan, predicen y realizan. Es la obra de la "inteligencia" mexicana. La Revolución se presenta al principio como una exigencia de verdad y limpieza en los métodos democráticos, según puede verse en el Plan de San Luis (5 de octubre de 1910). Lentamente, en plena lucha o ya en el poder, el movimiento se encuentra y define. Y esta ausencia de programa previo le otorga originalidad y autenticidad populares. De ahí provienen su grandeza y sus debilidades.

Entre los precursores de la Revolución se acostumbra citar a un grupo disperso y aislado: Andrés Molina Enríquez, Filomeno Mata, Paulino Martínez, Juan Sarabia, Antonio Villarreal, Ricardo y Enrique Flores Magón.[2] Ninguno de ellos era verdaderamente un

[2] Jesús Silva Herzog, *Meditaciones sobre México*, México, 1946.

intelectual, quiero decir un hombre que se hubiese planteado de un modo cabal la situación de México como un problema y ofreciese un nuevo proyecto histórico. Molina Enríquez tuvo una idea clara del problema agrario, pero no creo que sus observaciones hayan sido aprovechadas por los revolucionarios sino tardíamente, en una época posterior al Plan de Ayala (25 de noviembre de 1911), documento político que condensa las aspiraciones de los zapatistas. La influencia de Flores Magón, uno de los hombres más puros del movimiento obrero mexicano, no se advierte en nuestras leyes obreras. El anarquismo de Flores Magón estaba alejado necesariamente de nuestra Revolución, aunque el movimiento sindical mexicano se inicie influido por las ideas anarco-sindicalistas.

La Independencia y, más acentuadamente, la Reforma, son movimientos que reflejan, prolongan y adaptan ideologías de la época. Silva Herzog dice al respecto:

> Nuestra Revolución no tuvo nada en común con la Revolución rusa, ni siquiera en la superficie; fue antes que ella. ¿Cómo pudo entonces haberla imitado? En la literatura revolucionaria de México, desde fines del siglo pasado hasta 1917, no se usa la terminología socialista europea; y es que nuestro movimiento social nació del propio suelo, del corazón sangrante del pueblo y se hizo drama doloroso y a la vez creador.[3]

La ausencia de precursores ideológicos y la escasez de vínculos con una ideología universal constituyen rasgos característicos de la Revolución y la raíz de muchos conflictos y confusiones posteriores.

Se conocen los antecedentes inmediatos del movi-

[3] Silva Herzog, *op. cit.*

miento. En primer término, la situación política y social del país. La clase media había crecido gracias al impulso adquirido por el comercio y la industria, que si estaban en su mayoría en manos extranjeras, utilizaban un personal nativo. Había surgido una nueva generación, inquieta y que deseaba un cambio. La querella de las generaciones se alía así a la discordia social. El gobierno de Díaz no era nada más un gobierno de privilegiados, sino de viejos que no se resignaban a ceder el poder. La inconformidad de los jóvenes se expresaba por un ansia de ver alguna vez realizados los principios del liberalismo. Los primeros ideales revolucionarios son predominantemente políticos. Se pensaba que el ejercicio de los derechos democráticos haría posible un cambio de métodos y personas.

A la inquietud de la clase media debe agregarse la de la naciente clase obrera. La legislación liberal no preveía ninguna defensa contra los abusos de los poderosos. Campesinos y obreros vivían desamparados frente a caciques, señores feudales e industriales. Pero los campesinos mexicanos poseían una larga tradición de luchas; los obreros no solamente carecían de los más elementales derechos, sino de una experiencia o una teoría en que apoyar sus demandas y justificar su combate. La ausencia de tradiciones propias hacía de la clase obrera la clase desheredada por excelencia. A pesar de esta situación estallaron varias huelgas, reprimidas sin piedad. Y más tarde los obreros decidirían uno de los episodios más importantes de la lucha civil: sus líderes se alían a Carranza y firman el "Pacto de la Casa del Obrero Mundial y el Movimiento Constitucionalista" (17 de febrero de 1915). A cambio de una legislación obrera, se ligaba el proletariado a una de las facciones en que

se dividió el movimiento revolucionario. Desde entonces la clase obrera ha dependido, más o menos estrechamente, de los gobiernos revolucionarios, circunstancia de capital importancia para entender al México de nuestros días, según se verá más adelante.

Otra circunstancia favorable al desarrollo de la Revolución era la situación internacional del gobierno de Díaz. Siguiendo una política preconizada por liberales como Lerdo y por casi todo el partido conservador, Porfirio Díaz quiso limitar la influencia económica norteamericana acudiendo al capitalismo europeo. "Las relaciones internacionales despertaron honda preocupación en las postrimerías del Gobierno de Díaz. El apoyo concedido al capital inglés provocó recelos en el norteamericano. Hubo otras causas de enfriamiento, como la protección que Díaz ofreció al Presidente de Nicaragua, la negativa a conceder una prórroga para que permaneciera la flota de los Estados Unidos en la bahía Magdalena y el fallo favorable a México que dictó un árbitro canadiense en el conflicto de límites conocido con el nombre del Chamizal." [4] Es indudable que los Estados Unidos toleraron en su territorio la acción política de los revolucionarios, pero no es posible reducir la Revolución mexicana, como quieren algunos conservadores, a una conspi- ración del imperialismo yanqui. La intervención posterior del embajador norteamericano en el golpe de mano contrarrevolucionario que derrocó al presidente Madero prueba hasta dónde debe limitarse la influencia extranjera en el desarrollo de la Revolución.

Si las huelgas y revueltas campesinas minaban la estructura social de la Dictadura y la inquietud políti-

[4] Silvio Zavala, *Síntesis de la Historia del pueblo mexicano*, en *México en la Cultura*, México, 1946.

ca en las ciudades hacía vacilar la confianza de Díaz en el apoyo popular, en la esfera de las ideas dos jóvenes, Antonio Caso y José Vasconcelos, emprendían la crítica de la filosofía del régimen. Su obra forma parte de la vasta renovación intelectual iniciada por el grupo llamado Ateneo de la Juventud.

Antonio Caso acomete, en 1909, el examen de la filosofía positivista. En el curso de siete conferencias (las tres primeras dedicadas a Comte y sus precursores, las cuatro restantes al "positivismo independiente", Stuart Mill, Spencer y Taine), expone su inconformidad con la doctrina oficial. En su examen utiliza sobre todo la filosofía de la contingencia de Boutroux y algunas ideas de Bergson. Al final de sus conferencias, Caso dio a conocer su filosofía personal. He aquí cómo relata Henríquez Ureña este acto de fe:

> Caso, ante la inminente invasión del pragmatismo y tendencias afines, se postula intelectualista... haciendo el elogio de los grandes metafísicos constructores, Platón, Spinoza, Hegel; y a la vez se declara idealista en cuanto al problema del conocimiento... su profesión de fe termina con una cita ("Todo es pensamiento...") de Henri Poincaré, el sabio pragmatista... La conferencia final de Caso fue un alegato en favor de la especulación filosófica. Entre los muros de la Escuela Preparatoria, la vieja escuela positivista, volvió a oírse la voz de la metafísica que reclama sus derechos inalienables.[5]

Vasconcelos era antiintelectualista. Filósofo de la intuición, considera que la emoción es la única facultad capaz de aprehender el objeto. El conocimiento es una visión total e instantánea de la realidad. Vasconcelos elabora más tarde una "filosofía de la raza

[5] Pedro Henríquez Ureña, *Horas de estudio*, París, 1910.

iberoamericana", que continúa una corriente muy importante del pensamiento hispanoamericano. Pero la influencia de este pensador se dejará sentir años más tarde, cuando ocupa la Secretaría de Educación Pública en el Gobierno del nuevo régimen.

La crítica del positivismo fue decisiva en la historia intelectual mexicana y es uno de los antecedentes imprescindibles de la Revolución. Pero es un antecedente negativo. Caso y sus compañeros destruyen la filosofía oficiosa del régimen sin que, por otra parte, sus ideas ofreciesen un nuevo proyecto de reforma nacional. Su posición intelectual apenas si tenía relación con las aspiraciones populares y con los quehaceres de la hora. La diferencia con la generación liberal es significativa. Esta circunstancia no dejaría de tener muy graves consecuencias en la historia del México contemporáneo. Desnuda de doctrinas previas, ajenas o propias, la Revolución será una explosión de la realidad y una búsqueda a tientas de la doctrina universal que la justifique y la inserte en la Historia de América y en la del mundo. Mas si el pensamiento de Caso no ejerció influencia en la doctrina de la Revolución, su persistente amor al conocimiento, que lo hizo proseguir sus cátedras cuando las facciones se acribillaban en las calles, lo convirtió en un hermoso ejemplo de lo que significaba la filosofía: un amor que nada compra y nada tuerce.

Tales son, condensados sumariamente, los antecedentes más notorios de la Revolución. Sus causas, más profundas y menos numerosas, se confunden con la vida misma de México.

DISTINGUE a nuestro movimiento la carencia de un sistema ideológico previo y el hambre de tierras. Los campesinos mexicanos hacen la Revolución no sola-

mente para obtener mejores condiciones de vida, sino para recuperar las tierras que en el transcurso de la Colonia y del siglo XIX les habían arrebatado encomenderos y latifundistas.

El "calpulli" era la forma básica de la propiedad territorial antes de la Conquista. Consistía este sistema

en dividir las poblaciones en varios barrios o calpulli, cada uno de ellos con una extensión determinada de tierras, que no pertenecían individualmente a ninguno de los habitantes, sino que estaban concedidas a una familia o tribu... en el concepto de que el que abandonaba el calpulli o dejaba de cultivar las tierras que se le asignaban, perdía el derecho de participar en la propiedad comunal. [6]

Las Leyes de Indias protegieron esta institución y son numerosas las disposiciones destinadas a defender la propiedad comunal indígena contra abusos y usurpaciones de toda índole. Los preceptos admirables de las Leyes de Indias no fueron siempre respetados y la situación de los campesinos era ya desesperada a fines del siglo XVIII. La actitud de Morelos, uno de los pocos dirigentes mexicanos que tuvo conciencia del problema, revela hasta qué punto el malestar del campo influye en la guerra de la Independencia. La Reforma comete el error fatal de disolver la propiedad comunal indígena, a pesar de que hubo quienes se opusieron, como Ponciano Arriaga. Más tarde, a través de diversas Leyes de Colonización y de Ocupación y Enajenación de Terrenos Baldíos, el régimen de Díaz acaba con los restos de la propiedad campesina y "destruye los caracteres que

[6] Gabino Fraga, *El derecho agrario*, en *México en la Cultura*, México, 1946.

hasta entonces había tenido el régimen de propiedad en México".[7]

Casi todos los programas y manifiestos de los grupos revolucionarios contienen alusiones a la cuestión agraria. Pero solamente la Revolución del Sur y su jefe, Emiliano Zapata, plantean con claridad, decisión y simplicidad el problema. No es un azar que Zapata, figura que posee la hermosa y plástica poesía de las imágenes populares, haya servido de modelo, una y otra vez, a los pintores mexicanos. Con Morelos y Cuauhtémoc es uno de nuestros héroes legendarios. Realismo y mito se alían en esta melancólica, ardiente y esperanzada figura, que murió como había vivido: abrazado a la tierra. Como ella, está hecho de paciencia y fecundidad, de silencio y esperanza, de muerte y resurrección. Su programa contenía pocas ideas, estrictamente las necesarias para hacer saltar las formas económicas y políticas que nos oprimían. Los artículos sexto y séptimo del Plan de Ayala, que prevén la restitución y el reparto de las tierras, implican una transformación de nuestro régimen de propiedad agraria y abren la puerta al México contemporáneo. En suma, el programa de Zapata consistía en la liquidación del feudalismo y en la institución de una legislación que se ajustara a la realidad mexicana.

Toda revolución, dice Ortega y Gasset, es una tentativa por someter la realidad a un proyecto racional. De ahí que el espíritu revolucionario se conciba a sí mismo como una exigencia radical de la razón. Acaso la opinión de Ortega y Gasset sea, por su parte, demasiado radical, pues observo que casi siempre las revoluciones, a pesar de presentarse como una invitación para realizar ciertas ideas en un futuro más

7 Fraga, *op. cit.*

155

o menos próximo, se fundan en la pretensión de restablecer una justicia o un orden antiguos, violados por los opresores. Toda revolución tiende a establecer una edad mítica. La Revolución francesa funda la viabilidad de su programa en la creencia de que bastará reconstituir las condiciones ideales del *Contrato social* para que la concordia se realice. El marxismo también acude a la teoría del comunismo primitivo como antecedente del régimen que promete. El "eterno retorno" es uno de los supuestos implícitos de casi toda teoría revolucionaria.

Todo radicalismo, decía Marx, es un humanismo, pues el hombre es la raíz de la razón y de la sociedad. Así, toda revolución pretende crear un mundo en donde el hombre, libre al fin de las trabas del viejo régimen, pueda expresarse de verdad y cumplir su condición humana. El hombre es un ser que sólo se realizará, que sólo será él mismo, en la sociedad revolucionaria. Y esa sociedad funda sus esperanzas en la naturaleza misma del hombre, que no es algo dado y estático, sino que consiste en una serie de posibilidades frustradas por un régimen que lo mutila. ¿Cómo sabemos que el hombre es una posibilidad de ser, malograda por la injusticia? La noción mítica de una "edad de oro" interviene aquí: hubo una vez, en alguna parte del mundo y en algún momento de la Historia, un estado social que permitía al hombre expresarse y realizarse. Esa edad prefigura y profetiza la nueva que el revolucionario se propone crear. Casi siempre la utopía supone la previa existencia, en un pasado remoto, de una "edad de oro" que justifica y hace viable la acción revolucionaria.

La originalidad del Plan de Ayala consiste en que esa "edad de oro" no es una simple creación de la razón, ni una hipótesis. El movimiento agrario mexi-

cano exige la restitución de las tierras a través de un requisito legal: los títulos correspondientes. Y si prevé el reparto de tierras lo hace para extender los beneficios de una situación tradicional a todos los campesinos y pueblos que no poseen títulos. El movimiento zapatista tiende a rectificar la Historia de México y el sentido mismo de la nación, que ya no será el proyecto histórico del liberalismo. México no se concibe como un futuro que realizar, sino como un regreso a los orígenes. El radicalismo de la Revolución mexicana consiste en su originalidad, esto es, en volver a nuestra raíz, único fundamento de nuestras instituciones. Al hacer del calpulli el elemento básico de nuestra organización económica y social, el zapatismo no sólo rescataba la parte válida de la tradición colonial, sino que afirmaba que toda construcción política de veras fecunda debería partir de la porción más antigua, estable y duradera de nuestra nación: el pasado indígena.

El tradicionalismo de Zapata muestra la profunda conciencia histórica de este hombre, aislado en su pueblo y en su raza. Su aislamiento, que no le permitió acceder a las ideas que manejaban los periodistas y tinterillos de la época, en busca de generales que asesorar, soledad de la semilla encerrada, le dio fuerzas y hondura para tocar la simple verdad. Pues la verdad de la Revolución era muy simple y consistía en la insurgencia de la realidad mexicana, oprimida por los esquemas del liberalismo tanto como por los abusos de conservadores y neoconservadores.

El zapatismo fue una vuelta a la más antigua y permanente de nuestras tradiciones. En un sentido profundo niega la obra de la Reforma, pues constituye un regreso a ese mundo del que, de un solo tajo, quisieron desprenderse los liberales. La Revolución

se convierte en una tentativa por reintegrarnos a nuestro pasado. O, como diría Leopoldo Zea, por "asimilar nuestra historia", por hacer de ella algo vivo: un pasado hecho ya presente. Contrasta esta voluntad de integración y regreso a las fuentes con la actitud de los intelectuales de la época, que no solamente se mostraron incapaces de adivinar el sentido del movimiento revolucionario, sino que seguían especulando con ideas que no tenían más función que la de máscaras.

La incapacidad de la "inteligencia" mexicana para formular en un sistema coherente las confusas aspiraciones populares se hizo patente apenas la Revolución dejó de ser un hecho instintivo y se convirtió en un régimen. El zapatismo y el villismo —las dos facciones gemelas, la cara Sur y la cara Norte— eran explosiones populares con escaso poder para integrar sus verdades, más sentidas que pensadas, en un plan orgánico. Eran un punto de partida, un signo oscuro y balbuceante de la voluntad revolucionaria. La facción triunfante —el carrancismo— tendía, por una parte, a superar las limitaciones de sus dos enemigos; por la otra, a negar la espontaneidad popular, única fuente de salud revolucionaria, restaurando el cesarismo. Toda revolución desemboca en la adoración a los jefes; Carranza, el Primer Jefe, el primero de los césares revolucionarios, profetiza el "culto a la personalidad", eufemismo con que se designa la moderna idolatría política. (Ese culto, continuado por Obregón y Calles, aún rige nuestra vida política, aunque limitado por la prohibición de reelegir a los presidentes y otros funcionarios.) Al mismo tiempo, los revolucionarios que rodeaban a Carranza —especialmente Luis Cabrera, uno de los hombres más lúcidos del período revolucionario— se esfuerzan por

articular y dar coherencia a las instintivas reivindicaciones populares. En ese momento se hizo patente la insuficiencia ideológica de la Revolución. El resultado fue un compromiso: la Constitución de 1917. Era imposible volver al mundo precortesiano; imposible, asimismo, regresar a la tradición colonial. La Revolución no tuvo más remedio que hacer suyo el programa de los liberales, aunque con ciertas modificaciones. La adopción del esquema liberal no fue sino consecuencia de la falta de ideas de los revolucionarios. Las que la "inteligencia" mexicana ofrecía eran inservibles. La realidad las hizo astillas antes siquiera de que la historia las pusiese a prueba.

La permanencia del programa liberal, con su división clásica de poderes —inexistentes en México—, su federalismo teórico y su ceguera ante nuestra realidad, abrió nuevamente la puerta a la mentira y la inautenticidad. No es extraño, por lo tanto, que buena parte de nuestras ideas políticas sigan siendo palabras destinadas a ocultar y oprimir nuestro verdadero ser. Por otra parte, la influencia del imperialismo frustró en parte la posibilidad de desarrollo de una burguesía nativa, que sí hubiera hecho viable el esquema liberal. La restauración de la propiedad comunal entrañaba la liquidación del feudalismo y debería haber determinado el acceso al poder de la burguesía. Nuestra evolución hubiese seguido así los mismos pasos que la de Europa. Pero nuestra marcha es excéntrica. El imperialismo no nos dejó acceder a la "normalidad histórica" y las clases dirigentes de México no tienen más misión que colaborar, como administradoras o asociadas, con un poder extraño. Y en esta situación de ambigüedad histórica reside el peligro de un neoporfirismo. Banqueros e intermediarios pueden apoderarse del Estado. Su función no

sería diversa a la de los latifundistas porfirianos; como ellos, serían herederos de un movimiento revolucionario: gobernarían al país con la máscara de la Revolución, como Díaz lo hizo con la del liberalismo. Sólo que en esta ocasión sería difícil echar mano de una filosofía que cumpla la función del positivismo. Ya no hay "ideas hechas" en nuestro mundo.

Si se contempla la Revolución mexicana desde las ideas esbozadas en este ensayo, se advierte que consiste en un movimiento tendiente a reconquistar nuestro pasado, asimilarlo y hacerlo vivo en el presente. Y esta voluntad de regreso, fruto de la soledad y de la desesperación, es una de las fases de esa dialéctica de soledad y comunión, de reunión y separación que parece presidir toda nuestra vida histórica. Gracias a la Revolución el mexicano quiere reconciliarse con su historia y con su origen. De ahí que nuestro movimiento tenga un carácter al mismo tiempo desesperado y redentor. Si estas palabras, gastadas por tantos labios, guardan aún algún significado para nosotros, quieren decir que el pueblo rehúsa toda ayuda exterior, todo esquema propuesto desde afuera y sin relación profunda con su ser, y se vuelve sobre sí mismo. La desesperación, el rehusar ser salvado por un proyecto ajeno a su historia, es un movimiento del ser que se desprende de todo consuelo y se adentra en su propia intimidad: está solo. Y en ese mismo instante, esa soledad se resuelve en tentativa de comunión. Nuevamente desesperación y soledad, redención y comunión, son términos equivalentes.

Es notable cómo, a través de una búsqueda muy lenta y pródiga en confusiones, la Revolución cristaliza. No es un esquema que un grupo impone a la realidad sino que ésta, como querían los románticos

160

alemanes, se manifiesta y empieza a adquirir forma en varios sitios, encarnando en grupos antagónicos y en horas diversas. Y sólo hasta ahora es posible ver que forman parte de un mismo proceso figuras tan opuestas como Emiliano Zapata y Venustiano Carranza, Luis Cabrera y José Vasconcelos, Francisco Villa y Álvaro Obregón, Francisco I. Madero y Lázaro Cárdenas, Felipe Ángeles y Antonio Díaz Soto y Gama. Si se compara a los protagonistas de la Reforma con los de la Revolución se advierte, amén de la claridad de ideas de los primeros y de la confusión de los segundos, que la eminencia de los liberales no los redime de cierta sequedad, que los ha hecho figuras respetables, pero oficiales, héroes de oficina pública, en tanto que la brutalidad y zafiedad de muchos de los caudillos revolucionarios no les han impedido convertirse en mitos populares. Villa cabalga todavía en el norte, en canciones y corridos; Zapata muere en cada feria popular; Madero se asoma a los balcones agitando la bandera nacional; Carranza y Obregón viajan aún en aquellos trenes revolucionarios, en un ir y venir por todo el país, alborotando los gallineros femeninos y arrancando a los jóvenes de la casa paterna. Todos los siguen: ¿a dónde? Nadie lo sabe. Es la Revolución, la palabra mágica, la palabra que va a cambiarlo todo y que nos va a dar una alegría inmensa y una muerte rápida. Por la Revolución el pueblo mexicano se adentra en sí mismo, en su pasado y en su sustancia, para extraer de su intimidad, de su entraña, su filiación. De ahí su fertilidad, que contrasta con la pobreza de nuestro siglo XIX. Pues la fertilidad cultural y artística de la Revolución depende de la profundidad con que sus héroes, sus mitos y sus bandidos marcaron para siempre la sensibilidad y la imaginación de todos los mexicanos.

La Revolución es una súbita inmersión de México en su propio ser. De su fondo y entraña extrae, casi a ciegas, los fundamentos del nuevo Estado. Vuelta a la tradición, re-anudación de los lazos con el pasado, rotos por la Reforma y la Dictadura, la Revolución es una búsqueda de nosotros mismos y un regreso a la madre. Y, por eso, también es una fiesta: la fiesta de las balas, para emplear la expresión de Martín Luis Guzmán. Como las fiestas populares, la Revolución es un exceso y un gasto, un llegar a los extremos, un estallido de alegría y desamparo, un grito de orfandad y de júbilo, de suicidio y de vida, todo mezclado. Nuestra Revolución es la otra cara de México, ignorada por la Reforma y humillada por la Dictadura. No la cara de la cortesía, el disimulo, la forma lograda a fuerza de mutilaciones y mentiras, sino el rostro brutal y resplandeciente de la fiesta y la muerte, del mitote y el balazo, de la feria y el amor, que es rapto y tiroteo. La Revolución apenas si tiene ideas. Es un estallido de la realidad: una revuelta y una comunión, un trasegar viejas sustancias dormidas, un salir al aire muchas ferocidades, muchas ternuras y muchas finuras ocultas por el miedo a ser. ¿Y con quién comulga México en esta sangrienta fiesta? Consigo mismo, con su propio ser. México se atreve a ser. La explosión revolucionaria es una portentosa fiesta en la que el mexicano, borracho de sí mismo, conoce al fin, en abrazo mortal, al otro mexicano.

LA "INTELIGENCIA" MEXICANA

INCURRIRÍA en una grosera simplificación quien afirmase que la cultura mexicana es un reflejo de los cambios históricos operados por el movimiento revolucionario. Más exacto será decir que esos cambios, tanto como la cultura mexicana, expresan de alguna manera las tentativas y tendencias, a veces contradictorias, de la nación —esto es, de esa parte de México que ha asumido la responsabilidad y el goce de la mexicanidad—. En este sentido sí se puede decir que la historia de nuestra cultura no es muy diversa a la de nuestro pueblo, aunque esta relación no sea siempre estricta. Y no es estricta ni fatal porque muchas veces la cultura se adelanta a la historia y la profetiza. O deja de expresarla y la traiciona, según se observa en ciertos momentos de la dictadura de Díaz. Por otra parte, la poesía, en virtud de su misma naturaleza y de la naturaleza de su instrumento, las palabras, tiende siempre a la abolición de la historia, no porque la desdeñe sino porque la trasciende. Reducir la poesía a sus significados históricos sería tanto como reducir las palabras del poeta a sus connotaciones lógicas o gramaticales. La poesía se escapa de historia y lenguaje aunque ambos sean su necesario alimento. Lo mismo puede decirse, con las naturales salvedades, de la pintura, la música, la novela, el teatro y el resto de las artes. Pero las páginas que siguen no tienen por tema las obras de creación sino que se limitan a describir ciertas actitudes de la "inteligencia" mexicana, es decir, de ese sector que ha hecho del

pensamiento crítico su actividad vital.[1] Su obra, por lo demás, no está tanto en libros y escritos como en su influencia pública y en su acción política.

Si la Revolución fue una brusca y mortal inmersión en nosotros mismos, en nuestra raíz y origen, nada ni nadie encarna mejor este fértil y desesperado afán que José Vasconcelos, el fundador de la educación moderna en México. Su obra, breve pero fecunda, aún está viva en lo esencial. Su empresa, al mismo tiempo que prolonga la tarea iniciada por Justo Sierra —extender la educación elemental y perfeccionar la enseñanza superior y universitaria— pretende fundar la educación sobre ciertos principios implícitos en nuestra tradición y que el positivismo había olvidado o ignorado. Vasconcelos pensaba que la Revolución iba a redescubrir el sentido de nuestra historia, buscado vanamente por Sierra. La nueva educación se fundaría en "la sangre, la lengua y el pueblo".

El movimiento educativo poseía un carácter orgánico. No es la obra aislada de un hombre extraordinario —aunque Vasconcelos lo sea, y en varias medidas—. Fruto de la Revolución, se nutre de ella; y al realizarse, realiza lo mejor y más secreto del movimiento revolucionario. En la tarea colaboraron poetas, pintores, prosistas, maestros, arquitectos, músicos. Toda, o casi toda, la "inteligencia" mexicana. Fue una obra social, pero que exigía la presencia de un espíritu capaz de encenderse y de encender a los demás. Filósofo y hombre de acción, Vasconcelos poseía esa unidad de visión que imprime coherencia a los proyectos dispersos, y que si a veces olvida los detalles también impide perderse en ellos. Su obra

[1] El lector podrá encontrar la posición del autor ante el arte mexicano, en particular sobre la poesía y la pintura, en el libro *Las peras del olmo*, México, 1956.

—sujeta a numerosas, necesarias y no siempre felices correcciones— no fue la del técnico, sino la del fundador.

Vasconcelos concibe la enseñanza como viva participación. Por una parte se fundan escuelas, se editan silabarios y clásicos, se crean institutos y se envían misiones culturales a los rincones más apartados; por la otra, la "inteligencia" se inclina hacia el pueblo, lo descubre y lo convierte en su elemento superior. Emergen las artes populares, olvidadas durante siglos; en las escuelas y en los salones vuelven a cantarse las viejas canciones; se bailan las danzas regionales, con sus movimientos puros y tímidos, hechos de vuelo y estatismo, de reserva y fuego. Nace la pintura mexicana contemporánea. Una parte de nuestra literatura vuelve los ojos hacia el pasado colonial; otra hacia el indígena. Los más valientes se encaran al presente: surge la novela de la Revolución. México, perdido en la simulación de la dictadura, de pronto es descubierto por ojos atónitos y enamorados: "Hijos pródigos de una patria que ni siquiera sabemos definir, empezamos a observarla. Castellana y morisca, rayada de azteca."

Miembro de la generación del Ateneo, partícipe de la batalla contra el positivismo, Vasconcelos sabía que toda educación entraña una imagen del mundo y reclama un programa de vida. De ahí sus esfuerzos para fundar la escuela mexicana en algo más concreto que el texto del artículo tercero constitucional, que preveía la enseñanza laica. El laicismo nunca había sido neutral. Su pretendida indiferencia ante las cuestiones últimas era un artificio que a nadie engañaba. Y Vasconcelos, que no era católico ni jacobino, tampoco era neutral. Así, quiso fundar nuestra enseñanza sobre la tradición, del mismo modo que la Revolu-

ción se empeñaba en crear una nueva economía en torno al ejido. Fundar la escuela sobre la tradición significaba formular explícitamente los impulsos revolucionarios que hasta ese momento se expresaban como instinto y balbuceo. Nuestra tradición, si de verdad estaba viva y no era una forma yerta, iba a redescubrirnos una tradición universal, en la que la nuestra se insertaba, prolongaba y justificaba.

Toda vuelta a la tradición lleva a reconocer que somos parte de la tradición universal de España, la única que podemos aceptar y continuar los hispanoamericanos. Hay dos Españas: la cerrada al mundo, y la España abierta, la heterodoxa, que rompe su cárcel por respirar el aire libre del espíritu. Esta última es la nuestra. La otra, la castiza y medieval, ni nos dio el ser ni nos descubrió, y toda nuestra historia, como parte de la de los españoles, ha sido lucha contra ella. Ahora bien, la tradición universal de España en América consiste, sobre todo, en concebir el continente como una unidad superior, según se ha visto. Por lo tanto, volver a la tradición española no tiene otro sentido que volver a la unidad de Hispanoamérica. La filosofía de la raza cósmica (esto es, del nuevo hombre americano que disolverá todas las oposiciones raciales y el gran conflicto entre Oriente y Occidente) no era sino la natural consecuencia y el fruto extremo del universalismo español, hijo del Renacimiento. Las ideas de Vasconcelos no tenían parentesco con el casticismo y tradicionalismo de los conservadores mexicanos, pues para él, como para los fundadores de América, el continente se presentaba como futuro y novedad: "la América española es lo nuevo por excelencia, novedad no sólo de territorio, también de alma". El tradicionalismo de Vasconcelos no se apoyaba en el pasado: se justificaba en el futuro.

La filosofía iberoamericana de Vasconcelos constituía la primera tentativa para resolver un conflicto latente desde que se inició la Revolución. Estallido del instinto, ansia de comunión, revelación de nuestro ser, el movimiento revolucionario fue búsqueda y hallazgo de nuestra filiación, rota por el liberalismo. Mas esa tradición redescubierta no bastaba para alimentar nuestra voracidad de país vuelto a nacer, porque no contenía elementos universales que nos sirviesen para construir una nueva sociedad, ya que era imposible volver al catolicismo o al liberalismo, las dos grandes corrientes universales que habían modelado nuestra cultura. Al mismo tiempo, la Revolución no podía justificarse a sí misma porque apenas si tenía ideas. No quedaban, pues, sino la autofagia o la invención de un nuevo sistema. Vasconcelos resuelve la cuestión al ofrecer su filosofía de la raza iberoamericana. El lema del positivismo, "Amor, orden y progreso", fue sustituido por el orgulloso "Por mi raza hablará el espíritu".

Por desgracia, la filosofía de Vasconcelos es ante todo una obra personal, al contrario de lo que acontecía con liberales y positivistas, que continuaban vastas corrientes ideológicas. La obra de Vasconcelos posee la coherencia poética de los grandes sistemas filosóficos, pero no su rigor; es un monumento aislado, que no ha originado una escuela ni un movimiento. Y como ha dicho Malraux, "los mitos no acuden a la complicidad de nuestra razón, sino a la de nuestros instintos". No es difícil encontrar en el sistema vasconceliano fragmentos todavía vivos, porciones fecundas, iluminaciones, anticipos, pero no el fundamento de nuestro ser, ni el de nuestra cultura.

Durante la época en que dirige al país Lázaro Cárdenas, la Revolución tiende a realizarse con mayor

amplitud y profundidad. Las reformas planeadas por los regímenes anteriores al fin se llevan a cabo. La obra de Cárdenas consuma la de Zapata y Carranza. La necesidad de dar al pueblo algo más que el laicismo liberal, produce la reforma del artículo tercero de la Constitución: "La educación que imparta el Estado será socialista... combatirá el fanatismo y los prejuicios, creando en la juventud un concepto racional y exacto del Universo y de la vida social." Para los mismos marxistas el texto del nuevo artículo tercero era defectuoso: ¿cómo implantar una educación socialista en un país cuya Constitución consagraba la propiedad privada y en donde la clase obrera no poseía la dirección de los negocios públicos? Arma de lucha, la educación socialista creó muchas enemistades inútiles al régimen y suscitó las fáciles críticas de los conservadores. Asimismo, se mostró impotente para superar las carencias de la Revolución mexicana. Si las revoluciones no se hacen con palabras, las ideas no se implantan con decretos. La filosofía implícita en el texto del artículo tercero no invitaba a la participación creadora, ni fundaba las bases de la nación, como lo había hecho en su momento el catolicismo colonial. La educación socialista era una trampa en la que sólo cayeron sus inventores, con regocijo de todos los reaccionarios. El conflicto entre la universalidad de nuestra tradición y la imposibilidad de volver a las formas en que se había expresado ese universalismo no podía ser resuelto con la adopción de una filosofía que no era, ni podía ser, la del Estado mexicano.

El mismo conflicto desgarra las formas políticas y económicas creadas por la Revolución. En todos los aspectos de la vida mexicana se encuentra, al mismo tiempo que una conciencia muy viva de la autentici-

dad y originalidad de nuestra Revolución, un afán de totalidad y coherencia que ésta no nos ofrece. El calpulli era una institución económica, social, política y religiosa que floreció naturalmente en el centro de la vida precortesiana. Durante el período colonial logra convivir con otras formas de propiedad gracias a la naturaleza del mundo fundado por los españoles, orden universal que admitía diversas concepciones de la propiedad, tanto como cobijaba una pluralidad de razas, castas y clases. Pero ¿cómo integrar la propiedad comunal de la tierra en el seno de una sociedad que inicia su etapa capitalista y que de pronto se ve lanzada al mundo de las contiendas imperialistas? El problema era el mismo que se planteaba a escritores y artistas: encontrar una solución orgánica, total, que no sacrificara las particularidades de nuestro ser a la universalidad del sistema, como había ocurrido con el liberalismo, y que tampoco redujera nuestra participación a la actitud pasiva, estática, del creyente o del imitador. Por primera vez al mexicano se le plantean vida e historia como algo que hay que inventar de pies a cabeza. En la imposibilidad de hacerlo, nuestra cultura y nuestra política social han vacilado entre diversos extremos. Incapaces de realizar una síntesis, hemos terminado por aceptar una serie de compromisos, tanto en la esfera de la educación como en la de los problemas sociales. Estos compromisos nos han permitido defender lo ya conquistado, pero sería peligroso considerarlos definitivos. El texto actual del artículo tercero refleja esta situación. La enmienda constitucional ha sido benéfica pero, por encima de cualquier consideración técnica, siguen sin contestar ciertas preguntas: ¿cuál es el sentido de la tradición mexicana y cuál es su valor actual?, ¿cuál es el programa de vida que ofrecen

nuestras escuelas a los jóvenes? Las respuestas a estas preguntas no pueden ser la obra de un hombre. Si no las hemos contestado es porque la historia misma no ha resuelto ese conflicto.

UNA VEZ cerrado el período militar de la Revolución, muchos jóvenes intelectuales —que no habían tenido la edad o la posibilidad de participar en la lucha armada— empezaron a colaborar con los gobiernos revolucionarios. El intelectual se convirtió en el consejero, secreto o público, del general analfabeto, del líder campesino o sindical, del caudillo en el poder. La tarea era inmensa y había que improvisarlo todo. Los poetas estudiaron economía, los juristas sociología, los novelistas derecho internacional, pedagogía o agronomía. Con la excepción de los pintores —a los que se protegió de la mejor manera posible: entregándoles los muros públicos— el resto de la "inteligencia" fue utilizada para fines concretos e inmediatos: proyectos de leyes, planes de gobierno, misiones confidenciales, tareas educativas, fundación de escuelas y bancos de refacción agraria, etc. La diplomacia, el comercio exterior, la administración pública abrieron sus puertas a una "inteligencia" que venía de la clase media. Pronto surgió un grupo numeroso de técnicos y expertos, gracias a las nuevas escuelas profesionales y a los viajes de estudio al extranjero. Su participación en la gestión gubernamental ha hecho posible la continuidad de la obra iniciada por los primeros revolucionarios. Ellos han defendido, en multitud de ocasiones, la herencia revolucionaria. Pero nada más difícil que su situación. Preocupados por no ceder sus posiciones —desde las materiales hasta las ideológicas— han hecho del compromiso un arte y una forma de vida. Su obra ha sido, en muchos aspectos, admirable; al mismo tiempo, han

perdido independencia y su crítica resulta diluida, a fuerza de prudencia o de maquiavelismo. La "inteligencia" mexicana, en su conjunto, no ha podido o no ha sabido utilizar las armas propias del intelectual: la crítica, el examen, el juicio. El resultado ha sido que el espíritu cortesano —producto natural, por lo visto, de toda revolución que se transforma en gobierno— ha invadido casi toda la esfera de la actividad pública. Además, como ocurre siempre con toda burocracia, se ha extendido la moral cerrada de secta y el culto mágico al "secreto de Estado". No se discuten los asuntos públicos: se cuchichean. No debe olvidarse, sin embargo, que en muchos casos la colaboración se ha pagado con verdaderos sacrificios. El demonio de la eficacia —y no el de la ambición—, el deseo de servir y de cumplir con una tarea colectiva, y hasta cierto sentido ascético de la moral ciudadana, entendida como negación del yo, muy propio del intelectual, han llevado a algunos a la pérdida más dolorosa: la de la obra personal. Este drama no se plantea siquiera para el intelectual europeo. Ahora bien, en Europa y los Estados Unidos el intelectual ha sido desplazado del poder, vive en exilio y su influencia se ejerce fuera del ámbito del Estado. Su misión principal es la crítica; en México, la acción política. El mundo de la política es, por naturaleza, el de los valores relativos: el único valor absoluto es la eficacia. La "inteligencia" mexicana no sólo ha servido al país: lo ha defendido. Ha sido honrada y eficaz, pero, ¿no ha dejado de ser "inteligencia", es decir, no ha renunciado a ser la conciencia crítica de su pueblo?

Las oscilaciones de la Revolución, la presión internacional que no dejó de hacerse sentir apenas se iniciaron las reformas sociales, la demagogia que pronto se convirtió en una enfermedad permanente de nues-

tro sistema político, la corrupción de los dirigentes, que crecía a medida que era más notoria la imposibilidad de realizarnos en formas democráticas a la manera liberal, produjeron escepticismo en el pueblo y desconfianza entre los intelectuales. La "inteligencia" mexicana, unida en una empresa común, también tiene sus heterodoxos y solitarios, sus críticos y sus doctrinarios. Algunos han cesado de colaborar y han fundado grupos y partidos de oposición, como Manuel Gómez Morín, ayer autor de las leyes hacendarias revolucionarias y hoy jefe de Acción Nacional, el partido de la derecha. Otros, como Jesús Silva Herzog, han mostrado que la eficacia técnica no está reñida con la independencia espiritual; su revista *Cuadernos Americanos* ha agrupado a todos los escritores independientes de Hispanoamérica. Vicente Lombardo Toledano, Narciso Bassols y otros se convirtieron al marxismo, única filosofía que les parecía conciliar las particularidades de la historia de México con la universalidad de la Revolución. La obra de estos hombres debe juzgarse sobre todo en el campo de la política social. Por desgracia, desde hace muchos años su actividad se ha viciado por la docilidad con que han seguido, aun en sus peores momentos, la línea política estalinista.

Al mismo tiempo que una parte de la "inteligencia" se inclinaba hacia el marxismo —casi siempre en su forma oficial y burocrática—, buscando así romper su soledad al insertarse en el movimiento obrero mundial, otros hombres iniciaban una tarea de revisión y crítica. La Revolución mexicana había descubierto el rostro de México. Samuel Ramos interroga esos rasgos, arranca máscaras e inicia un examen del mexicano. Se dice que *El perfil del hombre y la cultura en México*, primera tentativa seria por conocernos,

padece diversas limitaciones: el mexicano que describen sus páginas es un tipo aislado y los instrumentos de que el filósofo se vale para penetrar la realidad —la teoría del resentimiento, más como ha sido expuesta por Adler que por Scheler— reducen acaso la significación de sus conclusiones. Pero ese libro continúa siendo el único punto de partida que tenemos para conocernos. No sólo la mayor parte de sus observaciones son todavía válidas, sino que la idea central que lo inspira sigue siendo verdadera: el mexicano es un ser que cuando se expresa se oculta; sus palabras y gestos son casi siempre máscaras. Utilizando un método distinto al empleado en ese estudio, Ramos nos ha dado una descripción muy penetrante de ese conjunto de actitudes que hacen de cada uno de nosotros un ser cerrado e inaccesible.

Mientras Samuel Ramos descubre el sentido de algunos de nuestros gestos más característicos —exploración que habría que completar con un psicoanálisis de nuestros mitos y creencias y un examen de nuestra vida erótica— Jorge Cuesta se preocupa por indagar el sentido de nuestra tradición. Sus ideas, dispersas en artículos de crítica estética y política, poseen coherencia y unidad a pesar de que su autor jamás tuvo ocasión de reunirlas en un libro. Lo mismo si trata del clasicismo de la poesía mexicana que de la influencia de Francia en nuestra cultura, de la pintura mural que de la poesía de López Velarde, Cuesta cuida de reiterar este pensamiento: México es un país que se ha hecho a sí mismo y que, por lo tanto, carece de pasado. Mejor dicho, México se ha hecho contra su pasado, contra dos localismos, dos inercias y dos casticismos: el indio y el español. La verdadera tradición de México no continúa sino niega la colonial, pues es una libre elección de ciertos valores universales: los

del racionalismo francés. Nuestro "francesismo" no es accidental, ni es fruto de una mera circunstancia histórica. En la cultura francesa, que también es libre elección, el mexicano se descubre como vocación universal. Los modelos de nuestra poesía, como los que inspiran nuestros sistemas políticos, son universales e indiferentes a tiempo, espacio y color local: implican una idea del hombre y tienden a realizarla sacrificando nuestras particularidades nacionales. Constituyen un Rigor y una Forma. Así, nuestra poesía no es romántica o nacional sino cuando desfallece o se traiciona. Otro tanto ocurre con el resto de nuestras formas artísticas y políticas.

Cuesta desdeña el examen histórico. Ve en la tradición española nada más inercia, conformismo y pasividad porque ignora la otra cara de esa tradición. Omite analizar la influencia de la tradición indígena, también. Y nuestra preferencia por la cultura francesa, ¿no es más bien hija de diversas circunstancias, tanto de la Historia universal como de la mexicana, que de una supuesta afinidad? Influido por Julián Benda, Cuesta olvida que la cultura francesa se alimenta de la historia de Francia y que es inseparable de la realidad que la sustenta.

A pesar de las limitaciones de su posición intelectual, más visibles ahora que cuando su autor las formuló a través de esporádicas publicaciones periodísticas, debemos a Cuesta varias observaciones valiosas. México, en efecto, se define a sí mismo como negación de su pasado. Su error, como el de liberales y positivistas, consistió en pensar que esa negación entrañaba forzosamente la adopción del radicalismo y del clasicismo franceses en política, arte y poesía. La historia misma refuta su hipótesis: el movimiento revolucionario, la poesía contemporánea, la pintura

y, en fin, el crecimiento mismo del país, tienden a imponer nuestras particularidades y a romper la geometría intelectual que nos propone Francia. El radicalismo mexicano, como se ha procurado mostrar en este ensayo, tiene otro sentido.

Más allá de las diferencias que los separan, se advierte cierto parentesco entre Ramos y Cuesta. Ambos, en dirección contraria, reflejan nuestra voluntad de conocernos. El primero representa esta tendencia hacia nuestra propia intimidad que encarnó la Revolución mexicana; el segundo, la necesidad de insertar nuestras particularidades en una tradición universal.

Otro solitario es Daniel Cosío Villegas. Economista e historiador, fue el fundador del Fondo de Cultura Económica, empresa editorial no lucrativa que tuvo por primer objetivo —y de ahí su nombre— proporcionar a los hispanoamericanos los textos fundamentales de la ciencia económica, de Smith y los fisiócratas a Keynes, pasando por Marx. Gracias a Cosío y sus sucesores, el Fondo se transformó en una editorial de obras de filosofía, sociología e historia que han renovado la vida intelectual de los países de habla española. Debemos a Cosío Villegas el examen más serio y completo del régimen porfirista. Pero quizá lo mejor y más estimulante de su actividad intelectual es el espíritu que anima a su crítica, la desenvoltura de sus opiniones, la independencia de su juicio. Su mejor libro, para mí, es *Extremos de América*, examen nada piadoso de nuestra realidad, hecho con ironía, valor y una admirable impertinencia.

Cárdenas abrió las puertas a los vencidos de la guerra de España. Entre ellos venían escritores, poetas, profesores. A ellos se debe en parte el renacimiento de la cultura mexicana, sobre todo en el cam-

po de la filosofía. Un español al que los mexicanos debemos gratitud es José Gaos, el maestro de la joven "inteligencia". La nueva generación está en aptitud de manejar los instrumentos que toda empresa intelectual requiere. Por primera vez desde la época de la Independencia la "inteligencia" mexicana no necesita formarse fuera de las aulas. Los nuevos maestros no ofrecen a los jóvenes una filosofía, sino los medios y las posibilidades para crearla. Tal es, precisamente, la misión del maestro.

Un nuevo elemento de estímulo es la presencia de Alfonso Reyes. Su obra, que ahora podemos empezar a contemplar en sus verdaderas dimensiones, es una invitación al rigor y a la coherencia. El clasicismo de Reyes, equidistante del academismo de Ramírez y del romanticismo de Sierra, no parte de las formas ya hechas. En lugar de ser mera imitación o adaptación de formas universales, es un clasicismo que se busca y se modela a sí mismo, espejo y fuente, simultáneamente, en los que el hombre se reconoce, sí, pero también se sobrepasa.

Reyes es un hombre para quien la literatura es algo más que una vocación o un destino: una religión. Escritor cabal para quien el lenguaje es todo lo que puede ser el lenguaje: sonido y signo, trazo inanimado y magia, organismo de relojería y ser vivo. Poeta, crítico y ensayista, es el Literato: el minero, el artífice, el peón, el jardinero, el amante y el sacerdote de las palabras. Su obra es historia y poesía, reflexión y creación. Si Reyes es un grupo de escritores, su obra es una Literatura. ¿Lección de forma? No, lección de expresión. En un mundo de retóricos elocuentes o de reconcentrados silenciosos, Reyes nos advierte de los peligros y de las responsabilidades del lenguaje. Se le acusa de no habernos dado una filosofía o una

orientación. Aparte de que quienes lo acusan olvidan buena parte de sus escritos, destinados a esclarecer muchas situaciones que la historia de América nos plantea, me parece que la importancia de Reyes reside sobre todo en que leerlo es una lección de claridad y transparencia. Al enseñarnos a decir, nos enseña a pensar. De ahí la importancia de sus reflexiones sobre la inteligencia americana y sobre las responsabilidades del intelectual y del escritor de nuestro tiempo.

El primer deber del escritor, nos dice, estriba en su fidelidad al lenguaje. El escritor es un hombre que no tiene más instrumento que las palabras. A diferencia de los útiles del artesano, del pintor y del músico, las palabras están henchidas de significaciones ambiguas y hasta contrarias. Usarlas quiere decir esclarecerlas, purificarlas, hacerlas de verdad instrumentos de nuestro pensar y no máscaras o aproximaciones. Escribir implica una profesión de fe y una actitud que trasciende al retórico y al gramático; las raíces de las palabras se confunden con las de la moral: la crítica del lenguaje es una crítica histórica y moral. Todo estilo es algo más que una manera de hablar: es una manera de pensar y, por lo tanto, un juicio implícito o explícito sobre la realidad que nos circunda. Entre el lenguaje, ser por naturaleza social, y el escritor, que sólo engendra en la soledad, se establece así una relación muy extraña: gracias al escritor amorfo, horizontal, se yergue e individualiza; gracias al lenguaje, el escritor moderno, rotas las otras vías de comunicación con su pueblo y su tiempo, participa en la vida de la Ciudad.

De la obra de Alfonso Reyes se puede extraer no solamente una Crítica sino una Filosofía y una Ética del lenguaje. Por tal razón no es un azar que, al mismo tiempo que defiende la transparencia del vocablo

y la universalidad de su significado, predique una misión. Pues aparte de esa radical fidelidad al lenguaje que define a todo escritor, el mexicano tiene algunos deberes específicos. El primero de todos consiste en expresar lo nuestro. O para emplear las palabras de Reyes "buscar el alma nacional". Tarea ardua y extrema, pues usamos un lenguaje hecho y que no hemos creado para revelar a una sociedad balbuciente y a un hombre enmarañado. No tenemos más remedio que usar de un idioma que ha sufrido ya las experiencias de Góngora y Quevedo, de Cervantes y San Juan, para expresar a un hombre que no acaba de ser y que no se conoce a sí mismo. Escribir equivale a deshacer el español y a recrearlo para que se vuelva mexicano sin dejar de ser español. Nuestra fidelidad al lenguaje, en suma, implica fidelidad a nuestro pueblo y fidelidad a una tradición que no es nuestra totalmente sino por un acto de violencia intelectual. En la escritura de Reyes viven los dos términos de este extremoso deber. Por eso, en sus mejores momentos, su obra consiste en la invención de un lenguaje y de una forma universales y capaces de contener, sin ahogarlos y sin desgarrarse, todos nuestros inexpresados conflictos.

Reyes se enfrenta al lenguaje como problema artístico y ético. Su obra no es un modelo o una lección, sino un estímulo. Por eso nuestra actitud ante el lenguaje no puede ser diversa a la de nuestros predecesores: también a nosotros, y más radicalmente que a ellos, puesto que tenemos menos ilusiones en unas ideas que la cultura occidental soñó eternas, la vida y la historia de nuestro pueblo se nos presentan como una voluntad que se empeña en crear la forma que la exprese y que, sin traicionarla, la trascienda. Soledad y Comunión, Mexicanidad y Universalidad, siguen

siendo los extremos que devoran al mexicano. Los términos de este conflicto habitan no sólo en nuestra intimidad y coloran con un matiz especial, alternativamente sombrío y brillante, nuestra conducta privada y nuestras relaciones con los demás, sino que yacen en el fondo de todas nuestras tentativas políticas, artísticas y sociales. La vida del mexicano es un continuo desgarrarse entre ambos extremos, cuando no es un inestable y penoso equilibrio.

Toda la historia de México, desde la Conquista hasta la Revolución, puede verse como una búsqueda de nosotros mismos, deformados o enmascarados por instituciones extrañas, y de una Forma que nos exprese. Las sociedades precortesianas lograron creaciones muy ricas y diversas, según se ve por lo poco que dejaron en pie los españoles, y por las revelaciones que cada día nos entregan los arqueólogos y antropólogos. La Conquista destruye esas formas y superpone la española. En la cultura española laten dos direcciones, conciliadas pero no fundidas enteramente por el Estado español: la tradición medieval, castiza, viva en España hasta nuestros días, y una tradición universal, que España se apropia y hace suya antes de la Contrarreforma. Por obra del catolicismo, España logra en la esfera del arte una síntesis afortunada de ambos elementos. Otro tanto puede decirse de algunas instituciones y nociones de Derecho político, que intervienen decisivamente en la constitución de la sociedad colonial y en el estatuto otorgado a los indios y a sus comunidades. Debido al carácter universal de la religión católica, que era, aunque lo olviden con frecuencia fieles y adversarios, una religión para todos y especialmente para los desheredados y los huérfanos, la sociedad colonial

179

logra convertirse por un momento en un orden. Forma y sustancia pactan. Entre la realidad y las instituciones, el pueblo y el poder, el arte y la vida, el individuo y la sociedad, no hay un muro o una fosa sino que todo se corresponde y unos mismos conceptos y una misma voluntad rigen los ánimos. El hombre, por más humilde que sea su condición, no está solo. Ni tampoco lo está la sociedad. Mundo y trasmundo, vida y muerte, acción y contemplación, son experiencias totales y no actos o conceptos aislados. Cada fragmento participa de la totalidad y ésta vive en cada una de las partes. El orden precortesiano fue reemplazado por una Forma universal, abierta a la participación y a la comunión de todos los fieles.

La parálisis de la sociedad colonial y su final petrificación en una máscara piadosa o feroz, parece ser hija de una circunstancia que pocas veces ha sido examinada: la decadencia del catolicismo europeo, en tanto que manantial de la cultura occidental, coincidió con su expansión y apogeo en Nueva España. La vida religiosa, fuente de creación en otra época, se reduce para los más a inerte participación. Y para los menos, oscilantes entre la curiosidad y la fe, a tentativas incompletas, juegos de ingenio y, al final, silencio y sopor. O para decirlo en otros términos: el catolicismo se ofrece a la inmensa masa indígena como un refugio. La orfandad que provoca la ruptura de la Conquista se resuelve en un regresar a las oscuras entrañas maternas. La religiosidad colonial es una vuelta a la vida prenatal, pasiva, neutra y satisfecha.[2] La minoría, que intenta salir al aire fresco del mundo, se ahoga, enmudece o retrocede.

La Independencia, la Reforma y la Dictadura son

[2] Véase Jorge Carrión, "La ruta psicológica de Quetzalcóatl", en *Cuadernos Americanos*, número 5, septiembre-octubre de 1949, México.

distintas, contradictorias fases de una misma voluntad de desarraigo. El siglo XIX debe verse como ruptura total con la Forma. Y simultáneamente, el movimiento liberal se manifiesta como una tentativa utópica, que provoca la venganza de la realidad. El esquema liberal se convierte en la simulación del positivismo. Nuestra historia independiente, desde que empezamos a tener conciencia de nosotros mismos, noción de patria y de ser nacional, es ruptura y búsqueda. Ruptura con la tradición, con la Forma. Y búsqueda de una nueva Forma, capaz de contener todas nuestras particularidades y abierta al porvenir. Ni el catolicismo, cerrado al futuro, ni el liberalismo, que sustituía al mexicano concreto por una abstracción inánime, podían ser esa Forma buscada, expresión de nuestros quereres particulares y de nuestros anhelos universales.

La Revolución fue un descubrimiento de nosotros mismos y un regreso·a los orígenes, primero; luego una búsqueda y una tentativa de síntesis, abortada varias veces; incapaz de asimilar nuestra tradición, y ofrecernos un nuevo proyecto salvador, finalmente fue un compromiso. Ni la Revolución ha sido capaz de articular toda su salvadora explosión en una visión del mundo, ni la "inteligencia" mexicana ha resuelto ese conflicto entre la insuficiencia de nuestra tradición y nuestra exigencia de universalidad.

Esta recapitulación conduce a plantear el problema de una filosofía mexicana, suscitado recientemente por Ramos y Zea. Los conflictos examinados en el curso de este ensayo habían permanecido hasta hace poco ocultos, recubiertos por formas e ideas extrañas, que si habían servido para justificarnos, también nos impidieron manifestarnos y manifestar la índole de nuestra querella interior. Nuestra situación era seme-

jante a la del neurótico, para quien los principios morales y las ideas abstractas no tienen más función práctica que la defensa de su intimidad, complicado sistema con el que se engaña, y engaña a los demás, acerca del verdadero significado de sus inclinaciones y la índole de sus conflictos. Pero en el momento en que éstos aparecen a plena luz y tal cual son, el enfermo debe afrontarlos y resolverlos por sí mismo. Algo parecido nos ocurre. De pronto nos hemos encontrado desnudos, frente a una realidad también desnuda. Nada nos justifica ya y sólo nosotros podemos dar respuesta a las preguntas que nos hace la realidad. La reflexión filosófica se vuelve así una tarea salvadora y urgente, pues no tendrá nada más por objeto examinar nuestro pasado intelectual, ni describir nuestras actitudes características, sino que deberá ofrecernos una solución concreta, algo que dé sentido a nuestra presencia en la tierra.

¿Cómo puede ser mexicana una reflexión filosófica de esta índole? En tanto que examen de nuestra tradición será una filosofía de la historia de México y una historia de las ideas mexicanas. Pero nuestra historia no es sino un fragmento de la Historia universal. Quiero decir: siempre, excepto en el momento de la Revolución, hemos vivido nuestra historia como un episodio de la del mundo entero. Nuestras ideas, asimismo, nunca han sido nuestras del todo, sino herencia o conquista de las engendradas por Europa. Una filosofía de la historia de México no sería, pues, sino una reflexión sobre las actitudes que hemos asumido frente a los temas que nos ha propuesto la Historia universal: contrarreforma, racionalismo, positivismo, socialismo. En suma, la meditación histórica nos llevaría a responder esta pregunta: ¿cómo han vivido los mexicanos las ideas universales?

La pregunta anterior entraña una idea acerca del carácter distintivo de la mexicanidad, segundo de los temas de esa proyectada filosofía mexicana. Los mexicanos no hemos creado una Forma que nos exprese. Por lo tanto, la mexicanidad no se puede identificar con ninguna forma o tendencia histórica concreta: es una oscilación entre varios proyectos universales, sucesivamente trasplantados o impuestos y todos hoy inservibles. La mexicanidad, así, es una manera de no ser nosotros mismos, una reiterada manera de ser y vivir otra cosa. En suma, a veces una máscara y otras una súbita determinación por buscarnos, un repentino abrirnos el pecho para encontrar nuestra voz más secreta. Una filosofía mexicana tendrá que afrontar la ambigüedad de nuestra tradición y de nuestra voluntad misma de ser, que si exige una plena originalidad nacional no se satisface con algo que no implique una solución universal.

Varios escritores se han impuesto la tarea de examinar nuestro pasado intelectual. Destacan en este campo los estudios de Leopoldo Zea y Edmundo O'Gorman. El problema que preocupa a O'Gorman es el de saber qué clase de ser histórico es lo que llamamos América. No es una región geográfica, no es tampoco un pasado y, acaso, ni siquiera un presente. Es una idea, una invención del espíritu europeo. América es una utopía, es decir, es el momento en que el espíritu europeo se universaliza, se desprende de sus particularidades históricas y se concibe a sí mismo como una idea universal que, casi milagrosamente, encarna y se afinca en una tierra y un tiempo preciso: el porvenir. En América la cultura europea se concibe como unidad superior. O'Gorman acierta cuando ve a nuestro continente como la actualización del espíritu europeo, pero, ¿qué ocurre con América

como ser histórico autónomo al enfrentarse a la realidad europea? Esta pregunta parece ser el tema esencial de Leopoldo Zea. Historiador del pensamiento hispanoamericano —y, asimismo, crítico independiente aun en el campo de la política diaria— Zea afirma que, hasta hace poco, América fue el monólogo de Europa, una de las formas históricas en que encarnó su pensamiento; hoy ese monólogo tiende a convertirse en diálogo. Un diálogo que no es puramente intelectual sino social, político y vital. Zea ha estudiado la enajenación americana, el no ser nosotros mismos y el ser pensados por otros. Esta enajenación —más que nuestras particularidades— constituye nuestra manera propia de ser. Pero se trata de una situación universal, compartida por todos los hombres. Tener conciencia de esto es empezar a tener conciencia de nosotros mismos. En efecto, hemos vivido en la periferia de la historia. Hoy el centro, el núcleo de la sociedad mundial, se ha disgregado y todos nos hemos convertido en seres periféricos, hasta los europeos y los norteamericanos. Todos estamos al margen porque ya no hay centro.

Otros escritores jóvenes se ocupan en desentrañar el sentido de nuestras actitudes vitales. Una gran avidez por conocernos, con rigor y sin complacencias, es el mérito mayor de muchos de estos trabajos. Sin embargo, la mayor parte de los componentes de este grupo —especialmente Emilio Uranga, su principal inspirador— ha comprendido que el tema del mexicano sólo es una parte de una larga reflexión sobre algo más vasto: la enajenación histórica de los pueblos dependientes y, en general, del hombre.

Toda reflexión filosófica debe poseer autenticidad, esto es, debe ser un pensar a la intemperie un problema concreto. Sólo así el objeto de la reflexión puede

convertirse en un tema universal. Nuestro tiempo parece propicio a una empresa de este rango. Por primera vez, México no tiene a su disposición un conjunto de ideas universales que justifiquen nuestra situación. Europa, ese almacén de ideas hechas, vive ahora como nosotros: al día. En un sentido estricto, el mundo moderno no tiene ya ideas. Por tal razón el mexicano se sitúa ante su realidad como todos los hombres modernos: a solas. En esta desnudez encontrará su verdadera universalidad, que ayer fue mera adaptación del pensamiento europeo. La autenticidad de la reflexión hará que la mexicanidad de esa filosofía resida sólo en el acento, el énfasis o el estilo del filósofo, pero no en el contenido de su pensamiento. La mexicanidad será una máscara que, al caer, dejará ver al fin al hombre. Las circunstancias actuales de México transforman así el proyecto de una filosofía mexicana en la necesidad de pensar por nosotros mismos unos problemas que ya no son exclusivamente nuestros, sino de todos los hombres. Esto es, la filosofía mexicana, si de veras lo es, será simple y llanamente filosofía, a secas.

La conclusión anterior puede corroborarse si se examina históricamente el problema. La Revolución mexicana puso en entredicho nuestra tradición intelectual. El movimiento revolucionario mostró que todas las ideas y concepciones que nos habían justificado en el pasado estaban muertas o mutilaban nuestro ser. La Historia universal, por otra parte, se nos ha echado encima y nos ha planteado directamente muchos problemas y cuestiones que antes nuestros padres vivían de reflejo. Pese a nuestras singularidades nacionales —superposición de tiempos históricos, ambigüedad de nuestra tradición, semicolonialismo, etc.—, la situación de México no es ya distinta a la de

los otros países. Acaso por primera vez en la historia la crisis de nuestra cultura es la crisis misma de la especie. La melancólica reflexión de Valéry ante los cementerios de las civilizaciones desaparecidas nos deja ahora indiferentes, porque no es la cultura occidental la que mañana puede hundirse, como antes ocurrió con griegos y árabes, con aztecas y egipcios, sino el hombre. La antigua pluralidad de culturas, que postulaban diversos y contrarios ideales del hombre y ofrecían diversos y contrarios futuros, ha sido sustituida por la presencia de una sola civilización y un solo futuro. Hasta hace poco, la Historia fue una reflexión sobre las varias y opuestas verdades que cada cultura proponía y una verificación de la radical heterogeneidad de cada sociedad y de cada arquetipo. Ahora la Historia ha recobrado su unidad y vuelve a ser lo que fue en su origen: una meditación sobre el hombre. La pluralidad de culturas que el historicismo moderno rescata, se resuelve en una síntesis: la de nuestro momento. Todas las civilizaciones desembocan en la occidental, que ha asimilado o aplastado a sus rivales. Y todas las particularidades tienen que responder a las preguntas que nos hace la Historia: las mismas para todos. El hombre ha reconquistado su unidad. Las decisiones de los mexicanos afectan ya a todos los hombres y a la inversa. Las diferencias que separan a comunistas de "occidentales" son bastante menos profundas que las que dividían a persas y griegos, a romanos y egipcios, a chinos y europeos. Comunistas y demócratas burgueses esgrimen ideas antagónicas pero que brotan de una fuente común y disputan en un lenguaje universal, comprensible para ambos bandos. La crisis contemporánea no se presenta, según dicen los conservadores, como la lucha entre dos culturas

186

diversas, sino como una escisión en el seno de nuestra civilización. Una civilización que ya no tiene rivales y que confunde su futuro con el del mundo. El destino de cada hombre no es ya diverso al del Hombre. Por lo tanto, toda tentativa por resolver nuestros conflictos desde la realidad mexicana deberá poseer validez universal o estará condenada de antemano a la esterilidad.

La Revolución mexicana nos hizo salir de nosotros mismos y nos puso frente a la Historia, planteándonos la necesidad de inventar nuestro futuro y nuestras instituciones. La Revolución mexicana ha muerto sin resolver nuestras contradicciones. Después de la segunda Guerra Mundial, nos damos cuenta que esa creación de nosotros mismos que la realidad nos exige no es diversa a la que una realidad semejante reclama a los otros. Vivimos, como el resto del planeta, una coyuntura decisiva y mortal, huérfanos de pasado y con un futuro por inventar. La Historia universal es ya tarea común. Y nuestro laberinto, el de todos los hombres.

NUESTROS DÍAS

Búsqueda y momentáneo hallazgo de nosotros mismos, el movimiento revolucionario transformó a México, lo hizo "otro". Ser uno mismo es, siempre, llegar a ser ese otro que somos y que llevamos escondido en nuestro interior, más que nada como promesa o posibilidad de ser. Así, en cierto sentido la Revolución ha recreado a la nación; en otro, no menos importante, la ha extendido a razas y clases que ni la Colonia ni el siglo XIX pudieron incorporar. Pero, a pesar de su fecundidad extraordinaria, no fue capaz de crear un orden vital que fuese, a un tiempo, visión del mundo y fundamento de una sociedad realmente justa y libre. La Revolución no ha hecho de nuestro país una comunidad o, siquiera, una esperanza de comunidad: un mundo en el que los hombres se reconozcan en los hombres y en donde el "principio de autoridad" — esto es: la fuerza, cualquiera que sea su origen y justificación— ceda el sitio a la libertad responsable. Cierto, ninguna de las sociedades conocidas ha alcanzado un estado semejante. No es accidental, por otra parte, que no nos haya dado una visión del hombre comparable a la del catolicismo colonial o el liberalismo del siglo pasado. La Revolución es un fenómeno nuestro, sí, pero muchas de sus limitaciones dependen de circunstancias ligadas a la historia mundial contemporánea.

La Revolución mexicana es la primera, cronológicamente, de las grandes revoluciones del siglo XX. Para comprenderla cabalmente es necesario verla como

parte de un proceso general y que aún no termina. Como todas las revoluciones modernas, la nuestra se propuso, en primer término, liquidar el régimen feudal, transformar el país mediante la industria y la técnica, suprimir nuestra situación de dependencia económica y política y, en fin, instaurar una verdadera democracia social. En otras palabras: dar el salto que soñaron los liberales más lúcidos, consumar efectivamente la Independencia y la Reforma, hacer de México una nación moderna. Y todo esto sin traicionarnos. Por el contrario, los cambios nos revelarían nuestro verdadero ser, un rostro a un tiempo conocido e ignorado, un rostro nuevo a fuerza de sepultada antigüedad. La Revolución iba a inventar un México fiel a sí mismo.

Los países "adelantados", con la excepción de Alemania, pasaron del antiguo régimen al de las modernas democracias burguesas de una manera que podríamos llamar natural. Las transformaciones políticas, económicas y técnicas se sucedieron y entrelazaron como inspiradas por una coherencia superior. La historia poseía una lógica; descubrir el secreto de su funcionamiento equivalía a apoderarse del futuro. Esta creencia, bastante vana, aún nos hace ver la historia de las grandes naciones como el desarrollo de una inmensa y majestuosa proposición lógica. En efecto, el capitalismo pasó gradualmente de las formas primitivas de acumulación a otras cada vez más complejas, hasta desembocar en la época del capital financiero y el imperialismo mundial. El tránsito del capitalismo primitivo al internacional produjo cambios radicales, tanto en la situación interior de cada país como en la esfera mundial. Por una parte, al cabo de siglo y medio de explotación de los pueblos coloniales y semicoloniales, las diferencias entre un obrero y su patrón

fueron menos grandes que las existentes entre ese mismo obrero y un paria hindú o un peón boliviano. Por la otra, la expansión imperialista unificó al planeta: captó todas las riquezas, aun las más escondidas, y las arrojó al torrente de la circulación mundial, convertidas en mercancías; universalizó el trabajo humano (la tarea de un pizcador de algodón la continúa, a miles de kilómetros, un obrero textil) realizando por primera vez, efectivamente y no como postulado moral, la unidad de la condición humana; destruyó las culturas y civilizaciones extrañas e hizo girar a todos los pueblos alrededor de dos o tres astros, fuentes del poder político, económico y espiritual. Al mismo tiempo, los pueblos así anexados participaron sólo de una manera pasiva en el proceso: en lo económico eran meros productores de materias primas y de mano de obra barata; en lo político, eran colonias y semicolonias; en lo espiritual, sociedades bárbaras o pintorescas. Para los pueblos de la periferia, el "progreso" significaba, y significa, no sólo gozar de ciertos bienes materiales sino, sobre todo, acceder a la "normalidad" histórica· ser, al fin, "entes de razón". Tal es el trasfondo de la Revolución mexicana y, en general, de las revoluciones del siglo xx.

Puede verse ahora con mayor claridad en qué consistió la empresa revolucionaria: consumar, a corto plazo y con un mínimo de sacrificios humanos, una obra que la burguesía europea había llevado a cabo en más de ciento cincuenta años. Para lograrlo, deberíamos previamente asegurar nuestra independencia política y recuperar nuestros recursos naturales. Además, todo esto debería realizarse sin menoscabo de los derechos sociales, en particular los obreros, consagrados por la Constitución de 1917. En Europa y en los Estados Unidos estas conquistas

fueron el resultado de más de un siglo de luchas proletarias y, en buena parte, representaban (y representan) una participación en las ganancias obtenidas por las metrópolis en el exterior. Entre nosotros no sólo no había ganancias coloniales que repartir: ni siquiera eran nuestros el petróleo, los minerales, la energía eléctrica y las otras fuerzas con que deberíamos transformar al país. Así pues, no se trataba de empezar desde el principio sino desde antes del principio.

La Revolución hizo del nuevo Estado el principal agente de la transformación social. En primer lugar: la devolución y el reparto de tierras, la apertura al cultivo de otras, las obras de irrigación, las escuelas rurales, los bancos de refacción para los campesinos. Los expertos se extienden en los errores técnicos cometidos; los moralistas, en la intervención maléfica del cacique tradicional y del político rapaz. Es verdad. También lo es que, bajo formas nuevas, subsiste el peligro de un retorno al monopolio de las tierras. Lo conquistado hay que defenderlo todavía. Pero el régimen feudal ha desaparecido. Olvidar esto es olvidar demasiado. Y hay más: la reforma agraria no sólo benefició a los campesinos sino que, al romper la antigua estructura social, hizo posible el nacimiento de nuevas fuerzas productivas. Ahora bien, a pesar de todo lo logrado —y ha sido mucho— miles de campesinos viven en condiciones de gran miseria y otros miles no tienen más remedio que emigrar a los Estados Unidos, cada año, como trabajadores temporales. El crecimiento demográfico, circunstancia que no fue tomada en cuenta por los primeros gobiernos revolucionarios, explica parcialmente el actual desequilibrio. Aunque parezca increíble, la mayor parte del país padece de sobrepoblación campesina. O más exactamente: carecemos de tierras cultivables. Hay,

además, otros dos factores decisivos: ni la apertura de nuevas tierras al cultivo ha sido suficiente, ni las nuevas industrias y centros de producción han crecido con la rapidez necesaria para absorber a toda esa masa de población sobrante, condenada así al subempleo. En suma, con nuestros recursos actuales no podemos crear, en la proporción indispensable, las industrias y las empresas agrícolas que podrían dar ocupación al excedente de brazos y bocas. Es claro que no sólo se trata de un crecimiento demográfico excesivo sino de un progreso económico insuficiente. Pero también es claro que nos enfrentamos a una situación que rebasa las posibilidades reales del Estado y, aun, las de la nación en su conjunto. ¿Cómo y dónde obtener esos recursos económicos y técnicos? Esta pregunta, a la que se intentará contestar más adelante, no debe hacerse aisladamente sino considerando el problema del desarrollo económico en su totalidad. La industria no crece con la velocidad que requiere el aumento de población y produce así el subempleo; por su parte, el subempleo campesino retarda el desarrollo de la industria, ya que no aumenta el número de consumidores.

La Revolución también se propuso, según se dijo, la recuperación de las riquezas nacionales. Los gobiernos revolucionarios, en particular el de Cárdenas, decretaron la nacionalización del petróleo, los ferrocarriles y otras industrias. Esta política nos enfrentó al imperialismo. El Estado, sin renunciar a lo reconquistado, tuvo que ceder y suspender las expropiaciones. (Debe agregarse, de paso, que sin la nacionalización del petróleo hubiera sido imposible el desarrollo industrial.) La Revolución no se limitó a expropiar: por medio de una red de bancos e instituciones de crédito creó nuevas industrias estatales,

subvencionó otras (privadas o semiprivadas) y, en general, intentó orientar en forma racional y de provecho público el desarrollo económico. Todo esto —y muchas otras cosas más— fue realizado lentamente y no sin tropiezos, errores e inmoralidades. Pero, así sea con dificultad y desgarrado por terribles contradicciones, el rostro de México empezó a cambiar. Poco a poco surgió una nueva clase obrera y una burguesía. Ambas vivieron a la sombra del Estado y sólo hasta ahora comienzan a cobrar vida autónoma.

La tutela gubernamental de la clase obrera se inició como una alianza popular: los obreros apoyaron a Carranza a cambio de una política social más avanzada. Por la misma razón sostuvieron a Obregón y Calles. Por su parte, el Estado protegió a las organizaciones sindicales. Pero la alianza se convirtió en sumisión y los gobiernos premiaron a los dirigentes con altos puestos públicos. El proceso se acentuó y consumó, aunque parezca extraño, en la época de Cárdenas, el período más extremista de la Revolución. Y fueron precisamente los dirigentes que habían luchado contra la corrupción sindical los que entregaron las organizaciones obreras. Se dirá que la política de Cárdenas era revolucionaria: nada más natural que los sindicatos la apoyasen. Pero, empujados por sus líderes, los sindicatos formaron parte, como un sector más, del Partido de la Revolución, esto es, del partido gubernamental. Se frustró así la posibilidad de un partido obrero o, al menos, de un movimiento sindical a la norteamericana, apolítico, sí, pero autónomo y libre de toda injerencia oficial. Los únicos que ganaron fueron los líderes, que se convirtieron en profesionales de la política: diputados, senadores, gobernadores. En los últimos años asistimos, sin embargo, a un cambio: con creciente energía las agrupaciones obreras

recobran su autonomía, desplazan a los dirigentes corrompidos y luchan por instaurar una democracia sindical. Este movimiento puede ser una de las fuerzas decisivas en el renacimiento de la vida democrática. Al mismo tiempo, dadas las características sociales de nuestro país, la acción obrera, si se quiere eficaz, debe evitar el sectarismo de algunos de los nuevos dirigentes y buscar la alianza con los campesinos y con un nuevo sector, hijo también de la Revolución: la clase media. Hasta hace poco la clase media era un grupo pequeño, constituido por pequeños comerciantes y las tradicionales "profesiones liberales" (abogados, médicos, profesores, etc.). El desarrollo industrial y comercial y el crecimiento de la Administración Pública han creado una numerosa clase media, cruda e ignorante desde el punto de vista cultural y político pero llena de vitalidad.

Más dueña de sí, más poderosa también, la burguesía no sólo ha logrado su independencia sino que trata de incrustarse en el Estado, no ya como protegida sino como directora única. El banquero sucede al general revolucionario; el industrial aspira a desplazar al técnico y al político. Estos grupos tienden a convertir al Gobierno, cada vez con mayor exclusividad, en la expresión política de sus intereses. Pero la burguesía no forma un todo homogéneo: unos, herederos de la Revolución mexicana (aunque a veces lo ignoren), están empeñados en crear un capitalismo nacional; otros, son simples intermediarios y agentes del capital financiero internacional. Finalmente, según se ha dicho, dentro del Estado hay muchos técnicos que a través de avances y retrocesos, audacias y concesiones, continúan una política de interés nacional, congruente con el pasado revolucionario. Todo esto explica la marcha sinuosa del Estado y su

deseo de "no romper el equilibrio". Desde la época de Carranza, la Revolución mexicana ha sido un compromiso entre fuerzas opuestas: nacionalismo e imperialismo, obrerismo y desarrollo industrial, economía dirigida y régimen de "libre empresa", democracia y paternalismo estatal.

Nada de lo logrado hubiese sido posible dentro del marco del capitalismo clásico. Y aún más: sin la Revolución y sus gobiernos ni siquiera tendríamos capitalistas mexicanos. En realidad, el capitalismo nacional no sólo es consecuencia natural de la Revolución sino que, en buena parte, es hijo, criatura del Estado revolucionario. Sin el reparto de tierras, las grandes obras materiales, las empresas estatales y las de "participación estatal", la política de inversiones públicas, los subsidios directos o indirectos a la industria y, en general, sin la intervención del Estado en la vida económica, nuestros banqueros y "hombres de negocios" no habrían tenido ocasión de ejercer su actividad o formarían parte del "personal nativo" de alguna compañía extranjera. En un país que inicia su desarrollo económico con más de dos siglos de retraso era indispensable acelerar el crecimiento "natural" de las fuerzas productivas. Esta "aceleración" se llama: intervención del Estado, dirección —así sea parcial— de la economía. Gracias a esta política nuestra evolución es una de las más rápidas y constantes en América. No se trata de bonanzas momentáneas o de progresos en un sector aislado —como el petróleo en Venezuela o el azúcar en Cuba— sino de un desarrollo más amplio y general. Quizá el síntoma más significativo sea la tendencia a crear una "economía diversificada" y una industria "integrada", es decir, especializada en nuestros recursos.

Dicho lo anterior, debe agregarse que aún no

195

hemos logrado, ni con mucho, todo lo que era necesario e indispensable. No tenemos una industria básica, aunque contamos con una naciente siderurgia; no fabricamos máquinas que fabriquen máquinas y ni siquiera hacemos tractores; nos faltan todavía caminos, puentes, ferrocarriles; le hemos dado la espalda al mar: no tenemos puertos, marina e industria pesquera, nuestro comercio exterior se equilibra gracias al turismo y a los dólares que ganan en los Estados Unidos nuestros braceros... Y algo más decisivo: a pesar de la legislación nacionalista, el capital norteamericano es cada día más poderoso y determinante en los centros vitales de nuestra economía. En suma, aunque empezamos a contar con una industria, todavía somos, esencialmente, un país productor de materias primas. Y esto significa: dependencia de las oscilaciones del mercado mundial, en lo exterior; y en lo interior: pobreza, diferencias atroces entre la vida de los ricos y los desposeídos, desequilibrio.

Con cierta regularidad se discute si la política social y económica ha sido o no acertada. Sin duda se trata de algo más complejo que la técnica y que está más allá de los errores, imprevisiones o inmoralidades de ciertos grupos. La verdad es que los recursos de que dispone la nación, en su totalidad, son insuficientes para "financiar" el desarrollo integral de México y aun para crear lo que los técnicos llaman la "infraestructura económica", única base sólida de un progreso efectivo. Nos faltan capitales y el ritmo interno de capitalización y reinversión es todavía demasiado lento. Así, nuestro problema esencial consiste, según el decir de los expertos, en obtener los recursos indispensables para nuestro desarrollo. ¿Dónde y cómo?

Uno de los hechos que caracterizan la economía mundial es el desequilibrio que existe entre los bajos precios de las materias primas y los altos precios de los productos manufacturados. Países como México —es decir: la mayoría del planeta— están sujetos a los cambios continuos e imprevistos del mercado mundial. Como lo han sostenido nuestros delegados en multitud de conferencias interamericanas e internacionales, ni siquiera es posible esbozar programas económicos a largo plazo si no se suprime esta inestabilidad. Por otra parte, no se llegará a reducir el desnivel, cada vez más profundo, entre los países "subdesarrollados" y los "avanzados" si estos últimos no pagan precios justos por los productos primarios. Estos productos son nuestra fuente principal de ingresos y, por tanto, constituyen la mejor posibilidad de "financiamiento" de nuestro desarrollo económico. Por razones de sobra conocidas, nada o muy poco se ha conseguido en este campo. Los países "avanzados" sostienen imperturbables —como si viviésemos a principios del siglo pasado— que se trata de "leyes naturales del mercado", sobre las cuales el hombre tiene escasa influencia. La verdad es que se trata de la ley del león.

Uno de los remedios que más frecuentemente nos ofrecen los países "avanzados" —señaladamente los Estados Unidos— es el de las inversiones privadas extranjeras. En primer lugar, todo el mundo sabe que las ganancias de esas inversiones salen del país, en forma de dividendos y otros beneficios. Además, implican dependencia económica y, a la larga, injerencia política del exterior. Por otra parte, el capital privado no se interesa en inversiones a largo plazo y de escaso rendimiento, que son las que nosotros necesitamos; por el contrario, busca los campos más

197

lucrativos y que ofrezcan posibilidades de mejores y más rápidas ganancias. En fin, el capitalista no puede ni desea someterse a un plan general de desarrollo económico.

Sin duda la mejor —y quizá la única— solución consiste en la inversión de capitales públicos, ya sean préstamos gubernamentales o por medio de las organizaciones internacionales. Los primeros entrañan condiciones políticas o económicas y de ahí que se prefiera a los segundos. Como es sabido, las Naciones Unidas y sus organismos especializados fueron fundados, entre otros fines, con el de impulsar la evolución económica y social de los países "subdesarrollados". Principios análogos postula la Carta de la Organización de los Estados Americanos. Ante la inestable situación mundial —reflejo, fundamentalmente, del desequilibrio entre los "grandes" y los "subdesarrollados"— parecería natural que se hubiese hecho algo realmente apreciable en este campo. Lo cierto es que las sumas que se destinan a este objeto resultan irrisorias, sobre todo si se piensa en lo que gastan las grandes potencias en preparativos militares. Empeñadas en ganar la guerra de mañana por medio de pactos guerreros con gobiernos efímeros e impo-pulares, ocupadas en la conquista de la Luna, olvidan lo que ocurre en el subsuelo del planeta. Es evidente que nos encontramos frente a un muro que, solos, no podemos ni saltar ni perforar. Nuestra política exte-rior ha sido justa pero sin duda podríamos hacer más si nos unimos a otros pueblos con problemas semejantes a los nuestros. La situación de México, en este aspecto, no es distinta a la de la mayoría de los países latinoamericanos, asiáticos y africanos.

La ausencia de capitales puede remediarse de otra

manera. Existe, ya lo sabemos, un método de proba-
da eficacia. Después de todo, el capital no es sino tra-
bajo humano acumulado. El prodigioso desarrollo de
la Unión Soviética —otro tanto podrá decirse, en
breve, de China— no es más que la aplicación de esta
fórmula. Gracias a la economía dirigida, que ahorra el
despilfarro y la anarquía inherentes al sistema capi-
talista, y al empleo "racional" de una inmensa mano
de obra, dirigida a la explotación de unos recursos
también inmensos, en menos de medio siglo la Unión
Soviética se ha convertido en el único rival de los
Estados Unidos. Pero nosotros no tenemos ni la
población ni los recursos, materiales y técnicos, que
exige un experimento de tales proporciones (para no
hablar de nuestra vecindad con los Estados Unidos y
de otras circunstancias históricas). Y, sobre todo, el
empleo "racional" de la mano de obra y la economía
dirigida significan, entre otras cosas, el trabajo a
destajo (estajanovismo), los campos de concentración,
las labores forzadas, la deportación de razas y nacio-
nalidades, la supresión de los derechos elementales
de los trabajadores y el imperio de la burocracia. Los
métodos de "acumulación socialista" —como los
llamaba el difunto Stalin— se han revelado bastante
más crueles que los sistemas de "acumulación primi-
tiva" del capital, que con tanta justicia indignaban a
Marx y Engels. Nadie duda que el "socialismo" tota-
litario puede transformar la economía de un país; es
más dudoso que logre liberar al hombre. Y esto úl-
timo es lo único que nos interesa y lo único que justi-
fica una revolución.

Es verdad que algunos autores, como Isaac Deut-
scher, piensan que una vez creada la abundancia se
iniciará, casi insensiblemente, el tránsito hacia el ver-
dadero socialismo y la democracia. Olvidan que

mientras tanto se han creado clases, o castas, dueñas absolutas del poder político y económico. La historia muestra que nunca una clase ha cedido voluntariamente sus privilegios y ganancias. La idea del "tránsito insensible" hacia el socialismo es tan fantástica como el mito de la "desaparición gradual del Estado" en labios de Stalin y sus sucesores. Por supuesto que no son imposibles los cambios en la sociedad soviética. Toda sociedad es histórica, quiero decir, condenada a la transformación. Pero lo mismo puede decirse de los países capitalistas. Ahora bien, lo característico de ambos sistemas, en este momento, es su resistencia al cambio, su voluntad de no ceder ni a la presión exterior ni a la interior. Y en esto reside el peligro de la situación: la guerra antes que la transformación.

A LA LUZ del pensamiento revolucionario tradicional —y aun desde la perspectiva del liberalismo del siglo pasado— resulta escandalosa la existencia, en pleno siglo XX, de anomalías históricas como los países "subdesarrollados" o la de un imperio "socialista" totalitario. Muchas de las previsiones y hasta de los sueños del siglo XIX se han realizado (las grandes revoluciones, los progresos de la ciencia y la técnica, la transformación de la naturaleza, etc.) pero de una manera paradójica o inesperada, que desafía la famosa lógica de la historia. Desde los socialistas utópicos se había afirmado que la clase obrera sería el agente principal de la historia mundial. Su función consistiría en realizar una revolución en los países más adelantados y crear así las bases de la liberación del hombre. Cierto, Lenin pensó que era posible dar un salto histórico y confiar a la dictadura del proletariado la tarea histórica de la burguesía: el desarrollo industrial. Creía, probablemente, que las revolu-

ciones en los países atrasados precipitarían y aun desencadenarían el cambio revolucionario en los países capitalistas. Se trataba de romper la cadena imperialista por el eslabón más débil... Como es sabido, el esfuerzo que realizan los países "subdesarrollados" por industrializarse es, en cierto sentido, antieconómico e impone grandes sacrificios a la población. En realidad, se trata de un recurso heroico, en vista de la imposibilidad de elevar el nivel de vida de los pueblos por otros medios. Ahora bien, como solución mundial la autarquía es, a la postre, suicida; como remedio nacional, es un costoso experimento que pagan los obreros, los consumidores y los campesinos. Pero el nacionalismo de los países "subdesarrollados" no es una respuesta lógica sino la explosión fatal de una situación que las naciones "adelantadas" han hecho desesperada y sin salida. En cambio, la dirección racional de la economía mundial —es decir, el socialismo— habría creado economías complementarias y no sistemas rivales. Desaparecido el imperialismo y el mercado mundial de precios regulado, es decir, suprimido el lucro, los pueblos "subdesarrollados" hubieran contado con los recursos necesarios para llevar a cabo su transformación económica. La revolución socialista en Europa y los Estados Unidos habría facilitado el tránsito —ahora sí de una manera racional y casi insensible— de todos los pueblos "atrasados" hacia el mundo moderno.

La historia del siglo XX hace dudar, por lo menos, del valor de estas hipótesis revolucionarias y, en primer término, de la función universal de la clase obrera como encarnación del destino del mundo. Ni con la mejor buena voluntad se puede afirmar que el proletariado ha sido el agente decisivo en los cambios históricos de este siglo. Las grandes revoluciones de

nuestra época —sin excluir a la soviética— se han realizado en países atrasados y los obreros han representado un segmento, casi nunca determinante, de grandes masas populares compuestas por campesinos, soldados, pequeña burguesía y miles de seres desarraigados por las guerras y las crisis. Esas masas informes han sido organizadas por pequeños grupos de profesionales de la revolución o del "golpe de Estado". Hasta las contrarrevoluciones, como el fascismo y el nazismo, se ajustan a este esquema. Lo más desconcertante, sin duda, es la ausencia de revolución socialista en Europa, es decir, en el centro mismo de la crisis contemporánea. Parece inútil subrayar las circunstancias agravantes: Europa cuenta con el proletariado más culto, mejor organizado y con más antiguas tradiciones revolucionarias; asimismo, allá se han producido, una y otra vez, las "condiciones objetivas" propicias al asalto del poder. Al mismo tiempo, varias revoluciones aisladas —por ejemplo: en España y, hace poco, en Hungría— han sido reprimidas sin piedad y sin que se manifestase efectivamente la solidaridad obrera internacional. En cambio, hemos asistido a una regresión bárbara, la de Hitler, y a un renacimiento general del nacionalismo en todo el viejo continente. Finalmente, en lugar de la rebelión del proletariado organizado democráticamente, el siglo XX ha visto el nacimiento del "partido", esto es, de una agrupación nacional o internacional que combina el espíritu y la organización de dos cuerpos en los que la disciplina y la jerarquía son los valores decisivos: la Iglesia y el Ejército. Estos "partidos", que en nada se parecen a los viejos partidos políticos, han sido los agentes efectivos de casi todos los cambios operados después de la primera Guerra Mundial.

El contraste con la periferia es revelador. En las colonias y en los países "atrasados" no han cesado de producirse, desde antes de la primera Guerra Mundial, una serie de trastornos y cambios revolucionarios. Y la marea, lejos de ceder, crece de año en año. En Asia y África el imperialismo se retira; su lugar lo ocupan nuevos Estados con ideologías confusas pero que tienen en común dos ideas, ayer apenas irreconciliables: el nacionalismo y las aspiraciones revolucionarias de las masas. En América Latina, hasta hace poco tranquila, asistimos al ocaso de los dictadores y a una nueva oleada revolucionaria. En casi todas partes —trátese de Indonesia, Venezuela, Egipto, Cuba o Ghana— los ingredientes son los mismos: nacionalismo, reforma agraria, conquistas obreras y, en la cúspide, un Estado decidido a llevar a cabo la industrialización y saltar de la época feudal a la moderna. Poco importa, para la definición general del fenómeno, que en ese empeño el Estado se alíe a grupos más o menos poderosos de la burguesía nativa o que, como en Rusia y China, suprima a las viejas clases y sea la burocracia la encargada de imponer la transformación económica. El rasgo distintivo —y decisivo— es que no estamos ante la revolución proletaria de los países "avanzados" sino ante la insurrección de las masas y pueblos que viven en la periferia del mundo occidental. Anexados al destino de Occidente por el imperialismo, ahora se vuelven sobre sí mismos, descubren su identidad y se deciden a participar en la historia mundial.

Los hombres y las formas políticas en que ha encarnado la insurrección de las naciones "atrasadas" es muy variada. En un extremo Gandhi; en el otro, Stalin; más allá, Mao Tse-tung. Hay mártires como Madero y Zapata, bufones como Perón, intelectuales

como Nehru. La galería es muy variada: nada más distinto que Cárdenas, Tito o Nasser. Muchos de estos hombres hubieran sido inconcebibles, como dirigentes políticos, en el siglo pasado y aun en el primer tercio del que corre. Otro tanto ocurre con su lenguaje, en el que las fórmulas mesiánicas se alían a la ideología democrática y a la revolucionaria. Son los hombres fuertes, los políticos realistas; pero también son los inspirados, los soñadores y, a veces, los demagogos. Las masas los siguen y se reconocen en ellos... La filosofía política de estos movimientos posee el mismo carácter abigarrado. La democracia entendida a la occidental se mezcla a formas inéditas o bárbaras, que van desde la "democracia dirigida" de los indonesios hasta el idolátrico "culto a la personalidad" soviético, sin olvidar la respetuosa veneración de los mexicanos a la figura del Presidente.

Al lado del culto al líder, el partido oficial, presente en todas partes. A veces, como en México, se trata de una agrupación abierta, a la que pueden pertenecer prácticamente todos los que desean intervenir en la cosa pública y que abarca vastos sectores de la izquierda y de la derecha. Lo mismo sucede en la India con el Partido del Congreso. Y aquí conviene decir que uno de los rasgos más saludables de la Revolución mexicana —debido, sin duda, tanto a la ausencia de una ortodoxia política como al carácter abierto del partido— es la ausencia de terror organizado. Nuestra falta de "ideología" nos ha preservado de caer en esa tortuosa cacería humana en que se ha convertido el ejercicio de la "virtud" política en otras partes. Hemos tenido, sí, violencias populares, cierta extravagancia en la represión, capricho, arbitrariedad, brutalidad, "mano dura" de algunos generales, "humor negro", pero aun en sus peores momentos todo fue

humano, es decir, sujeto a la pasión, a las circunstancias y aun al azar y a la fantasía. Nada más lejano de la aridez del espíritu de sistema y su moral silogística y policiaca. En los países comunistas el partido es una minoría, una secta cerrada y omnipotente, a un tiempo ejército, administración e inquisición: el poder espiritual y el brazo seglar al fin reunidos. Así ha surgido un tipo de Estado absolutamente nuevo en la historia, en el que los rasgos revolucionarios, como la desaparición de la propiedad privada y la economía dirigida, son indistinguibles de otros arcaicos: el carácter sagrado del Estado y la divinización de los jefes. Pasado, presente y futuro: progreso técnico y formas inferiores de la magia política, desarrollo económico y esclavismo sindicalista, ciencia y teología estatal: tal es el rostro prodigioso y aterrador de la Unión Soviética. Nuestro siglo es una gran vasija en donde todos los tiempos históricos hierven, se confunden y mezclan.

¿Cómo es posible que la "inteligencia" contemporánea —pienso sobre todo en la heredera de la tradición revolucionaria europea— no haya hecho un análisis de la situación de nuestro tiempo, no ya desde la vieja perspectiva del siglo pasado sino ante la novedad de esta realidad que nos salta a los ojos? Por ejemplo: la polémica entre Rosa Luxemburgo y Lenin acerca de la "espontaneidad revolucionaria de las masas" y la función del Partido Comunista como "vanguardia del proletariado", quizá cobraría otra significación a la luz de las respectivas condiciones de Alemania y Rusia. Y del mismo modo: no hay duda de que la Unión Soviética se parece muy poco a lo que pensaban Marx y Engels sobre lo que podría ser un Estado obrero. Sin embargo, ese Estado existe; no es una aberración ni una "equivocación de la his-

toria". Es una realidad enorme, evidente por sí misma y que se justifica de la única manera con que se justifican los seres vivos: por el peso y plenitud de su existencia. Un filósofo eminente como Lukács, que ha dedicado tanto de su esfuerzo a denunciar la "irracionalidad" progresiva de la filosofía burguesa, no ha intentado nunca, en serio, el análisis de la sociedad soviética desde el punto de vista de la razón. ¿Puede alguien afirmar que era racional el estalinismo? ¿Es racional el empleo de la "dialéctica" por los comunistas y no se trata, simplemente, de una racionalización de ciertas obsesiones, como sucede con otra clase de neurosis? Y la "teoría de la dirección colectiva", la de los "caminos diversos hacia el socialismo", el escándalo de Pasternak y… ¿todo esto es racional? Por su parte, ningún intelectual europeo de izquierda, ningún "marxólogo", se ha inclinado sobre el rostro borroso e informe de las revoluciones agrarias y nacionalistas de América Latina y Oriente para tratar de entenderlas como lo que son: un fenómeno universal que requiere una nueva interpretación. Por supuesto que es aún más desolador el silencio de la "inteligencia" latinoamericana y asiática, que vive en el centro del torbellino. Claro está que no sugiero abandonar los antiguos métodos o negar al marxismo, al menos como instrumento de análisis histórico.

Pero nuevos hechos —y que contradicen tan radicalmente las previsiones de la teoría— exigen nuevos instrumentos. O, por lo menos, afilar y aguzar los que poseemos. Con mayor humildad y mejor sentido Trotsky escribía, un poco antes de morir, que si después de la segunda Guerra Mundial no surgía una revolución en los países desarrollados quizá habría que revisar toda la perspectiva histórica mundial.

LA REVOLUCIÓN mexicana desemboca en la historia universal. Nuestra situación, con diferencias de grado, sistema y "tiempo histórico", no es muy diversa a la de muchos otros países de América Latina, Oriente y África. Aunque nos hemos liberado del feudalismo, el caudillismo militar y la Iglesia, nuestros problemas son, esencialmente, los mismos. Esos problemas son inmensos y de difícil resolución. Muchos peligros nos acechan. Muchas tentaciones, desde el "gobierno de los banqueros" —es decir: de los intermediarios— hasta el cesarismo, pasando por la demagogia nacionalista y otras formas espasmódicas de la vida política. Nuestros recursos materiales son escasos y todavía no nos enseñamos del todo a usarlos. Más pobres aún son nuestros instrumentos intelectuales. Hemos pensado muy poco por cuenta propia; todo o casi todo lo hemos visto y aprehendido en Europa y los Estados Unidos. Las grandes palabras que dieron nacimiento a nuestros pueblos tienen ahora un valor equívoco y ya nadie sabe exactamente qué quieren decir: Franco es demócrata y forma parte del "mundo libre". La palabra comunismo designa a Stalin; socialismo quiere decir una reunión de señores defensores del orden colonial. Todo parece una gigantesca equivocación. Todo ha pasado como no debería haber pasado, decimos para consolarnos. Pero somos nosotros los equivocados, no la historia. Tenemos que aprender a mirar cara a cara la realidad. Inventar, si es preciso, palabras nuevas e ideas nuevas para estas nuevas y extrañas realidades que nos han salido al paso. Pensar es el primer deber de la "inteligencia". Y en ciertos casos, el único.

Mientras tanto, ¿qué hacer? No hay recetas ya. Pero hay un punto de partida válido: nuestros problemas

son nuestros y constituyen nuestra responsabilidad; sin embargo, son también los de todos. La situación de los latinoamericanos es la de la mayoría de los pueblos de la periferia. Por primera vez, desde hace más de trescientos años, hemos dejado de ser materia inerte sobre la que se ejerce la voluntad de los poderosos. Éramos objetos; empezamos a ser agentes de los cambios históricos y nuestros actos y nuestras omisiones afectan la vida de las grandes potencias. La imagen del mundo actual, como una pelea entre dos gigantes (el resto está compuesto por amigos, ayudantes, criados y partidarios por fatalidad), es bastante superficial. El trasfondo —y, en verdad, la sustancia misma— de la historia contemporánea es la oleada revolucionaria de los pueblos de la periferia. Para Moscú, Tito es una realidad desagradable, pero es una realidad. Lo mismo puede decirse de Nasser o Nehru para los occidentales. ¿Un tercer frente, un nuevo club de naciones, el club de los pobres? Quizá es demasiado pronto. O, tal vez, demasiado tarde: la historia va muy de prisa y el ritmo de expansión de los poderosos es más rápido que el de nuestro crecimiento. Pero antes de que la congelación de la vida histórica —pues a eso equivale el "empate" entre los grandes— se convierta en definitiva petrificación, hay posibilidades de acción concertada e inteligente.

Hemos olvidado que hay muchos como nosotros, dispersos y aislados. A los mexicanos nos hace falta una nueva sensibilidad frente a la América Latina; hoy esos países despiertan: ¿los dejaremos solos? Tenemos amigos desconocidos en los Estados Unidos y en Europa. Las luchas en Oriente están ligadas, de alguna manera, a las nuestras. Nuestro nacionalismo, si no es una enfermedad mental o una idolatría, debe desembocar en una búsqueda universal. Hay que

partir de la conciencia de que nuestra situación de enajenación es la de la mayoría de los pueblos. Ser nosotros mismos será oponer al avance de los hielos históricos el rostro móvil del hombre. Tanto mejor si no tenemos recetas ni remedios patentados para nuestros males. Podemos, al menos, pensar y obrar con sobriedad y resolución.

El objeto de nuestra reflexión no es diverso al que desvela a otros hombres y a otros pueblos: ¿cómo crear una sociedad, una cultura, que no niegue nuestra humanidad pero tampoco la convierta en una vana abstracción? La pregunta que se hacen todos los hombres hoy no es diversa a la que se hacen los mexicanos. Todo nuestro malestar, la violencia contradictoria de nuestras reacciones, los estallidos de nuestra intimidad y las bruscas explosiones de nuestra historia, que fueron primero ruptura y negación de las formas petrificadas que nos oprimían, tienden a resolverse en búsqueda y tentativa por crear un mundo en donde no imperen ya la mentira, la mala fe, el disimulo, la avidez sin escrúpulos, la violencia y la simulación. Una sociedad, también, que no haga del hombre un instrumento y una dehesa de la Ciudad. Una sociedad humana.

El mexicano se esconde bajo muchas máscaras, que luego arroja un día de fiesta o de duelo, del mismo modo que la nación ha desgarrado todas las formas que la asfixiaban. Pero no hemos encontrado aún esa que reconcilie nuestra libertad con el orden, la palabra con el acto y ambos con una evidencia que ya no será sobrenatural, sino humana: la de nuestros semejantes. En esa búsqueda hemos retrocedido una y otra vez, para luego avanzar con más decisión hacia adelante. Y ahora, de pronto, hemos llegado al límite: en unos cuantos años hemos agotado todas las for-

mas históricas que poseía Europa. No nos queda sino la desnudez o la mentira. Pues tras este derrumbe general de la Razón y la Fe, de Dios y la Utopía, no se levantan ya nuevos o viejos sistemas intelectuales, capaces de albergar nuestra angustia y tranquilizar nuestro desconcierto; frente a nosotros no hay nada. Estamos al fin solos. Como todos los hombres. Como ellos, vivimos el mundo de la violencia, de la simulación y del "ninguneo": el de la sociedad cerrada, que si nos defiende nos oprime y que al ocultarnos nos desfigura y mutila. Si nos arrancamos esas máscaras, si nos abrimos, si, en fin, nos afrontamos, empezaremos a vivir y pensar de verdad. Nos aguardan una desnudez y un desamparo. Allí, en la soledad abierta, nos espera también la trascendencia: las manos de otros solitarios. Somos, por primera vez en nuestra historia, contemporáneos de todos los hombres.

LA DIALÉCTICA DE LA SOLEDAD

LA SOLEDAD, el sentirse y el saberse solo, desprendido del mundo y ajeno a sí mismo, separado de sí, no es característica exclusiva del mexicano. Todos los hombres, en algún momento de su vida, se sienten solos; y más: todos los hombres están solos. Vivir, es separarnos del que fuimos para internarnos en el que vamos a ser, futuro extraño siempre. La soledad es el fondo último de la condición humana. El hombre es el único ser que se siente solo y el único que es búsqueda de otro. Su naturaleza —si se puede hablar de naturaleza al referirse al hombre, el ser que, precisamente, se ha inventado a sí mismo al decirle "no" a la naturaleza— consiste en un aspirar a realizarse en otro. El hombre es nostalgia y búsqueda de comunión. Por eso cada vez que se siente a sí mismo se siente como carencia de otro, como soledad.

Uno con el mundo que lo rodea, el feto es vida pura y en bruto, fluir ignorante de sí. Al nacer, rompemos los lazos que nos unen a la vida ciega que vivimos en el vientre materno, en donde no hay pausa entre deseo y satisfacción. Nuestra sensación de vivir se expresa como separación y ruptura, desamparo, caída en un ámbito hostil o extraño. A medida que crecemos esa primitiva sensación se transforma en sentimiento de soledad. Y más tarde, en conciencia: estamos condenados a vivir solos, pero también lo estamos a traspasar nuestra soledad y a

rehacer los lazos que en un pasado paradisíaco nos unían a la vida. Todos nuestros esfuerzos tienden a abolir la soledad. Así, sentirse solos posee un doble significado: por una parte consiste en tener conciencia de sí; por la otra, en un deseo de salir de sí. La soledad, que es la condición misma de nuestra vida, se nos aparece como una prueba y una purgación, a cuyo término angustia e inestabilidad desaparecerán.

La plenitud, la reunión, que es reposo y dicha, concordancia con el mundo, nos esperan al fin del laberinto de la soledad.

El lenguaje popular refleja esta dualidad al identificar la soledad con la pena. Las penas de amor son penas de soledad. Comunión y soledad, deseo de amor, se oponen y complementan. Y el poder redentor de la soledad transparenta una oscura, pero viva, noción de culpa: el hombre solo "está dejado de la mano de Dios". La soledad es una pena, esto es, una condena y una expiación. Es un castigo, pero también una promesa del fin de nuestro exilio. Toda vida está habitada por esta dialéctica.

Nacer y morir son experiencias de soledad. Nacemos solos y morimos solos. Nada tan grave como esa primera inmersión en la soledad que es el nacer, si no es esa otra caída en lo desconocido que es el morir. La vivencia de la muerte se transforma pronto en conciencia del morir. Los niños y los hombres primitivos no creen en la muerte; mejor dicho, no saben que la muerte existe, aunque ella trabaje secretamente en su interior. Su descubrimiento nunca es tardío para el hombre civilizado, pues todo nos avisa y previene que hemos de morir. Nuestras vidas son un diario aprendizaje de la muerte. Más que a vivir se nos enseña a morir. Y se nos enseña mal.

Entre nacer y morir transcurre nuestra vida. Expul-

sados del claustro materno, iniciamos un angustioso salto de veras mortal, que no termina sino hasta que caemos en la muerte. ¿Morir será volver allá, a la vida de antes de la vida? ¿Será vivir de nuevo esa vida prenatal en que reposo y movimiento, día y noche, tiempo y eternidad, dejan de oponerse? ¿Morir será dejar de ser y, definitivamente, estar? ¿Quizá la muerte sea la vida verdadera? ¿Quizá nacer sea morir y morir, nacer? Nada sabemos. Mas aunque nada sabemos, todo nuestro ser aspira a escapar de estos contrarios que nos desgarran. Pues si todo (conciencia de sí, tiempo, razón, costumbres, hábitos) tiende a hacer de nosotros los expulsados de la vida, todo también nos empuja a volver, a descender al seno creador de donde fuimos arrancados. Y le pedimos al amor —que, siendo deseo, es hambre de comunión, hambre de caer y morir tanto como de renacer— que nos dé un pedazo de vida verdadera, de muerte verdadera. No le pedimos la felicidad, ni el reposo, sino un instante, sólo un instante, de vida plena, en la que se fundan los contrarios y vida y muerte, tiempo y eternidad, pacten. Oscuramente sabemos que vida y muerte no son sino dos movimientos, antagónicos pero complementarios, de una misma realidad. Creación y destrucción se funden en el acto amoroso; y durante una fracción de segundo el hombre entrevé un estado más perfecto.

En nuestro mundo el amor es una experiencia casi inaccesible. Todo se opone a él: moral, clases, leyes, razas y los mismos enamorados. La mujer siempre ha sido para el hombre "lo otro", su contrario y complemento. Si una parte de nuestro ser anhela fundirse a ella, otra, no menos imperiosamente, la aparta y excluye. La mujer es un objeto, alternativamente pre-

cioso o nocivo, mas siempre diferente. Al convertirla en objeto, en ser aparte, y al someterla a todas las deformaciones que su interés, su vanidad, su angustia y su mismo amor le dictan, el hombre la convierte en instrumento. Medio para obtener el conocimiento y el placer, vía para alcanzar la supervivencia, la mujer es ídolo, diosa, madre, hechicera o musa, según muestra Simone de Beauvoir, pero jamás puede ser ella misma. De ahí que nuestras relaciones eróticas estén viciadas en su origen, manchadas en su raíz. Entre la mujer y nosotros se interpone un fantasma: el de su imagen, el de la imagen que nosotros nos hacemos de ella y con la que ella se reviste. Ni siquiera podemos tocarla como carne que se ignora a sí misma, pues entre nosotros y ella se desliza esa visión dócil y servil de un cuerpo que se entrega. Y a la mujer le ocurre lo mismo: no se siente ni se concibe sino como objeto, como "otro". Nunca es dueña de sí. Su ser se escinde entre lo que es realmente y la imagen que ella se hace de sí. Una imagen que le ha sido dictada por familia, clase, escuela, amigas, religión y amante. Su feminidad jamás se expresa, porque se manifiesta a través de formas inventadas por el hombre. El amor no es un acto natural. Es algo humano y, por definición, *lo más humano*, es decir, una creación, algo que nosotros hemos hecho y que no se da en la naturaleza. Algo que hemos hecho, que hacemos todos los días y que todos los días deshacemos.

No son éstos los únicos obstáculos que se interponen entre el amor y nosotros. El amor es elección. libre elección, acaso, de nuestra fatalidad, súbito descubrimiento de la parte más secreta y fatal de nuestro ser. Pero la elección amorosa es imposible en nuestra sociedad. Ya Breton decía en uno de sus libros más hermosos —*El loco amor*— que dos prohibiciones

214

impedían, desde su nacimiento, la elección amorosa: la interdicción social y la idea cristiana del pecado. Para realizarse, el amor necesita quebrantar la ley del mundo. En nuestro tiempo el amor es escándalo y desorden, transgresión: el de dos astros que rompen la fatalidad de sus órbitas y se encuentran en la mitad del espacio. La concepción romántica del amor, que implica ruptura y catástrofe, es la única que conocemos porque todo en la sociedad impide que el amor sea libre elección.

La mujer vive presa en la imagen que la sociedad masculina le impone; por lo tanto, sólo puede elegir rompiendo consigo misma. "El amor la ha transformado, la ha hecho otra persona", suelen decir de las enamoradas. Y es verdad: el amor hace otra a la mujer, pues si se atreve a amar, a elegir, si se atreve a ser ella misma, debe romper esa imagen con que el mundo encarcela su ser.

El hombre tampoco puede elegir. El círculo de sus posibilidades es muy reducido. Niño, descubre la feminidad en la madre o en las hermanas. Y desde entonces el amor se identifica con lo prohibido. Nuestro erotismo está condicionado por el horror y la atracción del incesto. Por otra parte, la vida moderna estimula innecesariamente nuestra sensualidad, al mismo tiempo que la inhibe con toda clase de interdicciones —de clase, de moral y hasta de higiene—. La culpa es la espuela y el freno del deseo. Todo limita nuestra elección. Estamos constreñidos a someter nuestras aficiones profundas a la imagen femenina que nuestro círculo social nos impone. Es difícil amar a personas de otra raza, de otra lengua o de otra clase, a pesar de que no sea imposible que el rubio prefiera a las negras y éstas a los chinos, ni que el señor se enamore de su criada o a la inversa. Seme-

215

jantes posibilidades nos hacen enrojecer. Incapaces de elegir, seleccionamos a nuestra esposa entre las mujeres que nos "convienen". Jamás confesaremos que nos hemos unido —a veces para siempre— con una mujer que acaso no amamos y que, aunque nos ame, es incapaz de salir de sí misma y mostrarse tal cual es. La frase de Swan: "Y pensar que he perdido los mejores años de mi vida con una mujer que no era mi tipo", la pueden repetir, a la hora de su muerte, la mayor parte de los hombres modernos. Y las mujeres.

La sociedad concibe el amor, contra la naturaleza de este sentimiento, como una unión estable y destinada a crear hijos. Lo identifica con el matrimonio. Toda transgresión a esta regla se castiga con una sanción cuya severidad varía de acuerdo con tiempo y espacio. (Entre nosotros la sanción es mortal muchas veces —si es mujer el infractor— pues en México, como en todos los países hispánicos, funcionan con general aplauso dos morales, la de los señores y la de los otros: pobres, mujeres, niños.) La protección impartida al matrimonio podría justificarse si la sociedad permitiese de verdad la elección. Puesto que no lo hace, debe aceptarse que el matrimonio no constituye la más alta realización del amor, sino que es una forma jurídica, social y económica que posee fines diversos a los del amor. La estabilidad de la familia reposa en el matrimonio, que se convierte en una mera proyección de la sociedad, sin otro objeto que la recreación de esa misma sociedad. De ahí la naturaleza profundamente conservadora del matrimonio. Atacarlo, es disolver las bases mismas de la sociedad. Y de ahí también que el amor sea, sin proponérselo, un acto antisocial, pues cada vez que logra realizarse, quebranta el matrimonio y lo transforma en lo que la sociedad no quiere que sea: la revelación

216

de dos soledades que crean por sí mismas un mundo que rompe la mentira social, suprime tiempo y trabajo y se declara autosuficiente. No es extraño, así, que la sociedad persiga con el mismo encono al amor y a la poesía, su testimonio, y los arroje a la clandestinidad, a las afueras, al mundo turbio y confuso de lo prohibido, lo ridículo y lo anormal. Y tampoco es extraño que amor y poesía estallen en formas extrañas y puras: un escándalo, un crimen, un poema.

La protección al matrimonio implica la persecución del amor y la tolerancia de la prostitución, cuando no su cultivo oficial. Y no deja de ser reveladora la ambigüedad de la prostituta: ser sagrado para algunos pueblos, para nosotros es alternativamente un ser despreciable y deseable. Caricatura del amor, víctima del amor, la prostituta es símbolo de los poderes que humilla nuestro mundo. Pero no nos basta con esa mentira de amor que entraña la existencia de la prostitución; en algunos círculos se aflojan los lazos que hacen intocable al matrimonio y reina la promiscuidad. Ir de cama en cama no es ya, ni siquiera, libertinaje. El seductor, el hombre que no puede salir de sí porque la mujer es siempre instrumento de su vanidad o de su angustia, se ha convertido en una figura del pasado, como el caballero andante. Ya no se puede seducir a nadie, del mismo modo que no hay doncellas que amparar o entuertos que deshacer. El erotismo moderno tiene un sentido distinto al de un Sade, por ejemplo. Sade era un temperamento trágico, poseído de absoluto; su obra es una revelación explosiva de la condición humana. Nada más desesperado que un héroe de Sade. El erotismo moderno casi siempre es una retórica, un ejercicio literario y una complacencia. No es una revelación del hombre sino un documento más sobre una sociedad

que estimula el crimen y condena al amor. ¿Libertad de la pasión? El divorcio ha dejado de ser una conquista. No se trata tanto de facilitar la anulación de los lazos ya establecidos, sino de permitir que hombres y mujeres puedan escoger libremente. En una sociedad ideal, la única causa de divorcio sería la desaparición del amor o la aparición de uno nuevo. En una sociedad en que todos pudieran elegir, el divorcio sería un anacronismo o una singularidad, como la prostitución, la promiscuidad o el adulterio.

La sociedad se finge una totalidad que vive por sí y para sí. Pero si la sociedad se concibe como unidad indivisible, en su interior está escindida por un dualismo que acaso tiene su origen en el momento en que el hombre se desprende del mundo animal y, al servirse de sus manos, se inventa a sí mismo e inventa conciencia y moral. La sociedad es un organismo que padece la extraña necesidad de justificar sus fines y apetitos. A veces los fines de la sociedad, enmascarados por los preceptos de la moral dominante, coinciden con los deseos y necesidades de los hombres que la componen. Otras, contradicen las aspiraciones de fragmentos o clases importantes. Y no es raro que nieguen los instintos más profundos del hombre. Cuando esto último ocurre, la sociedad vive una época de crisis: estalla o se estanca. Sus componentes dejan de ser hombres y se convierten en simples instrumentos desalmados.

El dualismo inherente a toda sociedad, y que toda sociedad aspira a resolver transformándose en comunidad, se expresa en nuestro tiempo de muchas maneras: lo bueno y lo malo, lo permitido y lo prohibido; lo ideal y lo real, lo racional y lo irracional; lo bello y lo feo; el sueño y la vigilia, los pobres y los ricos, los burgueses y los proletarios; la inocencia y la

conciencia, la imaginación y el pensamiento. Por un movimiento irresistible de su propio ser, la sociedad tiende a superar este dualismo y a transformar el conjunto de solitarias enemistades que la componen en un orden armonioso. Pero la sociedad moderna pretende resolver su dualismo mediante la supresión de esa dialéctica de la soledad que hace posible el amor. Las sociedades industriales —independientemente de sus diferencias "ideológicas", políticas o económicas— se empeñan en transformar las diferencias cualitativas, es decir: humanas, en uniformidades cuantitativas. Los métodos de la producción en masa se aplican también a la moral, al arte y a los sentimientos. Abolición de las contradicciones y de las excepciones... Se cierran así las vías de acceso a la experiencia más honda que la vida ofrece al hombre y que consiste en penetrar la realidad como una totalidad en la que los contrarios pactan. Los nuevos poderes abrogan la soledad por decreto. Y con ella al amor, forma clandestina y heroica de la comunión. Defender el amor ha sido siempre una actividad antisocial y peligrosa. Y ahora empieza a ser de verdad revolucionaria. La situación del amor en nuestro tiempo revela cómo la dialéctica de la soledad, en su más profunda manifestación, tiende a frustrarse por obra de la misma sociedad. Nuestra vida social niega casi siempre toda posibilidad de auténtica comunión erótica.

EL AMOR es uno de los más claros ejemplos de ese doble instinto que nos lleva a cavar y ahondar en nosotros mismos y, simultáneamente, a salir de nosotros y realizarnos en otro: muerte y recreación, soledad y comunión. Pero no es el único. Hay en la vida de cada hombre una serie de períodos que son

también rupturas y reuniones, separaciones y recon-
ciliaciones. Cada una de estas etapas es una tentativa
por trascender nuestra soledad, seguida por inmer-
siones en ambientes extraños.

El niño se enfrenta a una realidad irreductible a su
ser y a cuyos estímulos no responde al principio sino
con llanto o silencio. Roto el cordón que lo unía a la
vida, trata de recrearlo por medio de la afectividad y
el juego. Inicia así un diálogo que no terminará sino
hasta que recite el monólogo de su muerte. Pero sus
relaciones con el exterior no son ya pasivas, como en
la vida prenatal, pues el mundo le exige una respues-
ta. La realidad debe ser poblada por sus actos. Gracias
al juego y a la imaginación, la naturaleza inerte de
los adultos —una silla, un libro, un objeto cualquie-
ra— adquiere de pronto vida propia. Por la virtud
mágica del lenguaje o del gesto, del símbolo o del
acto, el niño crea un mundo viviente, en el que los
objetos son capaces de responder a sus preguntas. El
lenguaje, desnudo de sus significaciones intelectuales,
deja de ser un conjunto de signos y vuelve a ser un
delicado organismo de imantación mágica. No hay
distancia entre el nombre y la cosa y pronunciar una
palabra es poner en movimiento a la realidad que de-
signa. La representación equivale a una verdadera
reproducción del objeto, del mismo modo que para el
primitivo la escultura no es una representación sino
un doble del objeto representado. Hablar vuelve a ser
una actividad creadora de realidades, esto es, una acti-
vidad poética. El niño, por virtud de la magia, crea
un mundo a su imagen y resuelve así su soledad. Vuel-
ve a ser uno con su ambiente. El conflicto renace cuan-
do el niño deja de creer en el poder de sus palabras o
de sus gestos. La conciencia principia como descon-
fianza en la eficacia mágica de nuestros instrumentos.

La adolescencia es ruptura con el mundo infantil y momento de pausa ante el universo de los adultos. Spranger señala a la soledad como nota distintiva de la adolescencia. Narciso, el solitario, es la imagen misma del adolescente. En este período el hombre adquiere por primera vez conciencia de su singularidad. Pero la dialéctica de los sentimientos interviene nuevamente: en tanto que extrema conciencia de sí, la adolescencia no puede ser superada sino como olvido de sí, como entrega. Por eso la adolescencia no es sólo la edad de la soledad, sino también la época de los grandes amores, del heroísmo y del sacrificio. Con razón el pueblo imagina al héroe y al amante como figuras adolescentes. La visión del adolescente como un solitario, encerrado en sí mismo, devorado por el deseo o la timidez, se resuelve casi siempre en la bandada de jóvenes que bailan, cantan o marchan en grupo. O en la pareja paseando bajo el arco de verdor de la calzada. El adolescente se abre al mundo: al amor, a la acción, a la amistad, al deporte, al heroísmo. La literatura de los pueblos modernos —con la significativa excepción de la española, en donde no aparecen sino como pícaros o huérfanos— está poblada de adolescentes, solitarios en busca de la comunión: del anillo, de la espada, de la Visión. La adolescencia es una vela de armas de la que se sale al mundo de los hechos.

La madurez no es etapa de soledad. El hombre, en lucha con los hombres o con las cosas, se olvida de sí en el trabajo, en la creación o en la construcción de objetos, ideas e instituciones. Su conciencia personal se une a otras: el tiempo adquiere sentido y fin, es historia, relación viviente y significativa con un pasado y un futuro. En verdad, nuestra singularidad —que brota de nuestra temporalidad, de nuestra fatal inser-

ción en un tiempo que es nosotros mismos y que al alimentarnos nos devora— no queda abolida, pero sí atenuada y, en cierto modo, "redimida". Nuestra existencia particular se inserta en la historia y ésta se convierte, para emplear la expresión de Eliot, en "a pattern of timeless moments". Así, el hombre maduro atacado del mal de soledad constituye en épocas fecundas una anomalía. La frecuencia con que ahora se encuentra a esta clase de solitarios indica la gravedad de nuestros males. En la época del trabajo en común, de los cantos en común, de los placeres en común, el hombre está más solo que nunca. El hombre moderno no se entrega a nada de lo que hace. Siempre una parte de sí, la más profunda, permanece intacta y alerta. En el siglo de la acción, el hombre se espía. El trabajo, único dios moderno, ha cesado de ser creador. El trabajo sin fin, infinito, corresponde a la vida sin finalidad de la sociedad moderna. Y la soledad que engendra, soledad promiscua de los hoteles, de las oficinas, de los talleres y de los cines, no es una prueba que afine el alma, un necesario purgatorio. Es una condenación total, espejo de un mundo sin salida.

EL DOBLE significado de la soledad —ruptura con un mundo y tentativa por crear otro— se manifiesta en nuestra concepción de héroes, santos y redentores. El mito, la biografía, la historia y el poema registran un período de soledad y de retiro, situado casi siempre en la primera juventud, que precede a la vuelta al mundo y a la acción entre los hombres. Años de preparación y de estudio, pero sobre todo años de sacrificio y penitencia, de examen, de expiación y de purificación. La soledad es ruptura con un mundo caduco y preparación para el regreso y la lucha final. Arnold Toynbee ilustra esta idea con numerosos

ejemplos: el mito de la cueva de Platón, las vidas de San Pablo, Buda, Mahoma, Maquiavelo, Dante. Y todos, en nuestra propia vida y dentro de las limitaciones de nuestra pequeñez, también hemos vivido en soledad y apartamiento, para purificarnos y luego regresar entre los nuestros.

La dialéctica de la soledad —"the two fold motion of withdrawal-and-return", según Toynbee— se dibuja con claridad en la historia de todos los pueblos. Quizá las sociedades antiguas, más simples que las nuestras, ilustran mejor este doble movimiento.

No es difícil imaginar hasta qué punto la soledad constituye un estado peligroso y temible para el llamado, con tanta vanidad como inexactitud, hombre primitivo. Todo el complicado y rígido sistema de prohibiciones, reglas y ritos de la cultura arcaica, tiende a preservarlo de la soledad. El grupo es la única fuente de salud. El solitario es un enfermo, una rama muerta que hay que cortar y quemar, pues la sociedad misma peligra si alguno de sus componentes es presa del mal. La repetición de actitudes y fórmulas seculares no solamente asegura la permanencia del grupo en el tiempo, sino su unidad y cohesión. Los ritos y la presencia constante de los espíritus de los muertos entretejen un centro, un nudo de relaciones que limitan la acción individual y protegen al hombre de la soledad y al grupo de la dispersión.

Para el hombre primitivo salud y sociedad, dispersión y muerte, son términos equivalentes. Aquel que se aleja de la tierra natal "cesa de pertenecer al grupo. Muere y recibe los honores fúnebres acostumbrados".[1] El destierro perpetuo equivale a una sentencia

[1] Lucien Lévy-Bruhl, *La mentalité primitive*, París, 1922.

de muerte. La identificación del grupo social con los espíritus de los antepasados y el de éstos con la tierra se expresa en este rito simbólico africano: "Cuando un nativo regresa de Kimberley con la mujer que lo ha desposado, la pareja lleva consigo un poco de tierra de su lugar. Cada día la esposa debe comer un poco de ese polvo... para acostumbrarse a la nueva residencia. Ese poco de tierra hará posible la transición entre los dos domicilios." La solidaridad social posee entre ellos "un carácter orgánico y vital. El individuo es literalmente miembro de un cuerpo". Por tal motivo las conversiones individuales no son frecuentes. "Nadie se puede salvar o condenar por su cuenta" y sin que su acto afecte a toda la colectividad.[2]

A pesar de todas estas precauciones el grupo no está a salvo de la dispersión. Todo puede disgregarlo: guerras, cismas religiosos, transformaciones de los sistemas de producción, conquistas... Apenas el grupo se divide, cada uno de los fragmentos se enfrenta a una nueva situación: la soledad, consecuencia de la ruptura con el centro de salud que era la vieja sociedad cerrada, ya no es una amenaza, ni un accidente, sino una condición, la condición fundamental, el fondo final de su existencia. El desamparo y abandono se manifiesta como conciencia del pecado —un pecado que no ha sido infracción a una regla, sino que forma parte de su naturaleza. Mejor dicho, que es ya su naturaleza. Soledad y pecado original se identifican. Y salud y comunión vuelven a ser términos sinónimos, sólo que situados en un pasado remoto. Constituyen la edad de oro, reino vivido antes de la historia y al que quizá se pueda acceder si rompemos la cárcel del tiempo. Nace así, con la conciencia

[2] Lévy-Bruhl, *op. cit*.

del pecado, la necesidad de la redención. Y ésta engendra la del redentor.

Surgen una nueva mitología y una nueva religión. A diferencia de la antigua, la nueva sociedad es abierta y fluida, pues está constituida por desterrados. Ya el solo nacimiento dentro del grupo no otorga al hombre su filiación. Es un don de lo alto y debe merecerlo. La plegaria crece a expensas de la fórmula mágica y los ritos de iniciación acentúan su carácter purificador. Con la idea de redención surgen la especulación religiosa, la ascética, la teología y la mística. El sacrificio y la comunión dejan de ser un festín totémico, si es que alguna vez lo fueron realmente, y se convierten en la vía de ingreso a la nueva sociedad. Un dios, casi siempre un dios hijo, un descendiente de las antiguas divinidades creadoras, muere y resucita periódicamente. Es un dios de fertilidad, pero también de salvación y su sacrificio es prenda de que el grupo prefigura en la tierra la sociedad perfecta que nos espera al otro lado de la muerte. En la esperanza del más allá late la nostalgia de la antigua sociedad. El retorno a la edad de oro vive, implícito, en la promesa de salvación.

Seguramente es muy difícil que en la historia particular de una sociedad se den todos los rasgos sumariamente apuntados. No obstante, algunos se ajustan en casi todos sus detalles al esquema anterior. El nacimiento del orfismo, por ejemplo. Como es sabido, el culto a Orfeo surge después del desastre de la civilización aquea —que provocó una general dispersión del mundo griego y una vasta reacomodación de pueblos y culturas—. La necesidad de rehacer los antiguos vínculos, sociales y sagrados, dio origen a cultos secretos, en los que participaban solamente "aquellos seres desarraigados, transplantados, rea-

glutinados artificialmente y que soñaban con reconstruir una organización de la que no pudieran separarse. Su solo nombre colectivo era el de huérfanos". [3] (Señalaré de paso que *orphanos* no solamente es huérfano, sino vacío. En efecto, soledad y orfandad son, en último término, experiencias del vacío.)

Las religiones de Orfeo y Dionisos, como más tarde las religiones proletarias del fin del mundo antiguo, muestran con claridad el tránsito de una sociedad cerrada a otra abierta. La conciencia de la culpa, de la soledad y la expiación, juegan en ellas el mismo doble papel que en la vida individual.

EL SENTIMIENTO de soledad, nostalgia de un cuerpo del que fuimos arrancados, es nostalgia de espacio. Según una concepción muy antigua y que se encuentra en casi todos los pueblos, ese espacio no es otro que el centro del mundo, el "ombligo" del universo. A veces el paraíso se identifica con ese sitio y ambos con el lugar de origen, mítico o real, del grupo.[4] Entre los aztecas, los muertos regresaban a Mictlan, lugar situado al norte, de donde habían emigrado. Casi todos los ritos de fundación, de ciudades o de mansiones, aluden a la búsqueda de ese centro sagrado del que fuimos expulsados. Los grandes santuarios —Roma, Jerusalén, La Meca— se encuentran en el centro del mundo o lo simbolizan y prefiguran. Las peregrinaciones a esos santuarios son repeticiones rituales de las que cada pueblo ha hecho en un pasado mítico, antes de establecerse en la tierra prometida. La costumbre de dar una vuelta a la casa o a la ciudad antes de atravesar sus puertas, tiene el mismo origen.

[3] Amable Audin, *Les Fêtes Solaires*, París, 1945.

[4] Sobre la noción de "espacio **sagrado**", véase Mircea Eliade, *Histoire des Religions*, París, 1949.

226

El mito del Laberinto se inserta en este grupo de creencias. Varias nociones afines han contribuido a hacer del Laberinto uno de los símbolos míticos más fecundos y significativos: la existencia, en el centro del recinto sagrado, de un talismán o de un objeto cualquiera, capaz de devolver la salud o la libertad al pueblo; la presencia de un héroe o de un santo, quien tras la penitencia y los ritos de expiación, que casi siempre entrañan un período de aislamiento, penetra en el laberinto o palacio encantado; el regreso, ya para fundar la Ciudad, ya para salvarla o redimirla. Si en el mito de Perseo los elementos místicos apenas son visibles, en el del Santo Grial el ascetismo y la mística se alían: el pecado, que produce la esterilidad en la tierra y en el cuerpo mismo de los súbditos del Rey Pescador; los ritos de purificación; el combate espiritual; y, finalmente, la gracia, esto es, la comunión.

No sólo hemos sido expulsados del centro del mundo y estamos condenados a buscarlo por selvas y desiertos o por los vericuetos y subterráneos del Laberinto. Hubo un tiempo en el que el tiempo no era sucesión y tránsito, sino manar continuo de un presente fijo, en el que estaban contenidos todos los tiempos, el pasado y el futuro. El hombre, desprendido de esa eternidad en la que todos los tiempos son uno, ha caído en el tiempo cronométrico y se ha convertido en prisionero del reloj, del calendario y de la sucesión. Pues apenas el tiempo se divide en ayer, hoy y mañana, en horas, minutos y segundos, el hombre cesa de ser uno con el tiempo, cesa de coincidir con el fluir de la realidad. Cuando digo "en este instante", ya pasó el instante. La medición espacial del tiempo separa al hombre de la realidad, que es un continuo presente, y hace fantasmas a todas las

presencias en que la realidad se manifiesta, enseña Bergson.

Si se reflexiona sobre el carácter de estas dos opuestas nociones, se advierte que el tiempo cronométrico es una sucesión homogénea y vacía de toda particularidad. Igual a sí mismo siempre, desdeñoso del placer o del dolor, sólo transcurre. El tiempo mítico, al contrario, no es una sucesión homogénea de cantidades iguales, sino que se halla impregnado de todas las particularidades de nuestra vida: es largo como una eternidad o breve como un soplo, nefasto o propicio, fecundo o estéril. Esta noción admite la existencia de una pluralidad de tiempos. Tiempo y vida se funden y forman un solo bloque, una unidad imposible de escindir. Para los aztecas, el tiempo estaba ligado al espacio y cada día a uno de los puntos cardinales. Otro tanto puede decirse de cualquier calendario religioso. La Fiesta es algo más que una fecha o un aniversario. No celebra, sino reproduce un suceso: abre en dos al tiempo cronométrico para que, por espacio de unas breves horas inconmensurables, el presente eterno se reinstale. La fiesta vuelve creador al tiempo. La repetición se vuelve concepción. El tiempo engendra. La Edad de Oro regresa. Ahora y aquí, cada vez que el sacerdote oficia el Misterio de la Santa Misa, desciende efectivamente Cristo, se da a los hombres y salva al mundo. Los verdaderos creyentes son, como quería Kierkegaard, "contemporáneos de Jesús". Y no solamente en la Fiesta religiosa o en el Mito irrumpe un Presente que disuelve la vana sucesión. También el amor y la poesía nos revelan, fugaz, este tiempo original. "Más tiempo no es más eternidad", dice Juan Ramón Jiménez, refiriéndose a la eternidad del instante poético. Sin duda, la concepción del tiempo como presente fijo y actualidad pura

es más antigua que la del tiempo cronométrico, que no es una aprehensión inmediata del fluir de la realidad, sino una racionalización del transcurrir.

La dicotomía anterior se expresa en la oposición entre Historia y Mito, o Historia y Poesía. El tiempo del Mito, como el de la fiesta religiosa, o el de los cuentos infantiles, no tiene fechas: "Hubo una vez...", "En la época en que los animales hablaban...", "En el principio..." Y ese Principio —que no es el año tal ni el día tal— contiene todos los principios y nos introduce en el tiempo vivo, en donde de veras todo principia todos los instantes. Por virtud del rito, que realiza y reproduce el relato mítico, de la poesía y del cuento de hadas, el hombre accede a un mundo en donde los contrarios se funden. "Todos los rituales tienen la propiedad de acaecer en él ahora, en este instante."[5] Cada poema que leemos es una recreación, quiero decir: una ceremonia ritual, una fiesta.

El Teatro y la Épica son también Fiestas, ceremonias. En la representación teatral como en la recitación poética, el tiempo ordinario deja de fluir, cede el sitio al tiempo original. Gracias a la participación, ese tiempo mítico, original, padre de todos los tiempos que enmascaran a la realidad, coincide con nuestro tiempo interior, subjetivo. El hombre, prisionero de la sucesión, rompe su invisible cárcel de tiempo y accede al tiempo vivo: la subjetividad se identifica al fin con el tiempo exterior, porque éste ha dejado de ser medición espacial y se ha convertido en manantial, en presente puro, que se recrea sin cesar. Por obra del Mito y de la Fiesta —secular o religiosa— el hombre rompe su soledad y vuelve a ser uno con la creación. Y así, el Mito —disfrazado, oculto, escondi-

[5] Van der Leeuw: *L'homme primitif et la Religion*, París, 1940.

do— reaparece en casi todos los actos de nuestra vida e interviene decisivamente en nuestra Historia: nos abre las puertas de la comunión.

EL HOMBRE contemporáneo ha racionalizado los Mitos, pero no ha podido destruirlos. Muchas de nuestras verdades científicas, como la mayor parte de nuestras concepciones morales, políticas y filosóficas, sólo son nuevas expresiones de tendencias que antes encarnaron en formas míticas. El lenguaje racional de nuestro tiempo encubre apenas a los antiguos Mitos. La Utopía, y especialmente las modernas utopías políticas, expresan con violencia concentrada, a pesar de los esquemas racionales que las enmascaran, esa tendencia que lleva a toda sociedad a imaginar una edad de oro de la que el grupo social fue arrancado y a la que volverán los hombres el Día de Días. Las fiestas modernas —reuniones políticas, desfiles, manifestaciones y demás actos rituales— prefiguran al advenimiento de ese día de Redención. Todos esperan que la sociedad vuelva a su libertad original y los hombres a su primitiva pureza. Entonces la Historia cesará. El tiempo (la duda, la elección forzada entre lo bueno y lo malo, entre lo injusto y lo justo, entre lo real y lo imaginario) dejará de triturarnos. Volverá el reino del presente fijo, de la comunión perpetua: la realidad arrojará sus máscaras y podremos al fin conocerla y conocer a nuestros semejantes.

Toda sociedad moribunda o en trance de esterilidad tiende a salvarse creando un mito de redención, que es también un mito de fertilidad, de creación. Soledad y pecado se resuelven en comunión y fertilidad. La sociedad que vivimos ahora también ha engendrado su mito. La esterilidad del mundo burgués desemboca en el suicidio o en una nueva Forma

de participación creadora. Tal es, para decirlo con la frase de Ortega y Gasset, el "tema de nuestro tiempo": la sustancia de nuestros sueños y el sentido de nuestros actos.

El hombre moderno tiene la pretensión de pensar despierto. Pero este despierto pensamiento nos ha llevado por los corredores de una sinuosa pesadilla, en donde los espejos de la razón multiplican las cámaras de tortura. Al salir, acaso, descubriremos que habíamos soñado con los ojos abiertos y que los sueños de la razón son atroces. Quizá, entonces, empezaremos a soñar otra vez con los ojos cerrados.

POSTDATA

NOTA

Estas páginas desarrollan y amplían la conferencia que pronuncié en la Universidad de Texas, Austin, el 30 de octubre pasado (Hackett Memorial Lecture). Su tema es una reflexión sobre lo que ha ocurrido en México desde que escribí *El laberinto de la soledad* y de ahí que haya llamado a este ensayo: *Postdata*. Es una prolongación de ese libro pero, apenas si es necesario advertirlo, una prolongación crítica y autocrítica; *Postdata* no solamente por continuarlo y ponerlo al día sino por ser una nueva tentativa por descifrar la realidad. Tal vez valga la pena aclarar (una vez más) que *El laberinto de la soledad* fue un ejercicio de la imaginación crítica: una visión y, simultáneamente, una revisión. Algo muy distinto a un ensayo sobre la filosofía de lo mexicano o a una búsqueda de nuestro pretendido ser. El mexicano no es una esencia sino una historia. Ni ontología ni psicología. A mí me intrigaba (me intriga) no tanto el "carácter nacional" como lo que oculta ese carácter: aquello que está detrás de la máscara. Desde esta perspectiva el carácter de los mexicanos no cumple una función distinta a la de los otros pueblos y sociedades: por una parte es un escudo, un muro; por la otra, un haz de signos, un jeroglífico. Por lo primero, es una muralla que nos defiende de la mirada ajena a cambio de inmovilizarnos y aprisionarnos; por lo segundo, es una máscara que al mismo tiempo nos expresa y nos ahoga. La mexicanidad no es sino otro ejemplar, una variación más, de esa cambiante idéntica criatura plural

una que cada uno es todos somos ninguno. El hombre/los hombres: perpetua oscilación. La diversidad de caracteres, temperamentos, historias, civilizaciones, hace del hombre: los hombres; y el plural se resuelve, se disuelve, en un singular: yo, tú, él, desvanecidos apenas pronunciados. Como los nombres, los pronombres son máscaras y detrás de ellos no hay nadie —salvo, quizá, un nosotros instantáneo que es el parpadeo de un ello igualmente fugaz—. Pero mientras vivimos no podemos escapar ni de las máscaras ni de los nombres y pronombres: somos inseparables de nuestras ficciones —nuestras facciones—. Estamos condenados a inventarnos una máscara y, después, a descubrir que esa máscara es nuestro verdadero rostro. En *El laberinto de la soledad* me esforcé por eludir (sin lograrlo del todo) tanto las trampas del humanismo abstracto como las ilusiones de una filosofía de lo mexicano: la máscara convertida en rostro/el rostro petrificado en máscara. En aquella época no me interesaba la definición de lo mexicano sino, como ahora, la crítica: esa actividad que consiste, tanto o más que en conocernos, en liberarnos. La crítica despliega una posibilidad de libertad y así es una invitación a la acción.

Postdata a un libro que escribí hace veinte años, estas páginas son igualmente un prefacio a otro libro no escrito. En dos obras, *El laberinto de la soledad* y *Corriente alterna*, he aludido a ese libro: el tema de México desemboca en la reflexión sobre la suerte de América Latina. México es un fragmento, una parte de una historia más vasta. Yo no sé si soy la persona más a propósito para escribir ese libro y, si lo fuese, tampoco sé si alguna vez podré hacerlo. En cambio, sé que esa reflexión deberá ser una recuperación de nuestra verdadera historia, desde el dominio español

y el fracaso de nuestra revolución de independencia
—un fracaso que corresponde a los de España en los
siglos XIX y XX— hasta nuestros días; sé, además, que
ese libro deberá enfrentarse, como su tema central, al
problema del desarrollo. Las revoluciones contem-
poráneas en América Latina han sido y son respues-
tas a la insuficiencia del desarrollo y de ahí arrancan
tanto su justificación histórica como sus fatales y
obvias limitaciones. Para los clásicos del pensamiento
revolucionario del siglo XIX, la Revolución sería la
consecuencia del desarrollo: el proletariado urbano
pondría fin al desequilibrio entre el progreso técnico
y económico (el modo de producción industrial) y el
nulo o escaso progreso social (el modo de propiedad
capitalista); para los caudillos revolucionarios de las
naciones atrasadas o marginales del siglo XX, la Revo-
lución se ha convertido en una vía hacia el desarrollo,
con los resultados que todos conocemos. Los modelos
de desarrollo que hoy nos ofrecen el Oeste y el Este
son compendios de horrores: ¿podremos nosotros
inventar modelos más humanos y que correspondan
a lo que somos? Gente de las afueras, moradores de
los suburbios de la historia, los latinoamericanos
somos los comensales no invitados que se han colado
por la puerta trasera de Occidente, los intrusos que
han llegado a la función de la modernidad cuando las
luces están a punto de apagarse —llegamos tarde a
todas partes, nacimos cuando ya era tarde en la histo-
ria, tampoco tenemos un pasado o, si lo tenemos,
hemos escupido sobre sus restos, nuestros pueblos se
echaron a dormir durante un siglo y mientras dor-
mían los robaron y ahora andan en andrajos, no
logramos conservar ni siquiera lo que los españoles
dejaron al irse, nos hemos apuñalado entre noso-
tros...— No obstante, desde el llamado modernismo

237

de fines de siglo, en estas tierras nuestras hostiles al pensamiento han brotado, aquí y allá, dispersos pero sin interrupción, poetas y prosistas y pintores que son los pares de los mejores en otras partes del mundo. Y ahora, ¿seremos al fin capaces de pensar por nuestra cuenta? ¿Podremos concebir un modelo de desarrollo que sea nuestra versión de la modernidad? ¿Proyectar una sociedad que no esté fundada en la dominación de los otros y que no termine ni en los helados paraísos policiacos del Este ni en las explosiones de náuseas y odio que interrumpen el festín del Oeste?

El tema del desarrollo está íntimamente ligado al de nuestra identidad: ¿quién, qué y cómo somos? Repetiré que no somos nada, excepto una relación: algo que no se define sino como parte de una historia. La pregunta sobre México es inseparable de la pregunta sobre el porvenir de América Latina y ésta, a su vez, se inserta en otra: la del futuro de las relaciones entre ella y los Estados Unidos. La pregunta sobre nosotros se revela siempre como una pregunta sobre los otros. Desde hace más de un siglo ese país se presenta ante nuestros ojos como una realidad gigantesca pero apenas humana. Sonrientes o coléricos, con la mano abierta o cerrada, los Estados Unidos ni nos oyen ni nos miran pero caminan y, al caminar, se meten por nuestras tierras y nos aplastan. Es imposible detener a un gigante; no lo es, aunque tampoco sea fácil, obligarlo a oír a los otros: si escucha, se abre la posibilidad de la convivencia. Por razón de sus orígenes (el puritano habla con Dios y consigo mismo, no con los otros) y, sobre todo, de su poderío, los norteamericanos sobresalen en el monólogo: son elocuentes y, también, conocen el valor del silencio. Pero la conversación no es su fuerte: no sa-

ben ni escuchar ni replicar. A pesar de que hasta ahora han fracasado casi todas nuestras tentativas de diálogo con ellos, durante los últimos años hemos presenciado ciertos acontecimientos que, quizá, prefiguran un cambio de actitud. Si América Latina vive un período de revueltas y transformaciones, los Estados Unidos atraviesan por otro no menos violento y profundo: la rebelión de los negros y los chicanos, la de los jóvenes y las mujeres, la de los artistas y los intelectuales. Cierto, tanto por las causas que los originan como por las ideas que los inspiran, esos movimientos son distintos a los que conmueven a nuestros países y por eso cometeríamos un nuevo error si tratásemos de imitarlos ciegamente; no lo cometeremos si nos damos cuenta de que en ellos se despliega una capacidad de crítica y de autocrítica que sería vano buscar en América Latina. Nosotros todavía no aprendemos a pensar con verdadera libertad. No es una falla intelectual sino moral: el valor de un espíritu, decía Nietzsche, se mide por su capacidad para soportar la verdad. Una de las razones de nuestra incapacidad para la democracia es nuestra correlativa incapacidad crítica. Los norteamericanos —al menos los mejores, la conciencia de la nación— intentan ahora ver a la verdad, a su verdad, sin cerrar los ojos. Por primera vez en la historia de los Estados Unidos —antes sólo lo habían hecho unos cuantos poetas y filósofos— se manifiesta una poderosa corriente de opinión que pone en tela de juicio los valores y creencias sobre las que se ha edificado la civilización angloamericana. Aquellos que están a la cabeza del progreso ahora lo critican: ¿no es inaudito? La crítica del progreso es un portento, una promesa de otros cambios. Si se me preguntase: ¿podrán los Estados Unidos dialogar con nosotros?, yo contes-

239

taría: sí, a condición de que aprendan antes a hablar con ellos mismos, con su propia otredad: con sus negros, sus chicanos y sus jóvenes. Habría que decir algo parecido a los latinoamericanos: la crítica del otro comienza con la crítica de uno mismo.

Austin, a 14 de diciembre de 1969

OLIMPIADA Y TLATELOLCO

1968 FUE UN año axial: protestas, tumultos y motines en Praga, Chicago, París, Tokio, Belgrado, Roma, México, Santiago... De la misma manera que las epidemias medievales no respetaban ni las fronteras religiosas ni las jerarquías sociales, la rebelión juvenil anuló las clasificaciones ideológicas. A esta espontánea universalidad de la protesta correspondió una reacción no menos espontánea y universal: invariablemente los gobiernos atribuyeron los desórdenes a una conspiración del exterior. Aunque los supuestos y secretos inspiradores fueron casi los mismos en todas partes, en cada país se barajaron sus nombres de manera distinta. A veces hubo curiosas, involuntarias coincidencias; por ejemplo, lo mismo para el gobierno de México que para el Partido Comunista Francés, los estudiantes estaban movidos por agentes de Mao y de la CIA. También fue notable la ausencia o, en el caso de Francia, la reticencia de la clase tradicionalmente considerada como revolucionaria *per se*: el proletariado; los únicos aliados de los estudiantes han sido hasta ahora los grupos marginales que la sociedad tecnológica no ha podido o no ha querido integrar. Es claro que no estamos ante un recrudecimiento de la lucha de clases sino ante una revuelta de esos sectores que, de un modo permanente o transitorio, la sociedad tecnológica ha colocado al margen. Los estudiantes pertenecen a la segunda de estas categorías. Además, es el único grupo realmente internacional; todos los jóvenes de los países desa-

rrollados son parte de la subcultura juvenil internacional, producto a su vez de una tecnología igualmente internacional.

Entre todos los sectores desafectos, el estudiantil es el más inquieto y, con la excepción de los negros norteamericanos, el más exasperado. Su exasperación no brota de condiciones de vida particularmente duras sino de la paradoja en que consiste ser estudiante: durante los largos años que pasan aislados en universidades y escuelas superiores, los muchachos y muchachas viven en una situación artificial, mitad como reclusos privilegiados y mitad como irresponsables peligrosos. Añádase la aglomeración extraordinaria en los centros de estudio y otras circunstancias bien conocidas y que operan como factores de segregación: seres reales en un mundo irreal. Es verdad que la enajenación juvenil no es sino una de las formas (y de las más benévolas) de la enajenación que impone a todos la sociedad tecnológica. También lo es que, debido a la irrealidad misma de su situación, habitantes de una suerte de laboratorio en donde no rigen del todo las reglas de la sociedad de afuera, los estudiantes pueden reflexionar sobre su estado y, asimismo, sobre el del mundo que los rodea. La Universidad es, a un tiempo, el objeto y la condición de la crítica juvenil. El objeto de la crítica porque es una institución que segrega a los jóvenes de la vida colectiva y que así, en esa segregación, anticipa en cierto modo su futura enajenación; los jóvenes descubren que la sociedad moderna fragmenta y separa a los hombres: el sistema no puede, por razón de su naturaleza misma, crear una verdadera comunidad. La condición de la crítica porque, sin la distancia que establece la Universidad entre los jóvenes y la sociedad exterior, no habría posibilidad de crítica y

los estudiantes ingresarían inmediatamente en el circuito mecánico de la producción y el consumo. Contradicción insalvable: si la Universidad desapareciese, desaparecería la posibilidad de la crítica; al mismo tiempo, su existencia es una prueba —y más: una garantía— de la permanencia del objeto de la crítica, es decir, de aquello cuya desaparición se desea. La rebelión juvenil oscila entre estos dos extremos: su crítica es real, su acción es irreal. Su crítica da en el blanco pero su acción no puede cambiar a la sociedad e incluso, en algunos casos, lejos de atraer o de inspirar a otras clases, provoca regresiones como la de las elecciones francesas en 1968.

La acción de los gobiernos, por su parte, posee la opacidad de todos los realismos a corto plazo y que, a la larga, producen los cataclismos o las decadencias. Fortalecer el *statu quo* es fortalecer un sistema que crece y se extiende a expensas de los hombres que lo alimentan: a medida que aumenta su realidad, aumenta nuestra irrealidad. La ataraxia, el estado de ecuánime insensibilidad que los estoicos creían alcanzar por el dominio de las pasiones, la sociedad tecnológica la distribuye entre todos como una panacea. No nos cura de la desdicha que es ser hombres pero nos gratifica con un estupor hecho de resignación satisfecha y que no excluye la actividad febril. Sólo que la realidad reaparece cada vez con mayor furia y frecuencia: crisis, violencias, explosiones. Año axial, 1968 mostró la universalidad de la protesta y su final irrealidad: ataraxia y estallido, explosión que se disipa, violencia que es una nueva enajenación. Si las explosiones son parte del sistema, también lo son las represiones y el letargo, voluntario o forzado, que las sucede. La enfermedad que roe a nuestras sociedades es constitucional y congénita, no algo que le venga de

fuera. Es una enfermedad que ha resistido a todos los diagnósticos, lo mismo a los de aquellos que se reclaman de Marx que a los de aquellos que se dicen herederos de Tocqueville. Extraño padecimiento que nos condena a desarrollarnos y a prosperar sin cesar para así multiplicar nuestras contradicciones, enconar nuestras llagas y exacerbar nuestra inclinación a la destrucción. La filosofía del progreso muestra al fin su verdadero rostro: un rostro en blanco, sin facciones. Ahora sabemos que el reino del progreso no es de este mundo: el paraíso que nos promete está en el futuro, un futuro intocable, inalcanzable, perpetuo. El progreso ha poblado la historia de las maravillas y los monstruos de la técnica pero ha deshabitado la vida de los hombres. Nos ha dado más cosas, no más ser.

El sentido profundo de la protesta juvenil —sin ignorar ni sus razones ni sus objetivos inmediatos y circunstanciales— consiste en haber opuesto al fantasma implacable del futuro la realidad espontánea del ahora. La irrupción del ahora significa la aparición, en el centro de la vida contemporánea, de la palabra prohibida, la palabra maldita: *placer*. Una palabra no menos explosiva y no menos hermosa que la palabra *justicia*. Cuando digo placer no pienso en la elaboración de un nuevo hedonismo ni en el regreso a la antigua sabiduría sensual —aunque lo primero no sea desdeñable y lo segundo sea deseable— sino en la revelación de esa mitad oscura del hombre que ha sido humillada y sepultada por las morales del progreso: esa mitad que se revela en las imágenes del arte y del amor. La definición del hombre como un ser que trabaja debe cambiarse por la del hombre como un ser que desea. Ésa es la tradición que va de Blake a los poetas surrealistas y que los jó-

venes recogen: la tradición profética de la poesía de Occidente desde el romanticismo alemán. Por primera vez desde que nació la filosofía del progreso de las ruinas del universo medieval, precisamente en el seno de la sociedad más avanzada y progresista del mundo, los Estados Unidos, los jóvenes se preguntan sobre la validez y el sentido de los principios que han fundado a la edad moderna. Esta pregunta no revela ni odio a la razón y la ciencia ni nostalgia por el período neolítico (aunque el neolítico fue, según Lévi-Strauss y otros antropólogos, probablemente la única época feliz que hayan conocido los hombres). Al contrario, es una pregunta que sólo una sociedad tecnológica puede hacerse y de cuya contestación depende la suerte del mundo que hemos edificado: pasado, presente y futuro, ¿cuál es el verdadero tiempo del hombre, en dónde está su reino? Y si su reino es el presente, ¿cómo insertar el ahora, por naturaleza explosivo y orgiástico, en el tiempo histórico? La sociedad moderna ha de contestar a estas preguntas sobre el ahora —*ahora mismo*—. La otra alternativa es perecer en un estallido suicida o hundirse más y más en el ruinoso proceso actual en el que la producción de bienes amenaza ser ya inferior a la producción de desechos.

La universalidad de la protesta juvenil no impide que asuma características específicas en cada región del mundo. El movimiento juvenil en los Estados Unidos y en Europa contiene, según acabo de explicar, preguntas implícitas y no formuladas que atañen a los fundamentos mismos de la edad moderna y a lo que, desde el siglo XVIII, constituye su principio rector. Esas preguntas aparecen muy diluidas en los países de Europa oriental y no aparecen del todo, excepto como *slogans* vacíos, en América Latina. La

razón es clara: los norteamericanos y los europeos son los únicos que tienen realmente una experiencia completa de lo que es y significa el progreso. En Occidente los jóvenes se rebelan contra los mecanismos de la sociedad tecnológica: contra su mundo tantálico de objetos que se gastan y disipan apenas los poseemos —como si fuesen una involuntaria y concluyente confirmación del carácter ilusorio que atribuyen a la realidad los budistas— y contra la violencia abierta o solapada que esa sociedad ejerce sobre sus minorías y, en el exterior, sobre otros pueblos. En cambio, en los países del Este europeo la lucha juvenil presenta dos notas ausentes en Occidente: nacionalismo y democracia. Nacionalismo frente a la dominación y la injerencia soviética en esos países; democracia frente a las burocracias comunistas incrustadas en la vida política y económica. Es revelador que esta última aparezca como la reivindicación inmediata y primordial de los jóvenes en el Este: la democracia, esa palabra que ha perdido casi todo su magnetismo en Occidente. Es un síntoma desolador: cualesquiera que sean las limitaciones de la democracia occidental (y son muchas y gravísimas: régimen burocrático de partidos, monopolios de la información, corrupción, etc.), sin libertad de crítica y sin pluralidad de opiniones y grupos no hay vida política. Y para nosotros, hombres modernos, vida política es sinónimo de vida racional y civilizada. Esto es verdad incluso para naciones herederas de altas civilizaciones y que, como la antigua China, no conocieron la democracia. Los jóvenes fanáticos que recitan el catecismo de Mao —de paso: mediocre poeta académico— cometen no sólo una falta estética e intelectual sino un error moral. No se puede sacrificar el pensamiento crítico en las alas del desarrollo

económico acelerado, la idea revolucionaria, el prestigio y la infalibilidad de un jefe o cualquier otro espejismo análogo. Las experiencias de Rusia y México son concluyentes: sin democracia, el desarrollo económico carece de sentido, aunque éste haya sido gigantesco en el primer país y muchísimo más modesto pero proporcionalmente no menos apreciable en el segundo. Toda dictadura, sea de un hombre o de un partido, desemboca en las dos formas predilectas de la esquizofrenia: el monólogo y el mausoleo. México y Moscú están llenos de gente con mordaza y de monumentos a la Revolución.

EL MOVIMIENTO de los estudiantes mexicanos mostró semejanzas con los de otros países, tanto de Occidente como de Europa oriental. Me parece que la afinidad mayor fue con los de esta última: nacionalismo, sólo que no en contra de la intervención soviética sino del imperialismo norteamericano; aspiración a una reforma democrática; protesta, no en contra de las burocracias comunistas sino del Partido Revolucionario Institucional. Pero la rebelión juvenil mexicana fue singular, como el país mismo. No hay ningún dudoso nacionalismo en mi observación; México es una nación que, dentro de la civilización occidental, ocupa una posición excéntrica: "castellana rayada de azteca", decía el poeta López Velarde; asimismo, dentro de América Latina, su situación histórica es única: México vive un período posrevolucionario en tanto que la mayoría de los otros países atraviesan por una etapa prerrevolucionaria. Por último, su desarrollo económico ha sido excepcional. Después de un prolongado y sangriento período de violencia, la Revolución mexicana logró crear instituciones originales y un Estado nuevo. Desde hace

247

cuarenta años, y especialmente en las dos últimas décadas, la economía del país ha hecho tales progresos que los economistas y sociólogos citan el caso de México como un ejemplo para los otros países subdesarrollados. En efecto, las estadísticas son impresionantes, sobre todo si se tiene en cuenta el estado en que se encontraba la nación en 1910 y las destrucciones materiales y humanas que sufrió durante cerca de veinte años de guerras civiles. Como una suerte de reconocimiento internacional a su transformación en un país moderno o semimoderno, México solicitó y obtuvo que su capital fuese la sede de los Juegos Olímpicos en 1968. Los organizadores no sólo salieron airosos de la prueba sino que inclusive añadieron al programa deportivo una nota original, tendiente a subrayar el carácter pacífico y no competitivo de la Olimpiada mexicana: exposiciones de arte universal, conciertos y representaciones de teatro y danza por compañías de todos los países, un encuentro internacional de poetas y otros actos de la misma índole. Pero dentro del contexto de la rebelión juvenil y de la represión que la siguió, estas celebraciones parecieron gestos espectaculares con los que se quería ocultar la realidad de un país conmovido y aterrado por la violencia gubernamental. Así, en el momento en que el gobierno obtenía el reconocimiento internacional de cuarenta años de estabilidad política y de progreso económico, una mancha de sangre disipaba el optimismo oficial y provocaba en los espíritus una duda sobre el sentido de ese progreso.

El movimiento estudiantil se inició como una querella callejera entre bandas rivales de adolescentes. La brutalidad policiaca unió a los muchachos. Después, a medida que aumentaban los rigores de la represión y hostilidad de la prensa, la radio y la tele-

visión, en su casi totalidad entregadas al gobierno, el movimiento se robusteció, se extendió y adquirió conciencia de sí. En el transcurso de unas cuantas semanas apareció claramente que los estudiantes, sin habérselo propuesto expresamente, eran los voceros del pueblo. Subrayo: no los voceros de esta o aquella clase, sino de la conciencia general. Desde el principio se intentó aislar el movimiento tendiendo un cordón sanitario que lo aislase e impidiese el contagio ideológico. Los dirigentes y funcionarios de los sindicatos obreros se apresuraron a condenar, en términos amenazadores, a los estudiantes; lo mismo hicieron, aunque con menos violencia, los partidos políticos de la izquierda y la derecha oficiales. No obstante la movilización de todos estos medios de propaganda y de coacción moral, para no hablar de la violencia física de la policía y el ejército, el pueblo engrosó espontáneamente las manifestaciones juveniles y una de ellas, la célebre "manifestación silenciosa", agrupó a cerca de cuatrocientas mil personas, algo nunca visto en México.

A diferencia de los estudiantes franceses en mayo de ese mismo año, los mexicanos no se proponían un cambio violento y revolucionario de la sociedad ni su programa tenía el radicalismo de los de muchos grupos de jóvenes alemanes y norteamericanos. Tampoco apareció la tonalidad orgiástica y pararreligiosa de los *hippies*. El movimiento fue reformista y democrático, a pesar de que algunos de sus dirigentes pertenecían a la extrema izquierda. ¿Una maniobra táctica? Me parece más sensato atribuir esta ponderación a la naturaleza de las circunstancias y al peso de la realidad objetiva: ni el temple del pueblo mexicano es revolucionario ni lo son las condiciones históricas del país. Nadie quiere una revolución sino

una reforma: acabar con el régimen de excepción iniciado por el Partido Nacional Revolucionario hace cuarenta años. Las peticiones de los estudiantes, por lo demás, fueron realmente moderadas: la derogación de un artículo del Código Penal, a todas luces inconstitucional y que contiene esa afrenta a los derechos humanos que se llama "delito de opinión"; la libertad de varios presos políticos; la destitución del jefe de la policía, etcétera. Todas estas peticiones se resumían en una palabra que fue el eje del movimiento y el secreto de su instantáneo poder de seducción sobre la conciencia popular: *democratización*. Una y otra vez los muchachos pidieron "el diálogo público entre el gobierno y los estudiantes", preludio del diálogo entre el pueblo y las autoridades. Esta demanda recogía la que habíamos hecho un grupo de escritores en 1958, ante disturbios semejantes, aunque de menor amplitud —disturbios que anunciaban, como entonces advertimos al gobierno, los que se producirían diez años después.

La actitud de los estudiantes le daba al gobierno la posibilidad de enderezar su política sin perder la cara. Hubiera bastado con oír lo que el pueblo decía a través de las peticiones juveniles; nadie esperaba un cambio radical pero sí mayor flexibilidad y una vuelta a la tradición de la Revolución mexicana, que nunca fue dogmática y sí muy sensible a las mudanzas del ánimo popular. Se habría roto así la cárcel de palabras y conceptos en que el gobierno se ha encerrado, todas esas fórmulas en las que ya nadie cree y que se condensan en esa grotesca expresión con que la familia oficial designa al partido único: el Instituto Revolucionario. Al liberarse de su cárcel de palabras, el gobierno habría podido forzar la otra cárcel, más real, que lo envuelve y paraliza: la de los negocios e

intereses de los banqueros y financieros. Restablecer la comunicación con el pueblo hubiera significado recobrar autoridad y libertad para dialogar con la derecha, la izquierda —y con los Estados Unidos—. Con gran claridad y concisión una de las inteligencias más agudas y honradas de México, Daniel Cosío Villegas, apuntaba lo que a su juicio —y debe agregarse: al de la mayoría de los mexicanos pensantes— era "el único remedio: hacer pública de verdad la vida pública". El gobierno prefirió apelar, alternativamente, a la fuerza física y a la retórica "revolucionario-institucional". Estas vacilaciones eran probablemente el reflejo de una lucha entre los "técnicos", deseosos de salvar lo poco que aún queda vivo de la herencia revolucionaria, y la burocracia política partidaria de la mano dura. Pero en ningún momento se advirtió el deseo de "hacer pública la vida pública" y abrir el diálogo con la gente. Las autoridades, es verdad, propusieron la negociación, sólo que entre bastidores; las pláticas abortaron porque los estudiantes se negaron a aceptar este inmoral procedimiento.

A fines de septiembre el ejército ocupó la Universidad y el Instituto Politécnico. Ante la reprobación que provocó esta medida, las tropas desalojaron los locales de las dos instituciones. Hubo un respiro. Esperanzados, los estudiantes celebraron una reunión (no una manifestación) en la plaza de Tlatelolco, el 2 de octubre. En el momento en que los concurrentes, concluido el mitin, se disponían a abandonar el lugar, la plaza fue cercada por el ejército y comenzó la matanza. Unas horas después se levantó el campo. ¿Cuántos murieron? En México ningún periódico se ha atrevido a publicar las cifras. Daré aquí la que el periódico inglés *The Guardian*, tras una investigación cuidadosa, considera como la más probable: 325

muertos. Los heridos deben haber sido miles, lo mismo que las personas aprehendidas.[1] El 2 de octubre de 1968 terminó el movimiento estudiantil. También terminó una época de la historia de México.

Aunque las revueltas estudiantiles son un fenómeno mundial, se manifiestan con mayor virulencia en las sociedades más adelantadas. Así, pues, puede decirse que el movimiento estudiantil y la celebración de la Olimpiada en México fueron hechos complementarios: los dos eran signos del relativo desarrollo del país. Lo discordante, lo anómalo y lo imprevisible fue la actitud gubernamental. ¿Cómo explicarla? Por una parte, ni las peticiones de los estudiantes ponían en peligro al régimen ni éste se enfrentaba a una situación revolucionaria; por la otra, ningún acto de ningún gobierno —ni siquiera el de Francia, ése sí amenazado con una oleada revolucionaria— tuvo la ferocidad, no hay otra palabra, de la represión mexicana. La prensa mundial, a pesar de la diaria ración de iniquidades que contienen sus páginas, se sintió levemente escandalizada. Una popular revista norteamericana, horrorizada pero púdica, dijo que lo de México era un caso típico de *overreaction*, un síntoma de "la esclerosis del régimen mexicano". Curioso *understatement*... Una reacción exagerada o excesiva delata, en cualquier organismo vivo, miedo e inseguridad; y la esclerosis no sólo es signo de vejez sino de incapacidad para cambiar. El régimen mostró que no podía ni quería hacer un examen de conciencia; ahora bien, sin crítica y, sobre todo, sin autocrítica, no hay posibilidad de cambio. Esta debilidad mental y moral lo condujo a la violencia física. Como esos neu-

[1] Todavía están en la cárcel 200 estudiantes, varios profesores universitarios y José Revueltas, uno de los mejores escritores de mi generación y uno de los hombres más puros de México.

róticos que al enfrentarse a situaciones nuevas y difíciles retroceden, pasan del miedo a la cólera, cometen acciones insensatas y así regresan a conductas instintivas, infantiles o animales, el gobierno regresó a períodos anteriores de la historia de México: agresión es sinónimo de regresión. Fue una repetición instintiva que asumió la forma de un ritual de expiación; las correspondencias con el pasado mexicano, especialmente con el mundo azteca, son fascinantes, sobrecogedoras y repelentes. La matanza de Tlatelolco nos revela que un pasado que creíamos enterrado está vivo e irrumpe entre nosotros. Cada vez que aparece en público, se presenta enmascarado y armado; no sabemos quién es, excepto que es destrucción y venganza. Es un pasado que no hemos sabido o no hemos podido reconocer, nombrar, desenmascarar. Pero antes de tocar este tema —que es el tema central y secreto de nuestra historia— debo describir, en sus grandes líneas, el desarrollo del México moderno, ese desarrollo paradójico en el que la simultaneidad de los elementos contradictorios se condensa en estos dos nombres: Olimpiada y Tlatelolco.

EL DESARROLLO Y OTROS ESPEJISMOS

APENAS consumada la derrota militar del antiguo régimen, el país tuvo que hacer frente al peligro que amenaza a toda revolución triunfante: la anarquía. Las querellas entre las distintas facciones que componían el movimiento revolucionario no fueron menos violentas que la rebelión armada del pueblo contra la autocracia de Porfirio Díaz y su ejército profesional. Las facciones eran más personalistas que ideológicas pero representaban ya, en forma rudimentaria, los intereses y tendencias de las distintas clases y grupos: campesinos, rancheros, pequeña burguesía, naciente clase obrera, etc. Aunque la recién adoptada Constitución (1917) preveía la trasmisión pacífica del poder por medio de elecciones democráticas, la realidad era muy distinta: los partidos políticos no existían y el país estaba regido por la dictadura revolucionaria, es decir, por la dictadura de los caudillos militares de la Revolución. La lucha entre las facciones nunca fue democrática: no era el número de votos sino el de soldados y fusiles lo que le daba supremacía política. Cada elección presidencial degeneraba en una lucha armada que terminaba con la muerte de uno o varios de los aspirantes al poder y de muchos de sus partidarios, para no hablar de la gente inocente arrastrada por las aventuras y rencillas de los grandes. Después de haber destruido la dictadura de Porfirio Díaz, el país parecía condenado a repetir otra vez (y para siempre) el ciclo monótono y sangriento de la dictadura a la anarquía y de la

anarquía a la dictadura. Pero la eliminación progresiva y violenta de los caudillos militares facilitó el tránsito hacia un régimen que, si no era democrático, tampoco era suicida ni autodestructivo. La primera medida, negativa, fue la prohibición constitucional de la reelección presidencial. Así se evitó la dictadura personal. La segunda medida, positiva, fue la fundación del Partido Nacional Revolucionario (1929). Así se aseguró la dictadura revolucionaria. Mejor dicho: la dictadura del grupo vencedor en la lucha entre las facciones.

El PNR fue una asociación de jefes militares y políticos en torno a la figura del general Calles. Agente, brazo civil del poder revolucionario, el Partido no poseía fuerza por sí mismo; su poder era el reflejo del poder del Caudillo y de los militares y caciques que regían las provincias. No obstante, a medida que la paz se extendía y que el país iniciaba el regreso hacia la normalidad, el Partido cobraba fuerza —no a expensas del Caudillo sino de los generales—. La estructura política dual del México contemporáneo estaba ya en embrión en el PNR: el Presidente y el Partido. La función del nuevo organismo fue sobre todo de orden negativo: no sirvió tanto para implantar un programa como para reducir los choques entre las facciones y someter a los levantiscos. Aunque no fue una semilla de democracia, fue el comienzo de una estructura política nacional, estrechamente fundida al nuevo Estado. Entre las palabras que formaban su nombre, la significativa era la segunda (*nacional*): el PNR combatió y debilitó el poder de los sátrapas regionales y de los atamanes revolucionarios.

En 1938 Lázaro Cárdenas cambió el nombre del Partido, su composición y su programa. El Partido de la Revolución Mexicana tuvo una base social más

ancha que el PNR y lo integraron cuatro grupos: el obrero, el campesino, el popular y el militar. Fue una tentativa por crear una democracia por funciones más que una democracia política. Su programa y su acción fueron auténticamente revolucionarios. El PRM se convirtió en un eficaz instrumento de auscultación y consulta del pueblo: los ojos y los oídos del excelente y generoso presidente que fue Lázaro Cárdenas. A pesar de que su lema era "Por una democracia de trabajadores", el PRM tampoco fue un partido democrático. Si no queda memoria de sus debates es porque no los hubo: su política nunca fue el producto de una deliberación pública sino que le fue dictada por el presidente Cárdenas. Incluso el ingreso al Partido de las agrupaciones obreras y campesinas, lejos de fortalecerlas, contribuyó a su servidumbre ulterior. Según la mayoría de los historiadores, la Revolución propiamente dicha terminó en la década que va de 1940 a 1950. Desde entonces el desarrollo económico y la industrialización se han convertido en los objetivos inmediatos y primordiales del régimen. El iniciador de esta política fue Miguel Alemán, un presidente no menos enérgico que Cárdenas. En 1946 Alemán cambió otra vez el nombre del Partido, que ahora se llama, intrépidamente y como una curiosa ilustración de las paradojas de la política más que de la lógica: Partido Revolucionario Institucional.

Los tres nombres del Partido reflejan los tres momentos del México moderno: la creación del nuevo Estado, la reforma social y el desarrollo económico. Pero ninguna de las tendencias que caracterizan a estos tres momentos surgió del Partido sino de arriba, de la presidencia y sus consejeros. ¡Ninguna idea y ningún programa en los cuarenta años que lleva de vida! El Partido no es una agrupación política en el

sentido recto de la palabra: ni su forma de reclutamiento es democrática ni en su seno se elaboran programas y estrategias para realizarlos. Es un organismo burocrático que cumple funciones político-administrativas. Su misión principal es la dominación política, no por la fuerza física sino por el control y la manipulación de los grupos populares, a través de las burocracias que dirigen los sindicatos obreros y las asociaciones de los campesinos y la clase media. En esta tarea cuenta con la protección del poder público y con la benévola neutralidad, cuando no con el apoyo descarado, de la casi totalidad de los medios de información: el monopolio político implica no sólo el control de las organizaciones populares sino el de la opinión pública. Al mismo tiempo, el Partido es un órgano de exploración de la conciencia popular y de sus aspiraciones y tendencias. Es una función capital y que, en el pasado, le dio flexibilidad, vitalidad y aun popularidad, pero que ahora, debido a su organización jerárquica y a la esclerosis que lo paraliza más y más, cumple con creciente ineficacia. La sordera del PRI aumenta en proporción directa al aumento del clamor popular.

Por sus funciones y por el uso inmoderado de una jerga radical, el PRI podría parecerse a los partidos comunistas del Este europeo: uno y otros son burocracias políticas incrustadas en la economía nacional, aunque las de aquellos países sean economías estatales y la nuestra sea mixta. Pero el PRI no es un partido ideológico sino de grupos e intereses, circunstancia que, si ha favorecido la venalidad, nos ha salvado de los terrores de una ortodoxia cualquiera. La variedad de tendencias que coexisten en su interior, mejor dicho: que hasta hace poco coexistían, podría asemejarlo al Partido del Congreso de la India,

sólo que hay una diferencia de cuenta: el partido mexicano no conoce la democracia interna y está dominado por un grupo de jerarcas que, a su vez, prestan obediencia ciega al presidente en turno. Esto ha sido particularmente infortunado porque la diversidad de corrientes y opiniones dentro del Partido —reflejo de las que dividen a la nación y que constituyen su realidad política y social— hubiera permitido intentar un experimento que, además de vitalizar y regenerar el régimen, habría ofrecido una solución a la crisis que desde hace más de diez años vive el país: iniciar la reforma democrática en el PRI mismo. Es lo que esperábamos muchos y lo que se propuso hacer, recientemente, Carlos Madrazo.[1] El fracaso de su tentativa es un signo de que ese remedio es ya tardío.

Al asegurar la continuidad gubernamental, el Partido ha sido un instrumento de paz y estabilidad. Frente a la pesadilla de la dictadura personal sin más límites que el poder del Caudillo y que terminaba casi siempre en una explosión sangrienta, los jefes revolucionarios idearon un régimen de dictadura institucional limitada e impersonal. El presidente tiene poderes inmensos pero no puede ocupar el puesto sino una sola vez; el poder que ejerce le viene de su investidura y desaparece con ella; el principio de rotación y selección opera dentro del Partido: para ser presidente, gobernador, senador, diputado o alcalde, hay que pasar por el PRI, aprobar las asigna-

[1] *Cf. Corriente alterna*, pp. 179, 180 y 181, en las que me ocupo asimismo del tema de la debilidad del mercado interno y de la necesidad de restablecer la democracia interna en los sindicatos obreros, medida que simultáneamente habría contribuido a la solución de los dos problemas: la crisis política y el bajo poder de consumo de nuestro proletariado.

turas y ascender escalón por escalón. El PRI es una escuela, un laboratorio y un cedazo de dirigentes políticos y gobernantes. Los métodos de promoción son los mismos que en todas las burocracias; para ascender se requiere disciplina, espíritu de cuerpo, respeto a las jerarquías, antigüedad, capacidad administrativa, dedicación, eficacia, habilidad, suavidad, astucia, energía despiadada... Los ascensos se hacen por consenso de los superiores. Si el Partido desdeña el principio democrático de elección, acepta en cambio el derecho aristocrático de veto: aunque el presidente tiene el privilegio indisputado de designar a su sucesor, debe consultar antes con los antiguos presidentes y con los grandes jerarcas. La regla no formulada es que su candidato no debe, por lo menos, provocar la oposición de estos dignatarios. Cada uno de ellos representa poderosos intereses, desde los de las empresas privadas hasta los de las burocracias de los sindicatos obreros y las organizaciones campesinas. El derecho de veto corresponde particularmente a los antiguos presidentes: son la voz de la tradición y representan la continuidad revolucionaria, algo así como el Consejo de los Ancianos.

Derecho de veto pero no de censura: el PRI jamás ha sido un órgano de crítica de la acción presidencial; al contrario, lo ha sido de apoyo incondicional a sus medidas y de diligente ejecución de sus órdenes. En México hay un horror, que no es excesivo llamar sagrado, a todo lo que sea crítica y disidencia intelectual; una diferencia de opinión se transforma instantánea e insensiblemente en una querella personal. Esto es particularmente cierto por lo que toca al presidente: cualquier crítica a su política se convierte en sacrilegio. Aclaro que es una veneración que desaparece al ceder el puesto a su sucesor; en verdad, la

devoción se rinde más a sus atributos cívicos que a su persona real: esos atributos lo recubren como la máscara que ocultaba el rostro de las divinidades de los antiguos mexicanos y lo trasmutan, literalmente, en una Imagen. El respeto fanático a la persona del caudillo es un sentimiento de origen árabe que se encuentra en todo el mundo hispánico; la religiosa reverencia que inspiran los atributos impersonales del presidente a los mexicanos es un sentimiento de raíz azteca. Volveré más adelante sobre esto. Por ahora me limitaré a señalar lo siguiente: el Senado y la Cámara de Diputados han sido y son dos cuerpos parlanchines y aduladores que jamás han ejercitado crítica alguna; el Poder Judicial es mudo e impotente; la libertad de prensa es más formal que real; la radio y la televisión están en manos de dos o tres familias más interesadas en ganar dinero anestesiando al público con sus programas que en analizar con honradez y objetividad los problemas del país. Por último, dueño del Partido y de los medios de información, el presidente goza de una facultad casi ilimitada para utilizar los fondos federales. Lo extraordinario es que con semejantes poderes nuestros presidentes no hayan sido ni Calígulas ni Nerones. La razón reside, quizá, en los largos años de disciplina y adiestramiento que el PRI impone a sus fieles. Aparece de nuevo la relación orgánica entre la institución presidencial y el Partido; desde su origen fueron y son realidades complementarias: respuesta a una situación histórica de crisis, representaron compromiso entre la dictadura personal de los caudillos y el programa democrático de la Revolución mexicana.

Las virtudes y los defectos del PRI son obvios. Entre las primeras sobresale su independencia del poder militar. El PRI representa el principio de separación

entre el cuerpo militar y el cuerpo político de la nación, algo que no ha logrado todavía casi ninguno de los países de América Latina. ¿Conservará esa independencia en el futuro? Lo dudo muchísimo: a medida que la crisis política se encone, el PRI dependerá más y más de la fuerza física de las armas. La mayoría de los escritores que se ocupan de la historia moderna de México piensan que el Partido ha sobrevivido pero señalan que, cualesquiera que hayan sido sus defectos, contribuyó poderosamente a la paz y estabilidad del país, sin las cuales hubiese sido imposible el desarrollo de México. Aunque coincido con esta opinión, me pregunto si muchos de los defectos de nuestro desarrollo no se deben precisamente al PRI: si es verdad que preservó la continuidad de la acción gubernamental, también lo es que impidió el análisis y la crítica de esa acción. Además y sobre todo: protegió la irresponsabilidad y la venalidad de los funcionarios encargados de realizar los programas de desarrollo económico. En cuanto al presente: concebido como un remedio extremo contra una enfermedad que parecía crónica y que amenazaba con destruir el país —el peligro de caer en el ciclo de la dictadura a la anarquía y de ésta a aquélla— el Partido perpetúa ahora un régimen de transición y de excepción. En México no hay más dictadura que la del PRI y no hay más peligro de anarquía que el que provoca la antinatural prolongación de su monopolio político.

Durante la segunda Guerra Mundial se terminó el período propiamente revolucionario del México moderno y se inició la etapa del desarrollo económico. El proceso ha sido semejante, aunque no idéntico, en todos los países en donde han triunfado movi-

261

mientos revolucionarios que no contaban con una base económica previa y capaz de afrontar sin bancarrota el peso de las reformas sociales. Ésta es la gran limitación —sería más exacto decir: condenación— de todas las revoluciones en los países atrasados, sin excluir por supuesto ni la rusa ni la china: hay una contradicción inescapable entre desarrollo y reformas sociales, una contradicción que siempre se ha resuelto a favor del primero. En el caso de México el cambio de orientación se debió, entre otras circunstancias menores, a estas tres: la decisión del régimen de proceder a la industrialización aun si sólo podíamos realizarla en escala modesta, como único remedio a los males del país; la influencia de los Estados Unidos y la aparición de una nueva clase capitalista. Lo primero fue determinante. En el transcurso de la guerra los mexicanos descubrieron que, a pesar de que los precios de sus materias primas habían aumentado considerablemente en el mercado internacional, no podían comprar nada en ese mismo mercado; un poco después, en la posguerra, se dieron cuenta de que la fluctuación de los precios de esas mercancías y su continua tendencia a la baja, así como el alza de los precios de los productos manufacturados, no sólo se comían todos sus ahorros sino que impedían la capitalización y, por tanto, el desarrollo. Para evitar en lo posible las condiciones desventajosas que nos imponía el comercio internacional, el gobierno se preocupó por diversificar la producción y volver así menos vulnerable y dependiente nuestra economía. Gracias a nuestros recursos —y también a nuestros esfuerzos— hemos sido más afortunados en esto que otros países: Cuba, por ejemplo, todavía depende del azúcar. Sin la diversificación de los productos y la bonanza de la década 1940-1950 no hubie-

se sido posible el acelerado desarrollo de los últimos veinte años. Sin esas circunstancias de orden económico y, agrego, sin la voluntad del gobierno de cambiar la estructura económica del país: la decisión política no fue menos importante que la coyuntura económica.

La influencia de los Estados Unidos fue considerable pero no central; en otros países no es menos determinante su presencia económica y, no obstante, en ellos no se han operado cambios estructurales equivalentes a los de México. Como este tema ha provocado y provoca muchas discusiones, debo analizarlo brevemente. El único recurso de los países débiles frente a los poderosos es aprovechar hasta el máximo las querellas entre los grandes. Ésta ha sido la política de los gobiernos mexicanos. La regla del juego es simple: a mayor número de potencias mundiales, más libertad de movimiento de las medianas y pequeñas. El juego se ha hecho más difícil desde la segunda Guerra Mundial. Primero se borraron todos los matices y posiciones intermedias por la alianza entre norteamericanos y rusos; inmediatamente después, a esa alianza sucedió una rivalidad que polarizó a las naciones en dos bandos irreconciliables. La ausencia de una política internacional independiente de los países de Europa occidental (el degaullismo apareció, para México, como una alternativa tardía), el carácter expansionista y nacionalista de la Rusia estalinista y la actitud intransigente y agresiva de Dulles, acentuaron el carácter defensivo de la política internacional mexicana. Y no hay que olvidar que desde 1840 la política de México frente a los Estados Unidos ha sido y es esencialmente defensiva. No sin trabajos y contradicciones el gobierno conservó, cada vez con mayor timidez y de una manera paulati-

namente formal, nuestra tradición en el frente internacional; el cambio se realizó en el interior. Aunque la presión exterior propició ese cambio, lo decisivo fueron las consideraciones de orden interior. Ante la disyuntiva de acometer la industrialización o de resignarse al estancamiento, el gobierno se decidió por la primera alternativa; esta decisión lo llevó a la siguiente: aceptar que el sector privado debería ser parte esencial en el programa de desarrollo y, por tanto, favorecerlo en lo posible. Dado el carácter incipiente del capitalismo mexicano en esos años, se aceptó, no sin muchas vacilaciones y disputas internas, que en la tarea del desarrollo debería participar también el sector privado internacional (norteamericano). Así se acentuó la dependencia económica de México. Al llegar a este punto se impone una digresión, no de orden económico —no soy perito en esa materia— sino histórico.

La realidad del imperialismo económico y político de los Estados Unidos es un hecho que no es necesario demostrar y sobre el cual abundan los análisis. Ahora bien, la oposición entre los Estados Unidos y América Latina no es únicamente de naturaleza económica y política; la dicotomía es más antigua y más profunda. El imperialismo puede desaparecer mañana, ya sea por un cambio de régimen en los Estados Unidos o, más probablemente, porque la técnica y la ciencia acabarán por descubrir sustitutos para nuestras materias primas y porque las economías de los países desarrollados serán progresivamente autosuficientes. Tal vez en un futuro no demasiado lejano los países adelantados ni siquiera esquilmarán a los subdesarrollados: los abandonarán a su miseria y a sus convulsiones. Lo cual no quiere decir que dejaremos de ser lo que somos ahora: el

teatro de sus disputas y el campo de sus batallas. Pero lo que deseo subrayar es lo siguiente: la desaparición del imperialismo económico no implica la nivelación de poderes; así, pues, mientras exista ese desequilibrio de fuerzas, existirá la dominación de los Estados Unidos sobre el resto del continente. Se trata de un fenómeno que no depende directamente de la naturaleza de los regímenes económicos y políticos de cada país sino de la desigualdad de poderío entre las sociedades. Esa desigualdad se da lo mismo entre los países capitalistas que entre los llamados socialistas. Testigos: Santo Domingo y Praga. Supongamos que inclusive ese desequilibrio desaparece: la oposición persistiría porque vive en estratos más profundos que los de la organización económica y política. Hablo de realidades que han sido olvidadas o negadas de un modo terco y obtuso por el mundo moderno y que, no obstante, reaparecen ahora con mayor energía: todo ese conjunto de actitudes ante el mundo y el trasmundo, la vida y la muerte, el yo y el otro, que constituyen lo que llamamos una civilización.

Aunque rusos, chinos y japoneses hayan abrazado con parecido furor la causa de la modernidad y el progreso —dos ideas de Occidente— siguen y seguirán siendo rusos, chinos, japoneses; serán distintos y serán los mismos, como el grifo que vio Dante en el purgatorio. Dumézil ha mostrado que la estructura tripartita de la ideología indoeuropea ha pervivido durante milenios, a pesar de que esas sociedades experimentaron cambios que no fueron menos sino más profundos que los que han sufrido las naciones modernas. El tránsito de la sociedad nómada a las grandes civilizaciones urbanas durante el segundo milenio antes de Cristo no fue menos radical que el

salto del feudalismo a la edad moderna; no obstante, el sustrato ideológico, como lo llama Dumézil, persistió y persiste. El ejemplo del psicoanálisis me ahorra demorarme en una demostración fastidiosa: la persistencia de traumas y estructuras psíquicas infantiles en la vida adulta es el equivalente de la permanencia de ciertas estructuras históricas —o más bien: *intrahistóricas*— en las sociedades. Tales estructuras son el origen de esos haces de rasgos distintivos que son las civilizaciones. Civilizaciones: estilos de vivir y morir.

Cierto, la oposición entre los Estados Unidos y América Latina no es una oposición entre civilizaciones sino que pertenece al subgénero de contradicciones dentro de una misma civilización. Hecha esta salvedad, agrego que se trata de diferencias radicales, como me he esforzado en mostrar en muchas páginas de *El laberinto de la soledad*. Es verdad que esta relación de oposición podría ser fecunda si la fuerza de uno de los interlocutores y la angustia del otro no empañasen y viciasen el diálogo. De todos modos, el diálogo es difícil: apenas se rebasa el nivel informativo y cuantitativo, la conversación entre norteamericanos y latinoamericanos se convierte en un arriesgado caminar en círculo entre equívocos y espejismos. La verdad es que no son diálogos sino monólogos: nunca oímos lo que dice el otro o, si lo oímos, creemos siempre que dice otra cosa. Ni siquiera la literatura y la poesía escapan a este enredo de confusiones. La mayoría de los poetas y escritores norteamericanos ignoran o disminuyen a la cultura o al hombre latinoamericano. Ejemplo de lo primero: en los *Cantos* de Ezra Pound, ese gran monumento de la voracidad enciclopédica de los Estados Unidos, aparecen todas las civilizaciones y todos los hombres,

excepto el mundo precolombino y la América hispano-lusitana: ni los templos mayas ni las iglesias barrocas, ni el *Popol Vuh* ni Sor Juana Inés de la Cruz. Ejemplo de lo segundo es la actitud de casi todos los norteamericanos que han escrito sobre o desde América Latina, sin excluir a un poeta de la distinción de Wallace Stevens: invariablemente nuestro pasado indígena o nuestro paisaje los exalta pero también invariablemente encuentran insignificante al hombre latinoamericano contemporáneo. América Latina: ruinas, naturaleza y unas figuras borrosas —los criados y el gerente del hotel—. Las visiones que tenemos los latinoamericanos de los Estados Unidos son descomunales y quiméricas: para Rubén Darío el primer Roosevelt era nada menos que una encarnación de Nabucodonosor; a Jorge Luis Borges, cuando visitó Texas, lo primero que se le ocurrió fue escribir un poema en honor de los defensores del Álamo. Exageraciones de la cólera, la envidia o la obsequiosidad: para nosotros los Estados Unidos son, al mismo tiempo y sin contradicción, Goliat, Polifemo y Pantagruel.

En su ensayo *The Mexican Revolution, Then and Now*, el historiador Daniel Cosío Villegas afirma que el gobierno mexicano se ha convertido en un prisionero de la nueva clase capitalista y que así paga su error inicial: haber confiado al sector privado una parte central de los planes de industrialización y desarrollo.[2] Esta afirmación, exacta en lo esencial, debe modificarse levemente. Empezaré por subrayar un hecho poco comentado: la nueva clase es una criatura del régimen revolucionario, su deliberada creación, como la clase capitalista japonesa lo fue del movimiento de

[2] Daniel Cosío Villegas, *Change in Latin America*, The University of Nebraska, 1960.

modernización que siguió a la restauración Meiji. En ambos casos se invierte la relación a que el marxismo nos había acostumbrado y que simplifica con exceso la realidad del proceso: el Estado no es tanto la expresión de la clase dominante, al menos en su origen, sino que ésta es el resultado de la acción del Estado. A esta circunstancia agrego otra: la existencia del PRI como una organización burocrático-política relativamente autónoma y que comprende a las burocracias de las organizaciones obreras y campesinas. Es un rasgo que no aparece en otros países, excepto en los "socialistas". El PRI está incrustado en el capitalismo mexicano pero no es el capitalismo mexicano. Al analizar la nueva clase de *entrepreneurs*, Frank R. Brandenburg indica que el "régimen de Alemán originó una clase dual: parte de sus miembros se pusieron al frente de compañías privadas y otra parte asumieron la dirección de las empresas estatales".[3] Entre los segundos se encuentra ese amplio grupo de funcionarios que ha procurado defender, con éxito variable, la herencia de la Revolución mexicana. Es un sector distinto al del PRI y constituye la otra burocracia del nuevo Estado, la de los técnicos y los administradores como el PRI es la burocracia política. Brandenburg observa que la nueva clase de *entrepreneurs* "muy pocas veces ocupa puestos oficiales aunque muchos políticos pasan del manejo de los asuntos públicos a los negocios privados". En suma, no sólo hay un margen de independencia entre el sector privado y el público sino que el PRI conserva considerable autonomía. La izquierda oficial, el sector técnico dentro del gobierno y muchos grupos de intelectuales

[3] Frank R. Brandenburg, *The Making of Modern Mexico*, Prentice Hall, 1964.

han especulado siempre con la posibilidad de que el gobierno, valiéndose precisamente de la fuerza del PRI y de los sectores populares que domina, se enfrente algún día a la iniciativa privada. Me parece que el 2 de octubre disipó esas esperanzas. Para enfrentarse a los banqueros y financieros, el PRI necesitaría primero recobrar su ascendencia entre las clases populares y para ello debería transformarse y democratizarse, algo que no puede ni quiere hacer. Por otra parte, como el Partido empieza a mostrar una alarmante incapacidad para absorber o siquiera desviar las frecuentes oleadas de inconformidad y de descontento, el sector privado tarde o temprano sentirá la tentación de deshacerse del PRI. Aquí reaparece la doble alternativa que planteó el movimiento estudiantil, la alternativa en que termina todo análisis de la presente situación mexicana: democratización o dictadura.

EL DESARROLLO de México hubiese sido imposible sin las tres circunstancias que acabo de describir. Hay otra, igualmente importante: aunque las reformas revolucionarias no crearon un nuevo orden social, al destruir el antiguo régimen de grandes latifundistas liberaron a las fuerzas históricas que han cambiado la fisonomía de México en los últimos veinticinco años. Mencionaré lo más saliente: la tasa del crecimiento económico ha sido constantemente superior al índice del crecimiento demográfico, a pesar de que este último es uno de los más altos del mundo; el ingreso real por cabeza también ha aumentado durante todo ese período; se ha construido una red de comunicaciones que ha roto el tradicional aislamiento de los pueblos y villorrios; se ha creado una infraestructura económica relativamente sólida; el país ha cumplido la

primera etapa de la industrialización (o sea: necesita importar cada vez menos bienes de consumo) y se prepara, con ciertas dificultades, a la segunda etapa; a consecuencia de la reforma agraria, la política de irrigación y construcción de presas, la aparición en el norte de la agricultura capitalista y de los magníficos esfuerzos combinados de los geneticistas mexicanos y norteamericanos que han creado nuevos tipos de semillas, especialmente de trigo, se han hecho impresionantes avances en materia agrícola y México ya puede alimentarse; los progresos en la esfera de la salud pública han sido considerables y muy apreciables los de la educación, aunque en esta rama hayan sido más lentos e insuficientes, sobre todo por lo que toca a la educación media y superior. Todos estos hechos se resumen en lo siguiente: la aparición de una clase obrera, una clase media y una clase capitalista. El viejo sueño de los liberales mexicanos del siglo pasado parece haberse realizado: al fin México es un país moderno. Sólo que si se observa con cierto detenimiento el cuadro, se perciben vastas zonas de sombra. Una modernidad desconcertante.

La política económica de desarrollo no obedeció a un plan integral y nacional a largo plazo. Así, unas regiones han sido el objeto de la solicitud y los créditos del gobierno y otras han sido abandonadas casi del todo. A esta desigualdad horizontal corresponde otra, vertical: a pesar de que el índice de pobreza ha descendido continuamente desde hace treinta años, ese descenso no ha sido, ni con mucho, proporcional al crecimiento económico. En números absolutos hay ahora más ricos que hace treinta años pero también hay muchísimos más pobres, aunque la proporción de estos últimos haya disminuido. El desarrollo económico ha sido notable; no lo ha sido, ni con mucho,

el desarrollo social: México sigue siendo un país de escandalosas desigualdades. Después de esto es fácil inferir el defecto principal de la industrialización, un defecto que hace cerca de veinte años había ya señalado el economista norteamericano Sanford Mosk: la debilidad del mercado interno. Si el gobierno no ataca este problema ampliando el mercado actual y fortificando el poder adquisitivo del pueblo, el ritmo del desarrollo decrecerá y aun se paralizará. Pero para emprender esa acción son indispensables tanto una política de reformas sociales como el restablecimiento de las libertades sindicales en el interior de las agrupaciones obreras, hoy dominadas por una burocracia acomodaticia. Sin una política social de integración de la población marginal y sin libertad real de negociación de los trabajadores, el desarrollo de México se interrumpirá. La relación se ha invertido: primero fue imperativo el progreso económico; ahora, para que éste continúe, es igualmente imperativo el desarrollo social: la justicia.

En un libro reciente, James W. Wilkie resume así la evolución moderna de México, en sus tres etapas: "La revolución política destruyó el viejo orden pero no creó un Estado democrático; la revolución social atacó la antigua estructura de la sociedad pero no produjo, ni en lo social ni en lo económico, una sociedad nueva; la revolución económica aceleró y llevó a un alto nivel la industrialización pero no logró un desarrollo económico ni creó un vasto mercado interno..."[4] Justas en lo esencial, estas conclusiones olvidan la característica fundamental de la situación contemporánea: la existencia de dos Méxicos, uno

[4] James W. Wilkie, *The Mexican Revolution, Federal Expenditure and Social Changes since 1910*, University of California Press, 1957. [Ed. en español, FCE, 1979.]

moderno y otro subdesarrollado. Esta dualidad es el resultado de la Revolución y del desarrollo que la siguió. Asimismo es fuente de muchas esperanzas y, simultáneamente, amenaza futura. El dilema se presenta así: o el México desarrollado absorbe e integra al otro o el México subdesarrollado, por el mero peso muerto del crecimiento demográfico, terminará por estrangular al México desarrollado. Hasta ahora el primer México crece y el segundo disminuye, aunque no con la rapidez ni la proporción deseables y, sobre todo, posibles. Para el sociólogo Pablo González Casanova el signo positivo de la situación actual es la movilidad social: "los campesinos de ayer son los obreros de hoy y los hijos de esos obreros pueden ser mañana profesionistas". Pero el mismo escritor advierte que es urgente enderezar y reorientar el sentido del actual desarrollo económico, que deberá cumplir una función social y nacional; de otro modo la distancia entre los dos Méxicos aumentará más y más. Ahora bien, creo que todos coincidimos en pensar que cualquier enmienda o transformación que se intente exige, ante todo y como condición previa, la reforma democrática del régimen. Sólo en una atmósfera realmente libre y abierta a la crítica podrán plantearse y discutirse los verdaderos problemas de México, entre ellos algunos inmensos y que el gobierno ni siquiera se ha atrevido a abordar, como el del excesivo crecimiento de la población.

Una revisión leal de lo que ocurre tanto en nuestro país como en las otras partes del mundo nos llevaría a ver con otros ojos el tema del desarrollo a toda prisa y cueste lo que cueste. Olvidemos por un momento los crímenes y las estupideces que se han cometido en nombre del desarrollo, de la Rusia comunista a la India socialista y de la Argentina peronista al Egipto

nasserista, y veamos lo que pasa en los Estados Unidos y en Europa occidental: la destrucción del equilibrio ecológico, la contaminación de los espíritus y de los pulmones, las aglomeraciones y los miasmas en los suburbios infernales, los estragos psíquicos en la adolescencia, el abandono de los viejos, la erosión de la sensibilidad, la corrupción de la imaginación, el envilecimiento de Eros, la acumulación de los desperdicios, la explosión del odio... Ante esta visión, ¿cómo no retroceder y buscar otro modelo de desarrollo? Se trata de una tarea urgente y que requiere por igual la ciencia y la imaginación, la honestidad y la sensibilidad; una tarea sin precedentes porque todos los modelos de desarrollo que conocemos, vengan del Oeste o del Este, conducen al desastre. En las circunstancias actuales la carrera hacia el desarrollo es mera prisa por condenarse... Pero nos está vedado hablar de estos temas mientras no hayamos conseguido lo mínimo: ese ámbito libre que es el espacio natural en que se despliega lo mismo el pensamiento crítico que la imaginación.

Las crisis políticas son crisis morales. En 1943, en un artículo famoso, Jesús Silva Herzog anunció que la Revolución atravesaba por una crisis quizá mortal y que esa enfermedad era más de índole moral que física. En esos años se inicia el tercer período de nuestra historia contemporánea, esa etapa que el historiador norteamericano Stanley R. Ross ha llamado el "Termidor mexicano": las ideas se transforman en fórmulas y las fórmulas en antifaces. Los moralistas se escandalizan ante las fortunas acumuladas por los antiguos revolucionarios pero no han reparado en que a este florecimiento material corresponde otro verbal: la oratoria se ha convertido en el género literario predilecto de la gente próspera. Más que un

estilo es una marca, un distintivo de clase. Al lado de la oratoria y sus flores de plástico, triunfa y se propaga la sintaxis bárbara en los diarios, las inepcias de los programas de la televisión norteamericana doblados en nuestro idioma por gente que ignora tanto el inglés como el castellano, la diaria deshonra de la palabra en altavoces y radios, la cursilería empalagosa de la publicidad —toda esa asfixiante retórica a un tiempo nauseabunda y azucarada de gente satisfecha y aletargada por el mucho comer—. Sentados sobre México, los nuevos señores y sus cortesanos y parásitos se relamen ante gigantescos platos de basura florida. Cuando una sociedad se corrompe, lo primero que se gangrena es el lenguaje. La crítica de la sociedad, en consecuencia, comienza con la gramática y con el restablecimiento de los significados. Esto es lo que ha ocurrido en México. La crítica del estado de cosas reinante no la iniciaron ni los moralistas ni los revolucionarios radicales sino los escritores (apenas unos cuantos entre los de las viejas generaciones y la mayoría de los jóvenes). Su crítica no ha sido directamente política —aunque no hayan rehuido tratar temas políticos en sus obras— sino verbal: el ejercicio de la crítica como exploración del lenguaje y el ejercicio del lenguaje como crítica de la realidad.

La nueva literatura, la poesía tanto como la novela, comenzó por ser simultáneamente una reflexión sobre el lenguaje y una tentativa por inventar otro lenguaje: un sistema de transparencias para provocar la aparición de la realidad. Para realizar este propósito era indispensable limpiar el idioma y extirpar la ponzoña de la retórica oficial; de ahí que los escritores tuviesen que enfrentarse a las tendencias heredadas del período revolucionario y que habían terminado por corromperse enteramente: el nacionalismo

y el arte social comprometido. Ambas tendencias habían sido protegidas por los regímenes revolucionarios y por sus sucesores. No deja de ser aleccionadora esta coincidencia entre la estética oficial del estalinismo y la estética oficiosa de los políticos y jerarcas mexicanos. La pintura mural mexicana —originalmente un movimiento vigoroso— fue el ejemplo máximo de esta convivencia entre el régimen y los artistas "progresistas". La crítica del nacionalismo de colorines y del arte de *slogans* patrióticos o revolucionarios fue moral más que estética: crítica de la impostura y del arte servil. Esta crítica se extendió de la pintura mural (oratoria pintada) a esa oratoria en verso (poesía mural) que con una insistencia que se asemeja a la depravación practican muchos poetas hispanoamericanos —y no de los menores, como el gran Neruda—. Liberar el arte fue el comienzo de una libertad más ancha.

La crítica del arte revolucionario o nacionalista llevó a los escritores, acompañados por los pintores jóvenes, a la crítica de la sociedad creada por la Revolución y los regímenes epígonos. De nuevo, esa crítica no fue ni es directa; tampoco contiene ningún mensaje explícito ni está inspirada por ninguna doctrina establecida. La forma que adopta no es la de la moral o la de la política sino la de la exploración; no es una crítica en nombre de este o aquel principio ni es un juicio sobre la realidad: es una visión. La crítica del lenguaje es una operación activa que significa minar el lenguaje para descubrir lo que está escondido: los cimientos carcomidos de las instituciones, el subsuelo fangoso, los animales viscosos, el cemento y la sed, los corredores y los subterráneos interminables como prisiones, esas prisiones mexicanas que ahora encierran a tantos jóvenes... La aparición de

este arte crítico y pasional, obsesionado por las imágenes dobles de la banalidad y lo maravilloso cotidianos, el humor y la pasión, sorprendió y turbó a la nueva casta en el poder. Era natural. La clase de los *entrepreneurs*, banqueros, financieros y jefes políticos da ahora sus primeros pasos por la senda que hace más de cien años caminaron sus correspondientes en Europa y los Estados Unidos; los da precisamente en el momento en que esas naciones, que han sido sus modelos y el objeto de su admiración y de su envidia, comienzan a sufrir transformaciones sustanciales, lo mismo en el orden de la tecnología que en el económico, en la esfera social y en la espiritual, en el pensamiento y en la sensibilidad. Algo termina en los países desarrollados: eso mismo que apenas se inicia entre nosotros. Lo que es alba en México es ocaso allá y lo que allá es aurora no es nada todavía en México. La modernidad en que creen los jerarcas del régimen ya no es moderna y de ahí su horror y su pánico ante los escritores y artistas: a sus ojos representan esas tendencias de disolución, crítica y negación que minan a Occidente. Así ha terminado el largo período de tregua —iniciado por la Revolución y prolongado por las necesidades (el espejismo) del desarrollo— entre los intelectuales y el poder. La cultura mexicana ha recobrado su vocación crítica.

LAS INSTITUCIONES de enseñanza superior en la capital y en los estados han sido los grandes centros de independencia política en los últimos años. La ideología y la fraseología de los estudiantes y los profesores mexicanos refleja la de los grupos análogos en los Estados Unidos y en Europa occidental pero, en realidad, según se vio por sus demandas, su actitud expresa las aspiraciones de las nuevas fuerzas sociales creadas

por la Revolución y el desarrollo industrial. Me re-
fiero especialmente a esos grupos que forman lo que,
con un término bastante vago, se llama la clase me-
dia. Abundan en ella los individuos dedicados a ta-
reas técnicas e intelectuales; como son los más activos
e independientes, ejercen considerable influencia
sobre los otros. Aunque nuestra clase media no es
todavía la nueva clase de trabajadores intelectuales
que ha originado la sociedad tecnológica, tampoco es
la clase media tradicional. Constituye un estrato
móvil de la población que, a pesar de estar relativa-
mente satisfecha desde el punto de vista económico,
sabe que su situación puede variar mañana. Esta
inseguridad le infunde una agresividad y una inquie-
tud que no aparece entre los obreros, instalados en
las posiciones conquistadas y protegidos por sus sin-
dicatos y las leyes del trabajo. A la inseguridad social
debe añadirse otro sentimiento no menos poderoso:
la clase media es un producto de la sociedad posrevo-
lucionaria y nadie le asignó un lugar en el nuevo
orden de cosas, de modo que carece de un estatuto
explícito como el proletariado o implícito como la
nueva burguesía: ni sindicato ni club. Por último, es
muy sensible a las desigualdades que advierte entre
las funciones que realiza (considerables), su condi-
ción económica (mediocre) y su influencia política
(nula). Todo esto explica que se haya convertido en la
propulsora y defensora de los anhelos de cambios
democráticos: escritores, profesores, intelectuales,
artistas y estudiantes pertenecen a la clase media.
Pero no posee una organización propia ni me parece
que le sea posible crear una. Su función histórica no
es expresarse como clase sino ejercer su acción crítica
en muchos sitios y medios, tal como lo hace ahora: lo
mismo en las universidades que en las agrupaciones

de trabajadores al servicio del Estado y aun en el seno de las organizaciones obreras y del PRI. Es una fuerza nacional difusa, activa y crítica. Semillero de inconformidad y rebeldía, está destinada a despertar e inspirar a los otros grupos y clases a medida que, en el porvenir inmediato, la persistencia de la crisis agudice las luchas políticas. Esto último es seguro y no vale la pena preguntarse si habrá o no grandes batallas políticas en México, sino si serán públicas o clandestinas, pacíficas o violentas. Se trata de una pregunta que sólo el régimen tiene el privilegio —y la responsabilidad— de contestar.

El proletariado mexicano no es esa clase satisfecha y arrogante que en París abandonó a los estudiantes y que en Pittsburgh desfiló contra los negros. Tampoco es una clase activamente crítica e inconforme como ciertos sectores de la media. A pesar de que sus condiciones materiales dejan muchísimo que desear, su nivel de vida la convierte en un grupo privilegiado frente a la gran mayoría de los campesinos y, sobre todo, ante la inmensa y miserable masa flotante de semidesocupados que han emigrado del campo a los centros urbanos. Este último sector es numerosísimo y su desamparo es casi absoluto. Su doble situación de desarraigados del campo y de la ciudad convierte a todos estos mexicanos andrajosos y humillados en una fuente potencial de rebelión; pero es un conjunto amorfo, aún demasiado ligado a la cultura tradicional y con nociones rudimentarias sobre el mundo y la política. No obstante, sería un error exagerar su pasividad o desdeñar su fuerza dormida. Otro tanto debo decir del proletariado: la indiferencia con que escucha las fórmulas y consignas radicales de los jóvenes extremistas no implica que manifieste la misma indiferencia ante el programa de democratización. Al

contrario: los obreros han sido mediatizados y burlados por las corrompidas burocracias que dirigen los sindicatos, esas burocracias que son el pilar más fuerte del PRI. Estoy convencido de que uno de los puntos vulnerables del régimen está precisamente en las organizaciones obreras. Las aspiraciones de la clase media y de la clase obrera coinciden en esta coyuntura: ambas reclaman mayor participación política y una efectiva autonomía. Los obreros tienen necesidad de librarse de sus líderes, casta de cínicos que han convertido su función en un negocio y una carrera político-burocrática. La crítica política del régimen exige, en primer término, el restablecimiento de la democracia interna en los sindicatos. El tránsito de la democracia sindical a la política será insensible.

Ciertos voceros del gobierno —periodistas, líderes obreros y campesinos, antiguos presidentes y unos cuantos ingenuos— enarbolaron frente al movimiento estudiantil dos espantajos: el de la revolución "marxista-leninista" y el del cuartelazo militar. Para unos, la revuelta estudiantil era el preludio de la revolución social; para otros, una pérfida conspiración del imperialismo yanqui destinada a provocar un pandemonio que justificase la intervención del ejército y la liquidación del orden constitucional. Observo que el ejército efectivamente intervino pero no para liquidar el orden reinante sino a varios cientos de muchachas y muchachos reunidos en una plaza pública. Cierto, no puede ni debe descartarse una recaída en el militarismo; advierto, no obstante, que no se trata de una eventualidad inmediata. El régimen presidencialista y el PRI fueron creados como un recurso contra la recurrencia de las rebeliones militares; si en el futuro próximo se clausurase la posibilidad de una solución democrática a la crisis actual,

las tensiones, desórdenes y violencias serían tales que, a la larga, abrirían la puerta a los militares. Todavía no hemos llegado allí... La posibilidad de una revolución social es aún más remota. El análisis que se ha hecho a lo largo de estas páginas excluye, desde luego, la hipótesis de una revolución en las ciudades. Falta la clase social, el protagonista histórico: en las circunstancias presentes ninguno de los sectores urbanos populares reúne las condiciones que pide la acción revolucionaria. ¿Y en el campo, en el otro México, el subdesarrollado? En vastas zonas de ese México se encuentran las causas que, según la idea general, producen las revoluciones. Digo que esa idea es "general" porque es uno de los poquísimos puntos en que casi siempre coinciden los observadores de izquierda y derecha. Disiento de unos y otros, como se verá por lo que sigue.

En el campo hay inquietud y descontento; en muchos lugares esa inquietud es ya exasperación y en otros el descontento se traduce con frecuencia en actos de violencia desesperada. Es natural: la industrialización y el desarrollo han sido pagados, en gran parte, por nuestros campesinos. En tanto que su bajísimo nivel de vida apenas si se modificaba, nacían y crecían clases nuevas y relativamente prósperas, como la obrera y la media: medio México semidesnudo, analfabeto y mal comido contempla desde hace años los progresos del otro medio. Aquí y allá ha estallado la violencia popular; ninguno de esos brotes ha tenido caracteres realmente revolucionarios: han sido y son conflictos locales. Además, el régimen posee dos armas de disuasión: el ejército y la movilidad social. El primero es odioso pero real; la segunda es un factor decisivo, una verdadera válvula de seguridad. Gracias a la movilidad social y a

otras circunstancias no menos positivas —dotaciones de tierras, obras de irrigación, etc.— sería absurdo decir que la situación del campo es revolucionaria. No lo es decir que es angustiosa. Pero mi desacuerdo frente a los profetas de la revolución del campo se apoya en razones distintas a las fundadas en la condición económica y social de los campesinos. Sobre los movimientos agrarios —esto lo vio Marx mejor que nadie— pesa una doble condenación: disiparse en una serie de rebeliones locales o inmovilizarse a medio camino, hasta que son destruidos u otras fuerzas sociales se apoderan de ellos y los transforman en verdaderas revoluciones. Entre el ejercicio del poder y la clase campesina hay una suerte de contradicción esencial y permanente: no ha habido ni habrá un Estado campesino. Los campesinos nunca han querido ni quieren tomar el poder; y cuando lo toman, no saben qué hacer con ese poder. Desde Sumeria y Egipto hay una relación orgánica entre el Estado y la urbe; existe la misma relación, sólo que en sentido inverso de oposición y contradicción, entre la sociedad campesina y el Estado. Nuestro único vínculo con el neolítico, esa edad feliz que apenas si conoció al monarca y al sacerdote, son los campesinos.

Un ejemplo muy claro de esta repugnancia ante el poder —o de esta incapacidad para conquistarlo— es Hidalgo y su ejército de campesinos ante la ciudad de México: la saben inerme y abandonada pero no se atreven a tomarla; dan marcha atrás y unos meses después el ejército campesino es aniquilado e Hidalgo fusilado. En el período revolucionario, durante la ocupación de la capital por las tropas de Zapata y de Villa, los dos jefes populares visitaron el Palacio Nacional; todo el mundo sabe que Zapata vio con horror la silla presidencial y que, a diferencia de

Villa, se negó a sentarse en ella. Más tarde dijo: "Deberíamos quemarla para acabar con las ambiciones." (Una observación al pasar: la supersticiosa veneración que inspira a los mexicanos la Silla Presidencial —aquí las mayúsculas son de rigor— es un indicio más de la permanencia de lo azteca y lo hispano-árabe en nuestra sensibilidad; el culto que profesamos al poder está hecho de adoración y terror: los sentimientos ambiguos del cordero frente al cuchillo.) Zapata tenía razón: el poder corrompe y deberíamos quemar todas las sillas y tronos. Ahora bien, en el contexto inhumano de la historia, particularmente en una etapa revolucionaria, la actitud de Zapata tenía el mismo sentido que el gesto de Hidalgo ante la ciudad de México: a aquel que rehúsa el poder, por un proceso fatal de reversión, el poder lo destruye. El episodio de la visita de Zapata al Palacio Nacional ilustra el carácter del movimiento campesino y su suerte posterior: su aislamiento en las montañas del sur, su cerco y su final liquidación por obra de la facción de Carranza. La victoria de este último y, más tarde, la de Obregón y Calles, se debió a que los tres caudillos, a pesar de que representaban tendencias conservadoras, especialmente Carranza, expresaban igualmente y sobre todo aspiraciones y programas nacionales. Villa era la dispersión y Zapata era el aislamiento, la segregación; los otros, una vez derrotados los ejércitos campesinos, integraron las demandas del movimiento agrario en un programa más vasto y nacional.

El campesino está atado al suelo; su visión no es nacional y aún menos internacional; por último, concibe las organizaciones políticas en términos tradicionales: sus modelos de asociación son los lazos consanguíneos, los religiosos y lo patrimoniales. Cuando

brotan en el campo rebeliones, siempre son locales y provinciales; para que esos brotes se transformen en un movimiento revolucionario son imprescindibles, por lo menos, dos condiciones: una crisis del poder central y la aparición de fuerzas revolucionarias capaces de transmutar las rebeliones aisladas de los campesinos en revoluciones nacionales. Esto último se cumple, en general, a través de un proceso que esencialmente consiste en el desarraigo de los campesinos y en su militarización: el campesino se convierte en soldado y el soldado en revolucionario. El proceso debe coincidir con la crisis del poder central y su desmoronamiento en las ciudades, sea a causa de una derrota militar (Rusia) o de un conflicto interior doblado de una guerra extranjera (China). Si esas dos condiciones no se presentan, la rebelión campesina es una llamarada que se extingue; Zapata habría sido un líder oscuro perdido en las soledades del sur de no haber coincidido su insurgencia con la insurrección general del país y con el derrumbe del régimen de Díaz en la capital. El caso de Cuba se ajusta también al esquema que acabo de esbozar, aunque con la diferencia radical de que en Cuba ni siquiera hubo rebelión campesina: un pequeño ejército de revolucionarios liquidó a un régimen podrido y que carecía ya de todo apoyo popular, inclusive el de la burguesía. Las teorías sobre la guerrilla del infortunado comandante Guevara (la disidencia intelectual no excluye ni el respeto ni la admiración) fueron y son un extraño renacimiento de la ideología de Blanqui en pleno siglo XX. Extraño por inesperado y por desesperado. Pero Blanqui, al menos, fundaba su acción en la homogeneidad de la masa urbana, en tanto que la teoría de la guerrilla ignora la heterogeneidad entre el campo y la ciudad. Repetiré, por

último, que si un movimiento rebelde campesino no se inserta en un proceso revolucionario más amplio de carácter nacional, se inmoviliza. La rebelión de los Turbantes Amarillos, al final del período Han, en la antigua China, logró hacer frente por años a los ataques combinados del poder imperial y la burocracia confuciana. Los Turbantes Amarillos eran campesinos-soldados, dominaban un extenso territorio, se habían organizado en una sociedad de tipo comunitario y estaban unidos por lazos más estrechos y fuertes que los de cualquier ideología moderna: un taoísmo popular con una fuerte coloración magicorreligiosa. Todas estas circunstancias les dieron energía para resistir al poder central, no para vencerlo; incapaz de propagarse, la rebelión se inmovilizó hasta que, cercada, fue extirpada sin piedad. La rebelión de los Turbantes Amarillos no representaba una alternativa nacional... En suma, para que una revuelta campesina prospere es indispensable que coincida con una crisis profunda del poder central en las ciudades. En México *todavía* no se produce esa conjunción.

Tres conclusiones se desprenden de mi análisis: en primer término, la crisis de México es una consecuencia del cambio en la estructura social y de la aparición de nuevas clases —es una crisis del México desarrollado—; en segundo lugar, sólo una solución democrática permitirá que se planteen los graves problemas del país, en especial el de la integración del México subdesarrollado o marginal, y que se adopte una política de verdad nacional, lo mismo en el exterior que en el interior; por último, si el régimen impidiese la solución democrática, el resultado no sería el *statu quo* sino una situación de inmovilidad forzada

que terminaría por provocar una explosión y la recaída en el ciclo de la anarquía a la dictadura.

No faltará quien advierta que en este esquema no aparece la otra solución, la extrema: la solución revolucionaria. Sobre esto ya me he explicado en estas páginas. Además, depende de lo que se entiende por revolución: si es lo que ha entendido Occidente desde el nacimiento de la edad moderna, ya he expuesto en varias obras (*Corriente alterna* y *Conjunciones y disyunciones*) mi creencia: asistimos al fin de la época de las revoluciones en los países desarrollados. ¿Y en los subdesarrollados? Sin duda nos aguarda un período de grandes revueltas y cambios profundos; esas transformaciones serán inmensas pero no sé si sea legítimo llamarlas revoluciones, en el sentido riguroso del término. Experimento la misma duda, por lo demás, ante las revoluciones de esa primera mitad del siglo. No es ésta la ocasión para tratar el tema; diré solamente que es algo más que una querella lingüística. En todo caso, la historia de la edad moderna nos muestra que, por lo visto, hay dos clases de revoluciones: aquellas que son consecuencia del desarrollo (el histórico, económico y social tanto como el cultural) y cuyo ejemplo más perfecto es la Revolución francesa; y aquellas otras que estallan a causa precisamente de un desarrollo insuficiente. A estas últimas son a las que no sé si les conviene el nombre de revolución. Llámeselas como se quiera, lo cierto es que son movimientos que, al triunfar, deben enfrentarse al problema del desarrollo y que, para resolverlo, sacrifican sus otros objetivos sociales y políticos. En este caso la revolución no es un resultado del desarrollo sino un método para acelerarlo. Ahora bien, todas esas revoluciones, de la rusa a la mexicana, internacionalistas o nacionalistas, degene-

ran en regímenes burocráticos más o menos paterna-
listas y opresores.

Nadie sabe la forma del futuro: es un secreto —ésa
es la enseñanza de este medio siglo de trastornos—
que no está ni en los libros de Marx ni en los de sus
adversarios. Pero podemos decirle algo a ese futuro
que en alguna parte construyen unos muchachos apa-
sionados y terribles: toda revolución sin pensamiento
crítico, sin libertad para contradecir al poderoso y sin
la posibilidad de sustituir pacíficamente a un gober-
nante por otro, es una revolución que se derrota a sí
misma. Un fraude. Mis palabras irritarán a muchos;
no importa, el pensamiento independiente es casi
siempre impopular. Hay que renunciar definitiva-
mente a las tendencias autoritarias de la tradición re-
volucionaria, especialmente de su rama marxista. Al
mismo tiempo, hay que romper los monopolios con-
temporáneos —sean los del Estado, los partidos o el
capitalismo privado— y encontrar formas, nuevas y
realmente efectivas, de control democrático y popular
lo mismo del poder político y económico que de los
medios de información y de la educación. Una
sociedad plural, sin mayorías ni minorías: en mi
utopía política no todos somos felices pero, al menos,
todos somos responsables. Sobre todo y ante todo:
debemos concebir modelos de desarrollo viables y
menos inhumanos, costosos e insensatos que los
actuales. Dije antes que ésta es una tarea urgente: en
verdad, *es la tarea de nuestro tiempo*. Y hay algo más: el
valor supremo no es el futuro sino el presente; el fu-
turo es un tiempo falaz que siempre nos dice "todavía
no es hora" y que así nos niega. El futuro no es el
tiempo del amor: lo que el hombre quiere de verdad,
lo quiere *ahora*. Aquel que construye la casa de la feli-
cidad futura edifica la cárcel del presente.

CRÍTICA DE LA PIRÁMIDE

A LO LARGO de estas páginas ha aparecido una y otra vez el tema de los dos Méxicos, el desarrollado y el subdesarrollado. Es el tema central de nuestra historia moderna, el problema de cuya solución depende nuestra existencia misma como pueblo. En general, los economistas y los sociólogos ven las diferencias entre la sociedad tradicional y la moderna como una oposición entre desarrollo y subdesarrollo: las disparidades entre los dos Méxicos son de orden cuantitativo y el problema se reduce a determinar si la mitad desarrollada podrá o no absorber a la subdesarrollada. Ahora bien, si es normal que las estadísticas omitan la descripción cualitativa de los fenómenos, no lo es que nuestros sociólogos no adviertan que detrás de esas cifras hay realidades psíquicas, históricas y culturales irreductibles a las groseras medidas que, por fuerza, debe utilizar el Censo. Esos cuadros estadísticos, además, no han sido pensados para México sino que son toscas adaptaciones de modelos extraños. Es otro caso de "imitación extralógica" y su adopción revela más aturdida irreflexión que rigor científico. Por ejemplo, entre los índices del desarrollo figuran el trigo y el maíz: el comer pan de trigo es uno de los signos de que se está más allá de la línea que separa a los subdesarrollados de los desarrollados, en tanto que comer tortilla de maíz señala que se está más acá. Dos razones se alegan para justificar la inclusión del trigo como uno de los índices del desarrollo: sus mayores virtudes nutritivas y ser un

287

producto cuyo consumo revela que se ha dado el salto de la sociedad tradicional a la moderna. Es un criterio que condena al subdesarrollo por la eternidad al Japón, ya que el arroz es menos nutritivo que el trigo y no es menos "tradicional" que el maíz. Por lo demás, el trigo tampoco es "moderno", de modo que nada lo distingue del arroz y del maíz excepto pertenecer a otra tradición cultural, la de Occidente (¡aunque el *chapati* hindú está hecho de trigo!). En verdad, lo que se quiere indicar es que en todo, inclusive en materia de alimentación y cocina, la civilización occidental es superior a las otras y que, dentro de ella, la más perfecta es la rama norteamericana. Otro de los índices del subdesarrollo, según nuestras estadísticas, es el uso del guarache. Si se piensa en términos de comodidad y de estética, en nuestro clima el guarache resulta superior al zapato; lo que ocurre es que, dentro del contexto de nuestra sociedad, maíz y sandalias son rasgos característicos del otro México.

La porción desarrollada de México impone su modelo a la otra mitad, sin advertir que ese modelo no corresponde a nuestra verdadera realidad histórica, psíquica y cultural sino que es una mera copia (y copia degradada) del arquetipo norteamericano. De nuevo: no hemos sido capaces de crear modelos de desarrollo viables y que correspondan a lo que somos. El desarrollo ha sido, hasta ahora, lo contrario de lo que significa esa palabra: extender lo que está arrollado, desplegarse, crecer libre y armoniosamente. El desarrollo ha sido una verdadera camisa de fuerza. Una falsa liberación: si ha abolido muchas de las antiguas e insensatas prohibiciones, en cambio nos agobia con exigencias no menos terribles y onerosas. Cierto, cuando llegó el progreso a la moderna, nues-

tra casa, hecha con los despojos del mundo precolombino y las viejas piedras de la civilización hispanocatólica, se desmoronaba; la que hemos construido en su lugar, aparte de albergar únicamente a una minoría de mexicanos, ha sido deshabitada por el espíritu. Pero el espíritu no se ha ido: se ha ocultado. Para referirse al México subdesarrollado, algunos antropólogos usan una expresión reveladora: *cultura de la pobreza*. La designación no es inexacta sino insuficiente: el otro México es pobre y miserable; además, es efectivamente *otro*. Esa *otredad* escapa a las nociones de pobreza y de riqueza, desarrollo o atraso: es un complejo de actitudes y estructuras inconscientes que, lejos de ser supervivencias de un mundo extinto, son pervivencias constitutivas de nuestra cultura contemporánea. El otro México, el sumergido y reprimido, reaparece en el México moderno: cuando hablamos a solas, hablamos con él; cuando hablamos con él, hablamos con nosotros mismos.

Si el hombre es doble y triple, también lo son las civilizaciones y las sociedades. Cada pueblo sostiene un diálogo con un interlocutor invisible que es, simultáneamente, él mismo y el otro, su doble. ¿Su doble? ¿Cuál es el original y cuál el fantasma? Como en la banda de Moebius, no hay exterior ni interior y la otredad no está allá, fuera, sino aquí, dentro: la otredad es nosotros mismos. La dualidad no es algo pegado, postizo o exterior; es nuestra realidad constitutiva: sin otredad no hay unidad. Y más: la otredad es la manifestación de la unidad, la manera en que ésta se despliega. La otredad es una proyección de la unidad: la sombra con que peleamos en nuestras pesadillas; y a la inversa, la unidad es un momento de la otredad: ese momento en que nos sabemos un cuerpo sin sombra —o una sombra sin cuerpo—. Ni

adentro ni afuera, ni antes ni después: el pasado rea-
parece porque es un presente oculto. Hablo del ver-
dadero pasado, que no es lo mismo que "lo que
pasó": las fechas, los personajes y todo eso que lla-
mamos historia. Aquello que pasó efectivamente
pasó, pero hay algo que no pasa, algo que pasa sin
pasar del todo, perpetuo presente en rotación. La his-
toria de cada pueblo contiene ciertos elementos
invariantes o cuyas variaciones, de tan lentas, resul-
tan imperceptibles. ¿Qué sabemos de esos invariantes
y de las formas en que se asocian o separan? Por
analogía con lo que ocurre en otros dominios, vislum-
bramos que su modo de operación es la combinación
de unos cuantos elementos; como en el caso de los
procesos biológicos, el montaje cinematográfico o las
asociaciones verbales de los poetas, esas combina-
ciones producen figuras distintas y únicas —o sea:
historia—. Pero es engañoso hablar de elementos y de
invariantes como si se tratase de realidades aisladas
y con vida propia: aparecen siempre en relación unos
con otros y no se definen como elementos sino como
partes de una combinatoria. De ahí que no sea lícito
confundir estos complejos sistemas con los llamados
factores históricos, sean éstos económicos o cultu-
rales. Aunque esos factores son, diría, el motor de la
historia, lo que me parece decisivo, desde esta pers-
pectiva, es determinar cómo se combinan: *su forma de
producción de historia*. Tal vez en todos los pueblos y
en todas las civilizaciones opera el mismo sistema
combinatorio —de otra manera se rompería tanto la
unidad de la especie humana como la universalidad
de la historia—, sólo que en cada cultura el modo de
asociación es distinto.

La otredad nos constituye. No afirmo con esto el
carácter único de México —ni el de México ni el de

pueblo alguno; sostengo que esas realidades que llamamos culturas y civilizaciones son elusivas—. No es que México escape a las definiciones: somos nosotros mismos los que nos escapamos cada vez que intentamos definirnos, asirnos. El carácter de México, como el de cualquier otro pueblo, es una ilusión, una máscara; al mismo tiempo, es un rostro real. Nunca es el mismo y siempre es el mismo. Es una contradicción perpetua: cada vez que afirmamos una parte de nosotros mismos, negamos otra. Lo que ocurrió el 2 de octubre de 1968 fue, simultáneamente, la negación de aquello que hemos querido ser desde la Revolución y la afirmación de aquello que somos desde la Conquista y aún antes. Puede decirse que fue la aparición del otro México o, más exactamente, de uno de sus aspectos. Apenas si debo repetir que el otro México no está afuera sino en nosotros: no podríamos extirparlo sin mutilarnos. Es un México que, si sabemos nombrarlo y reconocerlo, un día acabaremos por transfigurar: cesará de ser ese fantasma que se desliza en la realidad y la convierte en pesadilla de sangre. Doble realidad del 2 de octubre de 1968: ser un hecho histórico y ser una representación simbólica de nuestra historia subterránea o invisible. Y hago mal en hablar de representación pues lo que se desplegó ante nuestros ojos fue un acto ritual: un sacrificio. Vivir la historia como un rito es nuestra manera de asumirla; si para los españoles la Conquista fue una *hazaña*, para los indios fue un *rito*, la representación humana de una catástrofe cósmica. Entre estos dos extremos, la hazaña y el rito, han oscilado siempre la sensibilidad y la imaginación de los mexicanos.

Todas las historias de todos los pueblos son simbólicas; quiero decir: la historia y sus acontecimientos y protagonistas aluden a otra historia oculta, son la

manifestación visible de una realidad escondida. Por esto nos preguntamos: ¿qué significaron realmente las Cruzadas, el descubrimiento de América, el saqueo de Bagdad, el Terror jacobino, la guerra de Secesión norteamericana? Vivimos la historia como si fuese una representación de enmascarados que trazan sobre el tablado figuras enigmáticas; a pesar de que sabemos que nuestros actos significan, dicen, no sabemos qué es lo que dicen y así se nos escapa el significado de la pieza que representamos. ¿Alguien lo sabe? Nadie conoce el desenlace final de la historia porque su fin es también el fin del hombre. Pero no podemos demorarnos en estas preguntas sin respuesta porque la historia nos obliga a vivirla: es la sustancia de nuestra vida y el lugar de nuestra muerte. Entre vivir la historia e interpretarla se pasan nuestras vidas. Al interpretarla, la vivimos: hacemos historia; al vivirla, la interpretamos: cada uno de nuestros actos es un signo. La historia que vivimos es una escritura; en la escritura de la historia visible debemos leer las metamorfosis y los cambios de la historia invisible. Esa lectura es un desciframiento, la traducción de una traducción: jamás leeremos el original. Cada versión es provisional: el texto cambia sin cesar (aunque quizá siempre dice lo mismo) y de ahí que de tiempo en tiempo se descarten ciertas versiones en favor de otras que, a su vez, antes habían sido descartadas. Cada traducción es una creación: un texto nuevo... Lo que sigue es una tentativa por traducir el 2 de octubre en los términos de lo que yo creo que es la verdadera, aunque invisible, historia de México: esa tarde la historia visible desplegó, a la manera de un códice precolombino, nuestra otra historia, la invisible. La visión fue sobrecogedora porque los símbolos se volvieron transparentes.

292

Las geografías también son simbólicas: los espacios físicos se resuelven en arquetipos geométricos que son formas emisoras de símbolos. Llanuras, valles, montañas: los accidentes del terreno se vuelven significativos apenas se insertan en la historia. El paisaje es histórico y de ahí que se convierta en escritura cifrada y texto jeroglífico. Las oposiciones entre mar y tierra, llanura y montaña, isla y continente, selva y desierto son símbolos de oposiciones históricas: sociedades, culturas, civilizaciones. Cada tierra es una sociedad: un mundo y una visión del mundo y del trasmundo. Cada historia es una geografía y cada geografía una geometría de símbolos: India es un cono invertido, un árbol cuyas raíces se hunden en el cielo; China es un inmenso disco —vientre, ombligo y sexo del cosmos—; México se levanta entre dos mares como una enorme pirámide trunca: sus cuatro costados son los cuatro puntos cardinales, sus escaleras son los climas de todas las zonas, su alta meseta es la casa del Sol y de las constelaciones. Apenas si es necesario recordar que para los antiguos el mundo era una montaña y que, lo mismo en Sumeria y Egipto que en Mesoamérica, la representación geométrica y simbólica de la montaña cósmica fue la pirámide. La geografía de México tiende a la forma piramidal como si existiese una relación secreta pero evidente entre el espacio natural y la geometría simbólica y entre ésta y lo que he llamado nuestra historia invisible. Arquetipo arcaico del mundo, metáfora geométrica del cosmos, la pirámide mesoamericana culmina en un espacio magnético: la plataforma-santuario. Es el eje del universo, el sitio en que se cruzan los cuatro puntos cardinales, el centro del cuadrilátero: el fin y el principio del movimiento. Una inmovilidad en la que se acaba y se reengendra la

danza del cosmos. Tiempo petrificado, los cuatro lados de la pirámide representan los cuatro soles o edades del mundo y sus escaleras son días, meses, años, siglos. Arriba, en la plataforma: el lugar del nacimiento del quinto sol, la era nahua y azteca. Un edificio hecho de tiempo: lo que fue, lo que será, lo que está siendo. Espacio, la plataforma-santuario es el lugar de aparición de los dioses y el altar del sacrificio: punto de convergencia entre el mundo humano y el divino; tiempo, es el centro del movimiento, el fin y el principio de las eras: presente eterno de los dioses. La pirámide es una imagen del mundo; a su vez, esa imagen del mundo es una proyección de la sociedad humana. Si es cierto que el hombre inventa dioses a su semejanza, también lo es que encuentra su semejanza en las imágenes que le ofrecen el cielo y la tierra. El hombre hace del paisaje humano historia humana; la naturaleza convierte la historia en cosmogonía, danza de astros.

La pirámide asegura la continuidad del tiempo (el humano y el cósmico) por el sacrificio: es un espacio generador de vida. La metáfora del mundo como montaña y de la montaña como dadora de vida se materializa con pasmosa literalidad en la pirámide. Su plataforma-santuario, cuadrada como el mundo, es el teatro de los dioses y su campo de juego. ¿Cuál es el juego de los dioses? Juegan con tiempo y su juego es la creación y la destrucción de los mundos. Oposición entre el trabajo y el juego divino: el hombre trabaja para comer, los dioses juegan para crear. Mejor dicho, para ellos no hay diferencia entre jugar y crear: cada una de sus piruetas es un mundo que nace o que se aniquila. Creación y destrucción son nociones antitéticas para los hombres pero idénticas para los dioses: todo es juego. En sus juegos

—que son guerras que son danzas— los dioses crean, destruyen y, a veces, se autodestruyen. Al inmolarse, recrean al mundo. El juego de los dioses es un juego sangriento que culmina en un sacrificio que es la creación del mundo. La destrucción creadora de los dioses es el modelo de los ritos, las ceremonias y las fiestas de los hombres: sacrificio es igual a destrucción productiva. Para los antiguos mexicanos *danza* era sinónimo de *penitencia*. Parece extraño pero no lo es: danza es primordialmente rito y éste es ceremonia que reproduce la creación del mundo por los dioses en un juego que es destrucción creadora. Hay una íntima conexión entre el juego divino y el sacrificio que engendra al universo; a ese modelo celeste corresponde otro humano: en el rito la danza es penitencia. La ecuación danza = sacrificio se repite en el simbolismo de la pirámide: la plataforma de la cúspide representa el espacio sagrado donde se despliega la danza de los dioses, un juego creador del movimiento y, por tanto, del tiempo mismo; el lugar de la danza es igualmente, por las mismas razones de analogía y correspondencia, el lugar del sacrificio. Ahora bien, para los aztecas el mundo de la política no era distinto al mundo de la religión: la danza celeste que es destrucción creadora es asimismo guerra cósmica; esta serie analógica divina se proyecta en otra, terrestre: la guerra ritual (o "guerra florida") es el doble de la danza guerrera de los dioses y culmina en el sacrificio de los prisioneros de guerra. Destrucción creadora y política de dominación de los otros son la doble cara, la divina y la humana, de una misma concepción. La pirámide, tiempo petrificado, lugar del sacrificio divino, es también la imagen del Estado azteca y de su misión: asegurar la continuidad del culto solar, fuente de la vida universal, por el sa-

crificio de los prisioneros de guerra. El pueblo mexica se identifica con el culto solar: su dominación es semejante a la del sol que cada día nace, combate, muere y renace. La pirámide es el mundo y el mundo es México-Tenochtitlan: deificación de la nación azteca por su identificación con la imagen ancestral del cosmos, la pirámide. Para los herederos del poder azteca, la conexión entre los ritos religiosos y los actos políticos de dominación desaparece pero, como se verá en seguida, el modelo inconsciente del poder siguió siendo el mismo: la pirámide y el sacrificio.

Si México es una pirámide trunca, el valle de Anáhuac es la plataforma de esa pirámide. En el centro del valle está la ciudad de México, la antigua México-Tenochtitlan, sede del poder azteca y hoy capital de la República de México. Hay un hecho que posee una significación particular y en el cual, que yo sepa, nadie ha reparado: la capital ha dado su nombre al país. Es algo extraño. En casi todo el mundo —las excepciones se cuentan con los dedos— el nombre de la capital es distinto al de la nación. La razón, me parece, es la siguiente: hay una regla universal, aunque no formulada, que exige distinguir cuidadosamente entre la realidad particular de una ciudad y la realidad plural y más vasta de una nación. La distinción se vuelve imperativa si, como ocurre con frecuencia, la capital es una vieja metrópoli con una historia propia y, sobre todo, si esa historia ha sido de dominación de las otras ciudades y provincias: Roma/Italia, París/Francia, Tokio/Japón, Teherán/Irán, Londres/Inglaterra... Ni siquiera los centralistas castellanos se atrevieron a violar la regla: Madrid/España. La extrañeza del caso mexicano aumenta si se recuerda que para los pueblos que componían el mundo prehispánico el nombre de

México-Tenochtitlan evocaba la idea de la dominación azteca. Mejor dicho: la realidad terrible de esa dominación. Haber llamado al país entero con el nombre de la ciudad de sus opresores es una de las claves de la historia de México, la historia no escrita y nunca dicha. La fascinación que han ejercido los aztecas ha sido tal que ni siquiera sus vencedores, los españoles, escaparon de ella: cuando Cortés decidió que la capital del nuevo reino se edificaría sobre las ruinas de México-Tenochtitlan, se convirtió en el heredero y sucesor de los aztecas. A pesar de que la conquista española destruyó el mundo indígena y construyó sobre sus restos otro distinto, entre la antigua sociedad y el nuevo orden hispánico se tendió un hilo invisible de continuidad: el hilo de la dominación. Ese hilo no se ha roto: los virreyes españoles y los presidentes mexicanos son los sucesores de los tlatoanis aztecas.

Si desde el siglo XIV hay una secreta continuidad política, ¿cómo extrañarse de que el fundamento inconsciente de esa continuidad sea el arquetipo religioso-político de los antiguos mexicanos: la pirámide, sus implacables jerarquías y, en lo alto, el jerarca y la plataforma del sacrificio? Al hablar del fundamento inconsciente de nuestra idea de la historia y de la política, no pienso nada más en los gobernantes sino en los gobernados. Es evidente que los virreyes españoles eran ajenos a la mitología de los mexicanos pero no lo eran sus súbditos, fuesen indios, mestizos o aun criollos: todos ellos, espontánea y naturalmente, veían en el Estado español la continuación del poder azteca. Esta identificación no era explícita y ni siquiera asumía una forma racional: era algo que estaba en el orden de las cosas. La continuidad entre el virrey y el señor azteca, entre la capital cristiana y

la antigua ciudad idólatra no eran, por lo demás, sino uno de los aspectos de la idea que se hacía la sociedad colonial del pasado precolombino. En el ámbito de la religión la continuidad aparecía también: la aparición de la Virgen de Guadalupe sobre las ruinas de un santuario consagrado a la diosa Tonantzin es el ejemplo central, aunque no es el único, de esta relación entre los dos mundos, el indígena y el colonial. En un auto sacramental de Sor Juana, *El divino Narciso*, la antigua religión precolombina, a pesar de sus ritos sangrientos, aparece como una prefiguración de la llegada del cristianismo a tierras mexicanas. Para los españoles, el modelo histórico era Roma y su imperio; México-Tenochtitlan y, después, la ciudad de México, no fueron sino versiones reducidas del arquetipo romano. Del mismo modo que la Roma cristiana prolongaba, rectificándola, a la Roma pagana, la nueva ciudad de México era la continuación, la rectificación y, finalmente, la afirmación de la metrópoli azteca. La Independencia no alteró radicalmente esta concepción: se consideró que la Colonia española había sido una *interrupción* de la historia de México y que, al liberarse de la dominación europea, la nación restablecía sus libertades y reanudaba su tradición. Desde este punto de vista la Independencia fue una suerte de restauración. Esta ficción histórico-jurídica consagraba la legitimidad de la dominación azteca: México-Tenochtitlan era y es el origen, la fuente del poder. Desde la Independencia el proceso de identificación sentimental con el mundo prehispánico se acentúa hasta convertirse, después de la Revolución, en una de las características más notables del México moderno. Lo que no se ha dicho es que los mexicanos, en su inmensa mayoría, han hecho suyo el punto de vista azteca y así han fortificado, sin saberlo, el

mito que encarna la pirámide y su piedra de sacri-
ficios.

A MEDIDA que progresa nuestro conocimiento del
mundo mesoamericano, cambia nuestro juicio sobre
los aztecas. Durante mucho tiempo se pensó que en
México-Tenochtitlan había alcanzado su apogeo la
civilización prehispánica. Ésa fue la idea de los
españoles y ésa es, todavía, la de muchísimos mexi-
canos, sin excluir a varios historiadores, arqueólogos,
críticos de arte y otros estudiosos de nuestro pasado.
Pero ahora sabemos con certeza que el gran período
creador de Mesoamérica es anterior en varios siglos a
la llegada de los aztecas al valle de Anáhuac. Inclu-
sive es probable que Teotihuacan no haya sido na-
hua, al menos exclusivamente. Así, pues, aunque
existe una indudable relación entre la cultura de Tula
y la de Teotihuacan —la relación del bárbaro que
hereda e interpreta una civilización— es un error
estudiar desde la perspectiva nahua (y más desde su
tardía versión azteca) la totalidad de la civilización
mesoamericana, que es una realidad más rica, diversa
y antigua. Sobre esto me he explicado con alguna
amplitud en otro estudio.[1] En todo caso, la fase
creadora de Mesoamérica —llamada por los arqueó-
logos actuales, no sé si muy exactamente, "período de
las grandes teocracias"— termina hacia el siglo IX. La
extraordinaria fecundidad artística e intelectual de
esa etapa se debe, a mi manera de ver, a la coexisten-
cia en distintas zonas del país de varias culturas ori-
ginales, aunque posiblemente surgidas de un tronco
común: mayas, zapotecas, la gente de Teotihuacan, la
gente de El Tajín. No hubo hegemonía de un Estado

[1] "El punto de vista nahua", en *Puertas al campo*, México, 1966.

sobre los otros sino diversidad y confrontación, ese juego de influencias y reacciones en que consiste finalmente toda creación. Mesoamérica no era una pirámide sino una asamblea de pirámides. Por supuesto, ese período no fue una época de paz universal como han dicho con ingenuidad algunos de nuestros arqueólogos. Teocráticas o no, esas ciudades-Estado no eran pacíficas; los muros de Bonampak conmemoran una batalla con su corolario ritual, el sacrificio de los prisioneros; y en Teotihuacan aparecen muchos de los símbolos que después figurarían en el culto solar azteca así como los emblemas de las órdenes militares del águila y el jaguar y varios indicios de canibalismo ritual. Muchos estudiosos minimizan estos rasgos de la civilización mesoamericana, tendencia no menos nociva que la de aquellos que los exageran. Unos y otros olvidan que la ciencia no tiene por objeto juzgar sino comprender. Mesoamérica, además, no necesita ni apologistas ni detractores.

La segunda época, el llamado "período histórico", es la de las grandes hegemonías. Fue predominantemente nahua y se inicia con Tula y su dominación. Los toltecas llegaron hasta Yucatán y allá los mayas los vieron con la misma admiración y el mismo horror con que después verían a los aztecas. Para entender lo que significa el dominio de un pueblo sobre otro hay que haber visto esa serpiente nahua de piedra que recorre el muro frontal del templo consagrado al dios maya Chac en Uxmal: lo recorre y lo desfigura como el hierro la frente del esclavo. A la hegemonía de Tula, tras un período de confusión y luchas, sucedió la de México-Tenochtitlan. Los nuevos señores, hasta hacía poco nómadas errantes, por muchos años habían merodeado a las puertas de las ciudades que más tarde someterían. La versión azteca

de la civilización mesoamericana fue grandiosa y sombría. Los grupos militares y sacerdotales, y a su imagen y semejanza la gente del común, estaban poseídos por una creencia heroica y desmesurada: ser los instrumentos de una tarea divina que consistía en servir, mantener y extender el culto solar y así contribuir a la conservación del orden cósmico. El culto exigía alimentar a los dioses con sangre humana para asegurar la marcha del universo. Idea sublime y aterradora: la sangre como sustancia animadora del movimiento de los mundos, un movimiento análogo al de la danza y al de la guerra. Danza guerrera de los astros y los planetas, danza de la destrucción creadora. Cadena de ecuaciones y transformaciones: rito→danza→guerra→ritual→sacrificio. En esta cosmología la edad nahua y la de sus herederos, los aztecas, era la quinta edad del mundo, la del quinto sol: el sol del movimiento, el sol guerrero que bebe sangre y cada día salva al mundo de la destrucción definitiva. Sol polémico, sol del movimiento: guerras, temblores de tierra, eclipses, danza del cosmos. Si el pueblo azteca era el pueblo del quinto sol, el fin del mundo se confundía con el de la supremacía azteca y de ahí que evitar ambos —por la guerra, el vasallaje de las otras naciones y el sacrificio— fuese al mismo tiempo una tarea divina y una empresa político-militar. La identificación de una era cósmica con su destino nacional es el aspecto más notable de la imbricación entre las ideas religiosas y filosóficas de los aztecas y sus intereses políticos. Uno de los informantes de Sahagún explicó de un modo memorable la verdadera significación religiosa de Huitzilopochtli, el dios nacional de los mexicas: *el dios era nosotros*. No "el pueblo es dios" de los demócratas de Occidente sino *el dios es pueblo*: la divinidad encar-

na en la sociedad y le impone tareas inhumanas, sacrificar y ser sacrificada. La "paz azteca", como llama a la hegemonía mexica uno de sus eruditos idólatras contemporáneos, convirtió en institución permanente la guerra ritual: los pueblos vasallos, como el de Tlaxcala, tenían la obligación de celebrar periódicamente batallas campales con los aztecas y sus aliados para proveerlos (y proveerse) de cautivos destinados al sacrificio. Las naciones sojuzgadas constituían una reserva de alimento sagrado. La "guerra florida" combinaba la caza con el torneo y los dos con una institución filantrópica moderna: el banco de sangre.

Los aztecas modificaron su tradición religiosa nacional para adaptarla a una cosmología anterior, creada por los toltecas o, tal vez, por los mismos teotihuacanos. El dios tribal, Huitzilopochtli, "el guerrero del sur", ocupó el centro del culto; a su lado figuraron los otros grandes dioses de las culturas que los habían precedido en el valle de Anáhuac: Tláloc, Quetzalcóatl. Confiscaron así una visión del universo singularmente profunda y compleja para transformarla en un instrumento de dominación.[2] Religión solar e ideología expansionista, heroísmo sobrehumano e inhumano realismo político, locura sagrada y fría astucia, sacrificio y pillaje: entre tales extremos se movía el *ethos* azteca. Esta dualidad psíquica y moral estaba en correlación con el dualismo de su organización social y con el de su pensamiento religioso y cosmológico. A este dualismo —rasgo distintivo de los nahuas y que quizá sea una característica de todos los indios americanos— se superpuso otro de or-

[2] Varios autores han dedicado estudios al tema; entre los más recientes y perspicaces se encuentran los de Laurette Séjourné.

den histórico: la amalgama de las concepciones de los pueblos sedentarios de la Meseta con las de los nómadas que habían sido los aztecas. Religión solar y religión agrícola, observa Jacques Soustelle. Al sincretismo en la religión y la cosmología corresponde un arte híbrido que va de lo sublime a lo grotesco y del estilo oficial al patético. Nuestros críticos de arte se extasían ante la estatua de Coatlicue, enorme bloque de teología petrificada. ¿La han *visto*? Pedantería y heroísmo, puritanismo sexual y ferocidad, cálculo y delirio: un pueblo de soldados y sacerdotes, astrólogos y sacrificadores. También de poetas: ese mundo de colores brillantes y pasiones sombrías estaba atravesado por breves, prodigiosos relámpagos de poesía. Y en todas las manifestaciones de esa nación extraordinaria y terrible, de los mitos astronómicos a las metáforas de los poetas y de los ritos diarios a las meditaciones de los sacerdotes, la obsesión, el olor, el tufo de la sangre. Como esas ruedas de suplicios que aparecen en las novelas de Sade, el año azteca era un círculo de dieciocho meses empapados de sangre; dieciocho ceremonias, dieciocho maneras de morir: por flechamiento o por inmersión en el agua o por degollación o por desollamiento… Danza y penitencia.

¿Por cuál aberración religiosa y social una ciudad de la hermosura de México-Tenochtitlan fue el teatro de agua, piedra y cielo de un alucinante ballet fúnebre? ¿Y por cuál ofuscación del espíritu nadie entre nosotros —no pienso en los nacionalistas trasnochados sino en los sabios, los historiadores, los artistas y los poetas— quiere ver y admitir que el mundo azteca es una de las aberraciones de la historia? El caso azteca es único porque su crueldad era el fruto de un sistema de impecable e implacable coherencia, un irrefutable silogismo-puñal. El puritanismo se-

xual, la represión de los sentidos y el peso aplastante de lo sagrado podrían explicar esa violencia, pero no es ella lo que asombra y paraliza, sino los métodos realistas al servicio de una metafísica a un tiempo rigurosamente racional y delirante, la insensata siega de vidas ante una razón petrificada. No el furor homicida de Gengis Khan o de Timur ni la embriaguez en el asesinato y el incendio de los hunos blancos; más bien, inclusive por el esplendor de su ciudad y el carácter litúrgico y grandioso de sus matanzas, los mexica recuerdan a los asirios, que fueron también herederos de una alta civilización y que mostraron igual predilección por la pirámide trunca (*zigurat*). No obstante, los asirios no eran teólogos. En realidad, los émulos de los aztecas no están en Asia sino en Occidente, pues sólo entre nosotros la alianza entre política y razón metafísica ha sido tan íntima, exasperada y mortífera: las inquisiciones, las guerras de religión y, sobre todo, las sociedades totalitarias del siglo XX. A reserva de ofrecer, más adelante, una hipótesis que explique la singular seducción que nos ha impedido contemplar con objetividad el mundo azteca, aclaro que no pretendo que se le juzgue y menos aún que se le condene. México-Tenochtitlan ha desaparecido y ante su cuerpo caído lo que me preocupa no es un problema de interpretación histórica sino que no podamos contemplar frente a frente al muerto: su fantasma nos habita. Por eso creo que la crítica de México y de su historia —una crítica que se asemeja a la terapéutica de los psicoanalistas— debe iniciarse por un examen de lo que significó y significa todavía la visión azteca del mundo. La imagen de México como una pirámide es un punto de vista entre otros igualmente posibles: el punto de vista de aquel que está en la plataforma que la corona. Es el

punto de vista de los antiguos dioses y de sus servidores, los señores pontífices aztecas. Asimismo es el de sus herederos y sucesores: Virreyes, Altezas Serenísimas y Señores Presidentes. Y hay algo más: es el punto de vista de la inmensa mayoría, las víctimas aplastadas por la pirámide o sacrificadas en su plataforma-santuario. La crítica de México comienza por la crítica de la pirámide.

El segundo período de Mesoamérica estuvo marcado por Tula y México-Tenochtitlan. Ambos estados pesaron sobre los otros pueblos como esos gigantescos guerreros de piedra que los arqueólogos han desenterrado en la primera de esas ciudades. Repeticiones, ampliaciones, obras inmensas, grandeza inhumana —nada comparable al gran período creador—. Pero lo que me interesa destacar es la extraña relación de los aztecas con la tradición mesoamericana. Es sabido que ignoraban todo o casi todo de las grandes "teocracias" que habían precedido a Tula. Confieso que esa ignorancia me estremece: es la misma de los europeos de los siglos oscuros ante la antigüedad grecorromana, la misma que sufrirán nuestros descendientes ante París, Londres, Nueva York... Si los aztecas tenían nociones rudimentarias y grotescas acerca de Teotihuacan y sus constructores, en cambio Tula les inspira ideas exaltadas. Los mexicas afirmaron siempre y orgullosamente que eran los legítimos y directos herederos de los toltecas, es decir, de Tula y Colhuacan. Para entender la razón de esta pretensión hay que recordar que para la gente nahua la dicotomía universal *civilizado/bárbaro* se expresaba por estos dos términos: *tolteca/chichimeca*. Los aztecas querían negar su pasado chichimeca (bárbaro). Esta pretensión no tenía gran fundamento: antes de la fundación de México habían sido una banda de fugitivos

fuera de la ley. El sentimiento de ilegitimidad, común a todos los bárbaros y advenedizos, fue una suerte de llaga en la psiquis azteca y, además, una tacha en sus títulos de dominadores del mundo por voluntad de Huitzilopochtli. En efecto, Huitzilopochtli mismo, supuesto centro de la cosmogonía del quinto sol y sustento del culto solar, no era sino un dios tribal, un advenedizo entre las antiguas divinidades de Mesoamérica. Por eso el tlatoani Itzcóatl, aconsejado por el célebre Tlacaélel, el arquitecto de la grandeza mexicana, ordenó la quema de los códices y documentos antiguos así como la fabricación de otros destinados a probar que el pueblo azteca era el descendiente de los señores de Anáhuac. Al afirmar su filiación directa con el mundo tolteca, los aztecas afirmaban la legitimidad de su hegemonía sobre las otras naciones de Mesoamérica. Ahora aparece con mayor claridad el sentido de la correlación entre la falsificación de la historia y el sincretismo religioso.

Las naciones sojuzgadas veían con escepticismo estas doctrinas. Los aztecas mismos, por su parte, sabían que se trataba de una superchería aunque nadie se atreviese a decírselo ni aun a sí mismo. Todo esto explica que, al recibir a Cortés, Moctezuma II lo salude como al enviado de alguien que reclama su herencia. Aclaro y subrayo: lo recibe no como al emisario del emperador Carlos sino como a un dios (o semidiós o mago-guerrero: los aztecas nunca llegaron a tener ideas definidas acerca de la naturaleza de los españoles) enviado para restablecer el orden sagrado del quinto sol, interrumpido con la caída de Tula. La llegada de los españoles coincide con un interregno en Mesoamérica: a la destrucción de Tula, la fuga de Quetzalcóatl (dios-jefe-sacerdote) y su profecía de regresar algún día, había sucedido la hege-

monía de México-Tenochtitlan; pero el poder azteca, por razón misma de su origen bárbaro, estaba perpetuamente amenazado por la vuelta de aquellos que realmente encarnaban el principio del quinto sol, los legendarios toltecas. Para comprender la actitud del mundo mesoamericano frente a los españoles hay que recordar que, según la leyenda, el rey-sacerdote Topiltzin Quetzalcóatl nació el año 1 Ácatl (caña) y que su fuga y desaparición acaecieron 52 años más tarde, otra vez en la fecha 1 Ácatl. La creencia general era que Quetzalcóatl regresaría en un año 1 Ácatl ¡y Cortés llegó a México en 1519 o sea precisamente en 1 Ácatl! Es impresionante leer la arenga con que Moctezuma II recibe a Cortés: "Señor nuestro, te has fatigado, te has dado cansancio: ya a la tierra tú has llegado. *Has arribado a tu ciudad: México.* Aquí has venido a asentarte en tu solio, en tu trono. Oh, por breve tiempo te lo reservaron, te lo conservaron, los que ya se fueron, tus sustitutos." El soberano no pone en duda los títulos sagrados del español; México pertenece a Cortés no por derecho de conquista sino de propiedad original: viene a recobrar su herencia. Y Moctezuma subraya que los que "ya se fueron" —es decir, sus predecesores, los antiguos soberanos de México: Itzcóatl, Moctezuma el Viejo, Tízoc, Axayácatl, Ahuítzotl— gobernaron sólo como *sustitutos* o regentes. No eran, como el mismo Moctezuma, sino los guardianes, los custodios de la herencia tolteca. El tlatoani señala, no sé si lamentando el hecho o haciéndolo valer ante Cortés, que esa regencia duró poco: "Oh, qué breve tiempo tan sólo guardaron para ti…" Es patética la insistencia de Moctezuma: "ha cinco, ha diez días que yo estaba angustiado: tenía fija la mirada en la Región del Misterio. Y tú has venido entre nubes, entre nieblas. Como que esto era

lo que nos habían dejado dicho los reyes, los que rigieron, los que gobernaron tu ciudad: que habrías de instalarte en tu asiento, que habrías de venir acá."[3] No puedo detenerme más en el análisis del tema. Habría que dedicar una vida entera al estudio y elucidación de la Conquista.

La actitud de Moctezuma y de la casta dirigente de México-Tenochtitlan no es tan fantástica como a primera vista parece: el regreso de Tula y Quetzalcóatl se insertaban con naturalidad dentro de una concepción circular del tiempo. La idea nos choca porque nosotros los modernos, a un tiempo fanáticos y víctimas del tiempo rectilíneo e irrepetible del progreso, no podemos aceptar con todas sus consecuencias la visión del tiempo cíclico. En el caso de los aztecas, la idea del regreso del tiempo hundía sus raíces en un sentimiento de culpabilidad. El tiempo del principio, al regresar, asumía la forma de una reparación. Esto no habría sido posible si los aztecas no se hubiesen sentido culpables no sólo frente al pasado mítico de Tula sino también ante los otros pueblos. El extraño episodio de la aparición del dios Tezcatlipoca lo prueba. Como es sabido, ese dios tiene un papel decisivo en la historia de la caída de Tula. A la manera de Satán con Cristo o de Mara con Buda, Tezcatlipoca es el tentador de Quetzalcóatl, sólo que, más astuto y afortunado que aquéllos, valido de sus artes de hechicería logra que el dios asceta se embriague y cometa incesto con su hermana. Así se consuma la ruina de Quetzalcóatl y de su ciudad. Tezcatlipoca era particularmente venerado por los mexicas. Pues bien, cuando Moctezuma II se entera

3 *Cf. Visión de los vencidos*, relaciones indígenas de la conquista. Introducción y notas de Miguel León-Portilla; versión de textos nahuas de Ángel Ma. Garibay K.

de que Cortés y sus compañeros, lejos de escuchar sus ruegos o sus veladas amenazas, no se retiran por donde habían venido sino que marchan hacia México-Tenochtitlan, decide hacerles frente con un arma infalible: la hechicería. Así, destaca a un grupo de magos y hechiceros; el grupo se pone en camino pero, cuando los magos están a punto de encontrar a los españoles, tropiezan con un joven "que habla como si estuviese borracho" (¿poseído por el delirio sagrado?), que los detiene y les dice: "¿Qué cosa es la que queréis? ¿Qué es lo que hacer procura Moctezuma?... Ha cometido errores: ha llevado allá lejos a sus vasallos, ha destruido a las personas..." Los hechiceros escuchan suspensos las palabras confusas y entrecortadas del joven "borracho". Cuando quieren tocarlo, éste desaparece. No obstante, siguen oyendo su voz: les ordena volver la mirada hacia abajo, hacia el valle en donde está la ciudad: "Ardiendo estaban los templos y las casas comunales y los colegios sacerdotales y todas las casas de México. Y todo era como si hubiera batalla. Y cuando los hechiceros todo esto vieron, se les fue el corazón quién sabe adónde. Ya no hablaron claramente... Dijeron: No era un cualquiera ése: ¡ése era el joven Tezcatlipoca!" Los magos regresan sin haber cumplido su misión y le cuentan a Moctezuma lo que habían visto y oído. El tlatoani al principio se quedó sin habla, tal fue su abatimiento; más tarde murmuró: "¿Qué remedio, mis fuertes? ¡Con esto ya se nos dio el merecido...!"[4] Para Moctezuma la llegada de los españoles significa, en cierto modo, el pago de la vieja cuenta, la antigua falta de la usurpación sacrílega. La imbricación entre lo sagrado y lo político, que había servido a los aztecas para jus-

[4] *Cf. Visión de los vencidos.*

tificar su hegemonía, jugó en su contra al aparecer los españoles: la divinidad de estos últimos tenía el mismo origen que la pretendida misión cósmica del pueblo azteca. Unos y otros eran los agentes del orden divino, los mandatarios e instrumentos del quinto sol. Lo más curioso fue que los españoles no sospecharon la complejidad de las contrarias actitudes de los indios ante ellos. Y hay otro elemento que aumentó la confusión trágica de todos estos equívocos: los pueblos indios aliados a los españoles esperaban que la caída de México-Tenochtitlan pusiese fin al interregno, la usurpación y el vasallaje. Su horrible desengaño fue, quizá, el origen de su pasividad de siglos: al convertirse en los sucesores del poder azteca, los españoles perpetuaron la usurpación.

HEREDEROS de México-Tenochtitlan, los españoles se encargaron de transmitir el arquetipo azteca del poder político: el tlatoani y la pirámide. Transmisión involuntaria y, por eso mismo, incontrovertible: transmisión inconsciente, al abrigo de toda crítica y examen racional. En el curso de nuestra historia el arquetipo azteca a veces se opone y separa y otras se funde y confunde con el arquetipo hispano-árabe: el caudillo. La oscilación entre estas dos figuras es uno de los rasgos que nos distinguen de España, Portugal y los demás países latinoamericanos, ya que en todos ellos reina sin rival el caudillismo.[5] El tlatoani es impersonal, sacerdotal e institucional; de ahí que la figura abstracta del Señor Presidente corresponda a una corporación burocrática y jerárquica como el PRI. El caudillo es personalista, épico y excepcional; de ahí también que aparezca en momentos de interrupción

[5] Las excepciones son Chile, Uruguay y Costa Rica.

del orden. El tlatoani representa la continuidad impersonal de la dominación; una casta de sacerdotes y jerarcas ejerce el poder a través de una de sus momentáneas encarnaciones: el Señor Presidente es el PRI durante seis años pero al cabo de ese término surge otro presidente que es una encarnación distinta del PRI. Distinta y la misma: doble exigencia de la institución presidencialista mexicana. La concentración de poder en manos del presidente es enorme pero nunca es un poder personalista sino que es una consecuencia de su investidura impersonal. La presidencia es una función institucional; el caudillaje es una misión excepcional: el poder del caudillo es siempre personal. El caudillo no pertenece a ninguna casta ni lo elige ningún colegio sacro o profano: es una presencia inesperada que brota en los momentos de crisis y confusión, rige sobre el filo de la ola de los acontecimientos y desaparece de una manera no menos súbita que la de su aparición. El caudillo gobierna de espaldas a la ley: él hace la ley. El tlatoani, inclusive si su poder brota de la usurpación azteca o del monopolio del PRI, se ampara siempre en la legalidad: todo lo que hace, lo hace en nombre de la ley. Nuestra historia está llena de tlatoanis y caudillos: Juárez y Santa Anna, Carranza y Villa. No ha habido, es natural, ningún gobernante que haya sido absolutamente tlatoani o íntegramente caudillo, pero hay un rasgo revelador de la secreta supremacía del modelo azteca: todos los jefes que hemos tenido, aun los más arbitrarios y caudillescos, aspiran a la categoría de tlatoani. Hay una nostalgia mexicana por la legalidad que no experimentan los otros caudillos hispanoamericanos; todos ellos —trátese de Bolívar y de Fidel Castro o de Rosas y de Perón— han creído y creen en el acto como hazaña en tanto que los mexicanos afir-

man el mismo acto como rito. En un caso la violencia es transgresión; en el otro, expiación. Con la fundación del PNR se inició el ocaso del caudillismo mexicano; también desde entonces se consolidó más y más el arquetipo azteca. No podía ser de otro modo: es el modelo mismo de la estabilidad y, después de cerca de veinte años de guerra civil y de querellas violentas entre los caudillos revolucionarios, la estabilidad es el valor político más buscado y apreciado en México. Pero los partidarios de la estabilidad *à outrance* olvidan una circunstancia que trastorna todo ese edificio piramidal en apariencia tan sólido: el PRI fue concebido como una solución de excepción y transición, de modo que la continuación de su monopolio político tiene cierta analogía con la usurpación de México-Tenochtitlan y su pretensión de ser el eje del quinto sol. La traducción de los términos políticos contemporáneos en conceptos míticos prehispánicos no se detiene en la equivalencia entre la usurpación de la herencia revolucionaria por el PRI y la usurpación de la herencia tolteca por México-Tenochtitlan; el quinto sol —la era del movimiento, los temblores de tierra y el derrumbe de la gran pirámide— corresponde al período histórico que vivimos ahora en todo el mundo: revueltas, rebeliones y otros trastornos sociales. Ante las agitaciones y convulsiones del quinto sol, no serán la estabilidad, la solidez y la dureza de la piedra las que nos preservarán sino la ligereza, la flexibilidad y la capacidad para cambiar. La estabilidad se resuelve en petrificación: mole pétrea de la pirámide que el sol del movimiento resquebraja y pulveriza.

La plaza de Tlatelolco está imantada por la historia. Expresión del dualismo mesoamericano, en realidad Tlatelolco fue un centro gemelo de México-Tenochti-

tlan. Aunque nunca perdió enteramente su autonomía, después de un conato de rebelión reprimido con severidad por el tlatoani Axayácatl, vivió en estrecha dependencia del poder central. Fue sede de la casta de los mercaderes y su gran plaza albergaba, además de los templos, un célebre mercado que Bernal Díaz y Cortés han descrito con exaltación minuciosa y encantada, como si contasen un cuento. Durante el sitio ofreció tenaz resistencia a los españoles y fue el último puesto azteca que se entregó. En la inmensa explanada de piedra, como si hiciesen una apuesta temeraria, los evangelizadores plantaron —ésa es la palabra— una iglesia minúscula. Aún está en pie. Tlatelolco es una de las raíces de México: allí los misioneros enseñaron a la nobleza indígena las letras clásicas y las españolas, la retórica, la filosofía y la teología; allí Sahagún fundó el estudio de la historia prehispánica... La Corona y la Iglesia interrumpieron brutalmente esos experimentos y todavía mexicanos y españoles pagamos las consecuencias de esta fatal interrupción: España nos aisló de nuestro pasado indio y así ella misma se aisló de nosotros. (No sé si se haya reparado en que, después del extraordinario y ejemplar esfuerzo del siglo XVI, continuado parcialmente en el XVII, la contribución de España al estudio de las civilizaciones americanas es prácticamente nula.) Tlatelolco vivió después una vida oscura: prisión militar, centro ferroviario, suburbio polvoso. Hace unos años el régimen transformó el barrio en un conjunto de grandes edificios de habitación popular y quiso rescatar la plaza venerable: descubrió parte de la pirámide y frente a ella y la minúscula iglesia construyó un rascacielos anónimo. El conjunto no es afortunado: tres desmesuras en una desolación urbana. El nombre que escogieron para la

plaza fue ese lugar común de los oradores el 2 de octubre: Plaza de las Tres Culturas. Pero nadie usa el nombre oficial y todos dicen: Tlatelolco. No es accidental esta preferencia por el antiguo nombre mexica: el 2 de octubre de Tlatelolco se inserta con aterradora lógica dentro de nuestra historia, la real y la simbólica.

Tlatelolco es la contrapartida, en términos de sangre y de sacrificio, de la petrificación del PRI. Ambos son proyecciones del mismo arquetipo, aunque con distintas funciones dentro de la dialéctica implacable de la pirámide. Como si los hechos contemporáneos fuesen una metáfora de ese pasado que es un presente enterrado, la relación entre la antigua Plaza de Tlatelolco y la Plaza Mayor de México-Tenochtitlan se repite ahora en la conexión entre la nueva Plaza de las Tres Culturas y el Zócalo con su Palacio Nacional. La relación entre uno y otro lugar es explícita si se atiende a la historia visible pero también resulta simbólica apenas se advierte que se trata de una relación que alude a lo que he llamado la historia invisible de México. Cierto, podemos encogernos de hombros y recusar toda interpretación que vaya más allá de lo que dicen los periódicos y las estadísticas. Sólo que reducir el significado de un hecho a la historia visible es negarse a la comprensión e, inclusive, someterse a una suerte de mutilación espiritual. Para elucidar el verdadero carácter de la relación entre el Zócalo y Tlatelolco debemos acudir a un tercer término e interrogar a otro lugar no menos imantado de historia: el Bosque de Chapultepec. Allí el régimen ha construido un soberbio monumento: el Museo Nacional de Antropología. Si la historia visible de México es la escritura simbólica de su historia invisible y si ambas son la expresión, la reiteración y la metáfora, en diversos niveles de la realidad, de ciertos momentos

reprimidos y sumergidos, es evidente que en ese Museo se encuentran los elementos, así sea en dispersión de fragmentos, que podrían servirnos para reconstruir la figura que buscamos. Pero el Museo nos ofrece algo más —y más inmediato, tangible y evidente— que los signos rotos y las piedras desenterradas que encierran sus alas: en él mismo y en la intención que lo anima el arquetipo al fin se desvela plenamente. En efecto, la imagen que nos presenta del pasado mexicano no obedece tanto a las exigencias de la ciencia como a la estética del paradigma. No es un museo sino un espejo —sólo que en esa superficie tatuada de símbolos no nos reflejamos nosotros sino que contemplamos, agigantado, el mito de México-Tenochtitlan con su Huitzilopochtli y su madre Coatlicue, su tlatoani y su Culebra Hembra, sus prisioneros de guerra y sus corazones-frutos-de-nopal—. En ese espejo no nos abismamos en nuestra imagen sino que adoramos a la Imagen que nos aplasta.

Entrar en el Museo de Antropología es penetrar en una arquitectura hecha de la materia solemne del mito. Hay un inmenso patio rectangular y en el patio hay un gran parasol de piedra por el que escurren el agua y la luz con un rumor de calendarios rotos, cántaros de siglos y años que se derraman sobre la piedra gris y verde. El parasol está sostenido por una alta columna que sería prodigiosa si no estuviese recubierta por relieves con los motivos de la retórica oficial. Pero no es la estética sino la ética lo que me mueve a hablar del Museo: allí la antropología y la historia se han puesto al servicio de una idea de la historia de México y esa idea es el cimiento, la base enterrada e inconmovible que sustenta nuestras concepciones del Estado, el poder político y el orden

social. El visitante recorre encantado sala tras sala: el mundo sonriente del neolítico con sus figurillas desnudas; los "olmecas" y el cero; los mayas, mineros del tiempo y del cielo; los huastecos y sus grandes piedras en las que la escultura tiene la simplicidad de un dibujo lineal; la cultura de El Tajín: un arte que escapa a la pesadez "olmeca" y al hieratismo teotihuacano sin caer en el barroquismo maya, un prodigio de gracia felina; los toltecas y sus toneladas de escultura —toda la diversidad y la complejidad de dos mil años de historia mesoamericana presentada como prólogo al acto final, la apoteosis-apocalipsis de México-Tenochtitlan—. Apenas si debo señalar que, desde el punto de vista de la ciencia y la historia, la imagen que nos ofrece el Museo de Antropología de nuestro pasado precolombino es falsa. Los aztecas no representan en modo alguno la culminación de las diversas culturas que los precedieron. Más bien lo cierto sería lo contrario; su versión de la civilización mesoamericana la simplifica por una parte y, por la otra, la exagera: de ambas maneras la empobrece. La exaltación y glorificación de México-Tenochtitlan transforma el Museo de Antropología en un templo. El culto que se propaga entre sus muros es el mismo que inspira a los libros escolares de historia nacional y a los discursos de nuestros dirigentes: la pirámide escalonada y la plataforma del sacrificio.

¿Por qué hemos buscado entre las ruinas prehispánicas el arquetipo de México? ¿Y por qué ese arquetipo tiene que ser precisamente azteca y no maya o zapoteca o tarasco u otomí? Mi respuesta a estas preguntas no agradará a muchos: los verdaderos herederos de los asesinos del mundo prehispánico no son los españoles peninsulares sino nosotros, los mexicanos que hablamos castellano, seamos

criollos, mestizos o indios. Así, el Museo expresa un sentimiento de culpa sólo que, por una operación de transferencia y descarga estudiada y descrita muchas veces por el psicoanálisis, la culpabilidad se transfigura en glorificación de la víctima. Al mismo tiempo —y esto es lo que me parece decisivo— la exaltación final del período azteca confirma y justifica aquello que en apariencia condena el Museo: la supervivencia, la vigencia del modelo azteca de dominación en nuestra historia moderna. Ahora bien, ya he dicho que la relación entre aztecas y españoles no es únicamente una relación de oposición: el poder español sustituye al poder azteca y así lo continúa; a su vez, el México independiente, explícita e implícitamente, prolonga la tradición azteca-castellana, centralista y autoritaria. Repito: hay un puente que va del tlatoani al virrey y del virrey al presidente. La glorificación de México-Tenochtitlan en el Museo de Antropología es una exaltación de la imagen de la pirámide azteca, ahora garantizada, por decirlo así, por la ciencia. El régimen se ve, transfigurado, en el mundo azteca. Al contemplarse, se afirma. Por eso la crítica de Tlatelolco, el Zócalo y el Palacio Nacional —la crítica política, social y moral del México moderno— pasa por el Museo de Antropología y es asimismo una crítica histórica. Si la política es una dimensión de la historia, la crítica de la historia es también crítica política y moral. Al México del Zócalo, Tlatelolco y el Museo de Antropología tenemos que oponerle no otra imagen: todas las imágenes padecen la fatal tendencia a la petrificación, sino la crítica: el ácido que disuelve las imágenes. En este caso (y tal vez en todos) la crítica no es sino uno de los modos de operación de la imaginación, una de sus manifestaciones. En nuestra época la imaginación es críti-

ca. Cierto, la crítica no es el sueño pero ella nos ense-
ña a soñar y a distinguir entre los espectros de las
pesadillas y las verdaderas visiones. La crítica es el
aprendizaje de la imaginación en su segunda vuelta,
la imaginación curada de fantasía y decidida a
afrontar la realidad del mundo. La crítica nos dice
que debemos aprender a disolver los ídolos: aprender
a disolverlos dentro de nosotros mismos. Tenemos
que aprender a ser aire, sueño en libertad.

Austin, octubre de 1969

VUELTA A
EL LABERINTO DE LA SOLEDAD

Conversación
con Claude Fell

Es bastante difícil hacerle preguntas sobre El laberinto de la soledad, *que es una obra sumamente coherente, marcada por un balanceo dialéctico constante, y que sugiere al lector los calificativos de "claridad y transparencia" con los que usted define en el mismo libro la obra de Alfonso Reyes. Sin embargo, con motivo de lo que es algo como un aniversario, a 25 años de la primera publicación del libro, podemos tratar de hacer un balance de los principales problemas planteados por* El laberinto de la soledad. *Usted mismo, en 1970, después de los acontecimientos de 1968 en México y en otras partes del mundo, sintió la necesidad de volver sobre el libro y darle una "prolongación" titulada* Postdata, *donde escribe: "El laberinto de la soledad fue un ejercicio de la imaginación crítica: una visión y, simultáneamente, una revisión. Algo muy distinto a un ensayo sobre la filosofía de lo mexicano o a una búsqueda de nuestro pretendido ser. El mexicano no es una esencia sino una historia."*

Mi primera pregunta será más bien técnica: ¿cuáles son las diferencias esenciales entre la primera edición del Laberinto, *publicada en 1950, y la segunda, de 1959?*

Yo no creo que haya ninguna diferencia esencial entre las dos ediciones. Las correcciones más importantes tienden a poner el libro al día. Además, hay correcciones secundarias, una tentativa por darle mayor precisión, mayor concisión. Hay cosas un poco *naïves* de la primera edición que traté de corregir... Pero fundamentalmente es el mismo libro.

* Entrevista publicada en *Plural* 50 (noviembre de 1975).

¿Qué había cambiado en la situación interior mexicana, entre las dos versiones del libro?

Creo que cuando hice la segunda versión, ya era visible que habíamos pasado el período activo de la Revolución mexicana. Estábamos en pleno régimen institucionalista, en esta paradoja de la revolución petrificada o institucionalizada.

Y en lo que toca a la situación internacional, la oposición entre países desarrollados y países subdesarrollados, ¿se había afirmado plenamente?

Fue algo que me impresionó mucho en esos años. La oposición entre los países pobres y los países ricos quiere decir, desde el punto de vista de la historia y la cultura: países centrales o imperiales y países periféricos o marginales, países sujetos y países objetos. El libro forma parte de esa tentativa de los marginales para, literalmente, recobrar la conciencia: volver a ser sujetos. Otro tema que no figuraba en la primera edición: la crítica del partido único. Es un libro escrito después de la terrible experiencia del estalinismo. Se trata, sin embargo, de un fenómeno universal: los partidos únicos aparecieron lo mismo en países fascistas (Italia y Alemania) que en países con revoluciones en el poder, como la Unión Soviética o como México. Y ahora el fenómeno, lejos de disiparse, se extiende por todo el Tercer Mundo. Un hecho concomitante ha sido la aparición de los dogmatismos ideológicos. La ortodoxia es el complemento natural de las burocracias políticas y eclesiásticas. Ante las modernas ortodoxias y sus obispos siento la misma repulsión que el pagano Celso frente a los cristianos primitivos y su creencia en una verdad única. Por fortuna, el partido mexicano no es un partido ideológico; como el Partido del Congreso de la India, es una coa-

lición de intereses. Esto explica que en México no haya habido *terror*, en el sentido moderno de la palabra. Tampoco inquisición. Ha habido violencia estatal y violencia popular, pero nada parecido al terrorismo ideológico del nazismo y el bolchevismo.

¿Cómo fue acogido el libro al ser publicado?

Más bien de un modo negativo. Mucha gente se indignó; se pensó que era un libro en contra de México. Un poeta me dijo algo bastante divertido: que yo había escrito una elegante mentada de madre contra los mexicanos.

¿Cómo se situaba el libro en relación con la obra de Samuel Ramos y con la producción de lo que se podría llamar la escuela de José Gaos?

Este tipo de reflexión sobre los países es tan viejo como la cultura moderna. En Francia, en el siglo pasado, hubo algunos ensayos importantes en este aspecto. En nuestra lengua, la generación española del 98 inició el género. En la Argentina, el ensayo de Ezequiel Martínez Estrada. Cuando escribí *El laberinto de la soledad* no lo había leído; en cambio, sí había leído dos o tres ensayos breves de Borges en los que tocaba, con gracia y rigor, aspectos del carácter y del lenguaje de los argentinos. En México la reflexión sobre estos asuntos comenzó con Samuel Ramos. Las observaciones de Ramos fueron sobre todo de orden psicológico. Estaba muy influido por Adler, el psicólogo alemán, discípulo más o menos heterodoxo de Freud. El centro de su descripción era el llamado "complejo de inferioridad" y su compensación: el machismo. Su explicación no era enteramente falsa pero era limitada y terriblemente dependiente de los modelos psicológicos de Adler.

Después de Ramos, por la influencia del filósofo español Gaos, se insistió mucho en la historia de las ideas. Salieron varios libros, uno de O'Gorman sobre la historia de la idea del descubrimiento de América, otro de Zea acerca del positivismo en México. Este último me interesó particularmente, pues analizaba un período decisivo para el México contemporáneo. Cuando apareció ese libro, publiqué un artículo en *Sur* de Buenos Aires en el que hacía ciertas reservas críticas. El libro es un examen excelente de la función histórica del positivismo en México y explica cómo esta filosofía fue adoptada por las clases dominantes. Lo mismo en Europa que entre nosotros, el positivismo fue una filosofía destinada a justificar el orden social imperante. Pero —y en esto reside mi crítica— al cruzar el mar el positivismo cambió de naturaleza. Allá el orden social era el de la sociedad burguesa: democracia, libre discusión, técnica, ciencia, industria, progreso. En México, con los mismos esquemas verbales e intelectuales, en realidad fue la máscara de un orden fundado en el latifundismo. El positivismo mexicano introdujo cierto tipo de mala fe en las relaciones con las ideas. Equívoco no sólo entre la realidad social —neolatifundismo, caciquismo, peonaje, dependencia económica del imperialismo— y las ideas que pretendían justificarla sino aparición de un tipo de mala fe particular, pues se introducía en la conciencia misma de los positivistas mexicanos. Se produjo una escisión psíquica: aquellos señores que juraban por Comte y por Spencer no eran unos burgueses ilustrados y demócratas sino los ideólogos de una oligarquía de terratenientes.

Hay que mencionar, además, los trabajos de un grupo más joven, el grupo Hiperión. También eran discípulos de José Gaos y en ellos fue muy profunda

la influencia de la filosofía que en aquellos años estaba en boga, el existencialismo, sobre todo en la versión francesa de Sartre y Merleau Ponty Uno de estos jóvenes, Luis Villoro, examinó con penetración la primera etapa de la Independencia desde la perspectiva de la historia de las ideas; quiero decir: analizó la relación entre los caudillos revolucionarios, Hidalgo especialmente, y las ideas que profesaban. Otros hicieron brillantes análisis psicológicos, como el ensayo de Portilla sobre el *relajo*. En general, esos muchachos trataron de hacer una "filosofía del mexicano" o de "lo mexicano". Incluso uno de ellos —una inteligencia excepcional: Emilio Uranga— habló de "ontología del mexicano". En cuanto a mí: yo no quise hacer ni ontología ni filosofía del mexicano. Mi libro es un libro de crítica social, política y psicológica. Es un libro dentro de la tradición francesa del "moralismo". Es una descripción de ciertas actitudes, por una parte y, por la otra, un ensayo de interpretación histórica. Por eso no tiene que ver, a mi juicio, con el examen de Ramos. Él se detiene en la psicología; en mi caso, la psicología no es sino un camino para llegar a la crítica moral e histórica.

Y en el Laberinto, *usted dice que la tipología tal como la establece Ramos tendría que ser superada por el psicoanálisis.*

Sí. Una de las ideas ejes del libro es que hay un México enterrado pero vivo. Mejor dicho: hay en los mexicanos, hombres y mujeres, un universo de imágenes, deseos e impulsos sepultados. Intenté una descripción —claro que fue insuficiente: apenas una ojeada— del mundo de represiones, inhibiciones, recuerdos, apetitos y sueños que ha sido y es México. El estudio de Freud sobre el monoteísmo judaico me

impresionó mucho. Hablé antes de moral; ahora debo agregar otra palabra: terapéutica. La crítica moral es autorrevelación de lo que escondemos y, como lo enseña Freud, curación... relativa. En este sentido mi libro quiso ser un ensayo de crítica moral: descripción de una realidad escondida y que hace daño. La palabra crítica, en la edad actual, es inseparable del marxismo y yo sufrí la influencia del marxismo. Por esos años leí los estudios de Caillois y, un poco más tarde, los de Bataille y del maestro de ambos, Mauss, sobre la fiesta, el sacrificio, el don, el tiempo sagrado y el tiempo profano. Encontré inmediatamente ciertas analogías entre aquellas descripciones y mis experiencias cotidianas como mexicano. También me enseñaron mucho los filósofos alemanes que unos pocos años antes había dado a conocer en nuestra lengua Ortega y Gasset: la fenomenología, la filosofía de la cultura y la obra de historiadores y ensayistas como Dilthey y Simmel.

Ya en esa época pensaba lo que pienso ahora: la historia es conocimiento que se sitúa entre la ciencia propiamente dicha y la poesía. El saber histórico no es cuantitativo ni el historiador puede descubrir leyes históricas. El historiador describe como el hombre de ciencia y tiene visiones como el poeta. Por eso Marx es un gran historiador (ésa fue su verdadera vocación). También lo es Maquiavelo. La historia nos da una comprensión del pasado y, a veces, del presente. Más que un saber es una sabiduría.

En fin, mi tentativa fue ver el carácter mexicano a través de la historia de México.

Con esto llegamos a una clave de El laberinto de la soledad, *es decir, la concepción de la historia que se desprende del libro. Es un libro anti-anecdótico. Usted*

rehúsa toda historia événementielle, *todo determinismo histórico, y trata de determinar lo que ciertos historiadores franceses actuales llaman "intra-historia". Para confirmar esta orientación, se puede citar una de las primeras frases de* Postdata: "El mexicano no está en la historia, es la historia." ¿Puede usted explicarlo?

El español tiene una ventaja un poco desleal sobre el francés: tenemos estar y ser. "Estar en la historia" significa estar rodeado por las circunstancias históricas; "ser la historia" significa que uno mismo es las circunstancias históricas, que uno mismo es cambiante. Es decir, que el hombre no solamente es un objeto o un sujeto de la historia, sino que él mismo es la historia, él es los cambios. Uno de los llamados factores históricos que operan sobre él es... él mismo. Hay una continua interacción. A mí me parece que la expresión "intra-historia" —¿no fueron los españoles los primeros en usarla: Unamuno o Américo Castro?— es más adecuada que otra expresión que ustedes emplean, "historia de las mentalidades". Porque las mentalidades, al menos para una persona de lengua española, son algo externo: tienen que ver con la mente y con las ideas. Yo creo que la historia auténtica de una sociedad tiene que ver no sólo con las ideas explícitas sino sobre todo con las creencias implícitas. Ortega y Gasset distinguía, me parece que con bastante razón, dos dominios: el de las ideas y el de las creencias. Las creencias viven en capas más profundas del alma y por eso cambian mucho menos que las ideas. Por ejemplo, todos sabemos que la Edad Media fue tomista, el siglo XVII cartesiano y que ahora mucha gente es marxista. Sin embargo, en Londres, en Moscú y en París, la gente sigue leyendo tratados de astrología que tienen sus orígenes en Babilonia, o acuden a prácticas mágicas del neolítico.

Lo que me interesó en el caso de México, fue rastrear ciertas creencias enterradas.

Todo esto nos lleva a otra noción esencial, la del mito. ¿Puede concebirse El laberinto de la soledad *como un* décryptage *de los mitos mexicanos?*

Sí, ésa fue mi intención. En esto hay que recordar lo que Lévi-Strauss ha dicho: todo desciframiento de un mito es otro mito. Los cuatro volúmenes de *Le cru et le cuit* son un tratado de mitología sudamericana y, también, son otro mito. Un mito en otro lenguaje. Yo creo que *El laberinto de la soledad* fue una tentativa por describir y comprender ciertos mitos; al mismo tiempo, en la medida en que es una obra de literatura, se ha convertido a su vez en otro mito.

En un artículo de la revista Esprit, *Lévi-Strauss escribí~ que ocurría que un mito "s'exténue sans pour autant disparaître. Deux voies restent encore libres; celle de l'élaboration romanesque et celle du remploi aux fins de légitimation historique". ¿Cree usted, como Lévi-Strauss, que los mitos degeneran y mueren?*

¿No se han convertido los mitos mexicanos en partes de programas políticos o en obras intelectuales?

Creo que los mitos, como todo lo que está vivo, nacen, degeneran, mueren. También creo que los mitos resucitan. Pero hay algo en lo que no estoy de acuerdo con Lévi-Strauss. Me extiendo sobre esta divergencia en el ensayo que escribí sobre él. Para Lévi-Strauss hay una diferencia esencial entre la poesía y el mito: el mito se puede traducir y la poesía es intraducible. Creo lo contrario: creo que el mito y la poesía son traducibles, pero que la traducción implica transmutación o resurrección. Un poema de Baudelaire traducido al español es otro poema y es el

mismo poema. Ocurre lo mismo con los mitos: las antiguas diosas precolombinas renacen en la Virgen de Guadalupe, que es su traducción al cristianismo de Nueva España. Los criollos traducen la Virgen de Guadalupe —virgen española— al contexto mexicano. Doble traducción de mitología hispánica e india. La Virgen de Guadalupe es uno de los pocos mitos vivos de México. Asistimos todos los días a su resurrección en la sensibilidad popular. El caso de Quetzalcóatl —también examinado por su compatriota Jacques Lafaye— es muy distinto. Ahí sí, como piensa Lévi-Strauss, el mito se ha transformado en política y literatura. El mito literario de Quetzalcóatl —la novela, el poema, el teatro— ha sido más bien desafortunado. Lo mejor fue *La serpiente emplumada* de Lawrence, un libro desigual, brillante y deshilvanado. Como mito político, Quetzalcóatl ha tenido más suerte: muchos de nuestros héroes no son, para la imaginación popular, sino traducciones de Quetzalcóatl. Traducciones inconscientes. Es significativo porque el tema del mito de Quetzalcóatl —y el de todos sus sucesores, de Hidalgo a Carranza— es el de la legitimación del poder. Fue la obsesión azteca, fue la de los criollos novohispanos y es la del PRI.

En el fondo de la psiquis mexicana hay realidades recubiertas por la historia y por la vida moderna. Realidades ocultas pero presentes. Un ejemplo es nuestra imagen de la autoridad política. Es evidente que en ella hay elementos precolombinos y también restos de creencias hispánicas, mediterráneas y musulmanas. Detrás del respeto al Señor Presidente está la imagen tradicional del Padre. La familia es una realidad muy poderosa. Es el hogar en el sentido original de la palabra: centro y reunión de los vivos y los muertos, a un tiempo altar, cama donde se hace el

amor, fogón donde se cocina, ceniza que entierra a los antepasados. La familia mexicana ha atravesado casi indemne varios siglos de calamidades y sólo hasta ahora comienza a desintegrarse en las ciudades. La familia ha dado a los mexicanos sus creencias, valores y conceptos sobre la vida y la muerte, lo bueno y lo malo, lo masculino y lo femenino, lo bonito y lo feo, lo que se debe hacer y lo indebido. En el centro de la familia: el padre. La figura del padre se bifurca en la dualidad de patriarca y de *macho*. El patriarca protege, es bueno, poderoso, sabio. El macho es el hombre terrible, el chingón, el padre que se ha ido, que ha abandonado mujer e hijos. La imagen de la autoridad mexicana se inspira en estos dos extremos: el Señor Presidente y el Caudillo.

La imagen del Caudillo no es mexicana únicamente sino española e hispanoamericana. Tal vez es de origen árabe. El mundo islámico se ha caracterizado por su incapacidad para crear sistemas estables de gobierno, es decir, no ha instituido una legitimidad suprapersonal. El remedio contra la inestabilidad han sido y son los jefes, los caudillos. En América Latina, continente inestable, los caudillos nacen con la Independencia; en nuestros días se llaman Perón, Castro y, en México, Díaz, Carranza, Obregón, Calles. El caudillo es heroico, épico: es el hombre que está más allá de la ley, que crea la ley. El Presidente es el hombre de la ley: su poder es institucional. Los presidentes mexicanos son dictadores constitucionales, no caudillos. Tienen poder mientras son presidentes, y su poder es casi absoluto, casi sagrado. Pero deben su poder a la *investidura*. En el caso de los caudillos hispanoamericanos, el poder no les viene de la investidura sino que ellos le dan a la investidura el poder.

El principio de rotación, que es una de las carac-

terísticas del sistema mexicano, no existe en los regímenes caudillescos de América Latina. Aquí aparece, al lado del tema del padre terrible, otra vez el tema de la legitimidad. El misterio o enigma del origen. Algo particularmente grave para la América Latina, desde la Independencia. El caudillismo, que ha sido y es el verdadero sistema de gobierno latinoamericano, no ha logrado resolverlo; por eso tampoco ha podido resolver el de la sucesión. En el régimen caudillesco la sucesión se realiza por el golpe de Estado o por la muerte del caudillo. El caudillismo, concebido como el remedio heroico contra la inestabilidad, es el gran productor de inestabilidad en el continente. La inestabilidad es consecuencia de la ilegitimidad. Después de cerca de dos siglos de independencia de la monarquía española, nuestros pueblos no han encontrado todavía una forma de legitimidad. En este sentido el compromiso mexicano —la combinación de presidencialismo y dominación burocrática de un partido único— fue una solución. Lo es cada vez menos.

Podemos ahora detenernos en el proceso histórico analizado en El laberinto de la soledad. *En su presentación de la Revolución mexicana de 1910, usted privilegia el zapatismo, lo que en la época en que fue escrito el libro era algo nuevo y excepcional, en la medida en que casi no se hablaba de Emiliano Zapata. Cuando aparecía en los periódicos o en unos escritos se le presentaba invariablemente como el "Atila del Sur", como un bandido sanguinario, etc. ¿Cómo se explica el relieve que tiene el zapatismo en su libro?*

Hay dos razones. La primera es de tipo anecdótico, y es que mi padre, aunque originario de una familia burguesa, fue amigo y compañero del gran revolucionario Antonio Díaz Soto y Gama, uno de los fundadores de la Casa del Obrero Mundial. Mi padre

formaba parte de un grupo de jóvenes más o menos influidos por el anarquismo de Soto y Gama. Estos jóvenes querían irse al norte, en la época de la dictadura de Victoriano Huerta, donde estaban los ejércitos más disciplinados y los que realmente, desde el punto de vista militar, le dieron el triunfo a la Revolución. En el norte dominaban los rancheros y la clase media; en el sur, los campesinos sin tierra, bandas que la prensa llamaba "bárbaros", hunos, etc. Sucedió que esos jóvenes no pudieron unirse a las fuerzas norteñas y se fueron al sur, donde conocieron a Zapata y fueron conquistados por el zapatismo. Mi padre pensó desde entonces que el zapatismo era la verdad de México. Creo que tenía razón. Más tarde, la amistad con Soto y Gama y otros que habían combatido en el sur con los ejércitos campesinos consolidó mis creencias y sentimientos. El sur era y es acentuadamente indio; allá la cultura tradicional está todavía viva. Cuando yo era niño visitaban mi casa muchos viejos líderes zapatistas y también muchos campesinos a los que mi padre, como abogado, defendía en sus pleitos y demandas de tierras. Recuerdo a unos ejidatarios que reclamaban unas lagunas que están —o estaban— por el rumbo de la carretera de Puebla: los días del santo de mi padre comíamos un plato precolombino extraordinario, guisado por aquellos campesinos: "pato enlodado" de la laguna, rociado con pulque curado de tuna...

La idea que la propaganda oficial ha dado del zapatismo es bastante falsa y convencional. Como traté de explicar en *El laberinto de la soledad*, lo que distinguía al zapatismo de las otras facciones fue su tentativa por regresar a los orígenes. En todas las revoluciones hay ese impulso de regreso a un pasado que se confunde con los orígenes de la sociedad. Un pasado

en el que reinaban la justicia y la armonía, violado por los poderosos y los violentos. Las revoluciones son las encarnaciones modernas del mito de regreso a la edad de oro. De ahí su inmenso poder de contagio. En el zapatismo este anhelo se expresó como una vuelta a la propiedad comunal de la tierra, al ejido. Esa forma de propiedad había existido realmente en la época precolombina y, lo que es más notable, había sido reconocida por la monarquía española. Bien que penosa y difícilmente, el ejido coexistió con la gran hacienda colonial y con los enormes latifundios de la Iglesia. La primera demanda de los zapatistas fue la *devolución* de la tierra y la segunda, que era subsidiaria, la *repartición*. La *devolución*: la vuelta al origen.

La paradoja del zapatismo consiste en que fue un movimiento profundamente tradicionalista; y en ese tradicionalismo reside, precisamente, su pujanza revolucionaria. Mejor dicho: por ser tradicionalista, el zapatismo fue radicalmente subversivo. Ese elemento a un tiempo tradicional y revolucionario fue el que, desde el principio, me apasionó. El zapatismo significa la revelación, el salir a flote, de ciertas realidades escondidas y reprimidas. Es la revolución no como ideología sino como un movimiento instintivo, un estallido que es la revelación de una realidad anterior a las jerarquías, las clases, la propiedad.

Precisamente, usted insiste mucho en que la Revolución mexicana no tuvo bases ideológicas.

Ésta es la gran diferencia con movimientos como el liberalismo del siglo pasado. Llamar *revolución* a los cambios y trastornos que se iniciaron hacia 1910 es, quizá, ceder a una facilidad lingüística. Años más tarde, al repensar el tema de los grandes trastornos y

conmociones del siglo XX, he llegado a la conclusión de que hay que distinguir entre revolución, revuelta y rebelión. He dedicado a esto algunas páginas de *Corriente alterna, Conjunciones y disyunciones* y *Postdata*. Las revoluciones, hijas del concepto de tiempo lineal y progresivo, significan el cambio violento y definitivo de un sistema por otro. Las revoluciones son la consecuencia del desarrollo, como no se cansaron de decirlo Marx y Engels. Las rebeliones son actos de grupos e individuos marginales: el rebelde no quiere cambiar el orden, como el revolucionario, sino destronar al tirano. Las revueltas son hijas del tiempo cíclico: son levantamientos populares contra un sistema reputado injusto y que se proponen restaurar el tiempo original, el momento inaugural del pacto entre los iguales.

En los trastornos de México, entre 1910 y 1929, debemos distinguir varios fenómenos. Primero, una revolución de la burguesía y de la clase media para modernizar al país; es la que ha triunfado y a ella se deben muchas de las cosas buenas y muchas de las malas que hoy existen —por ejemplo, este horror que es la ciudad de México—. Frente a esta revolución progresista y que continúa al liberalismo y al porfirismo está su negación, la revuelta de los campesinos mexicanos en el Sur. Esta revuelta fue vencida militarmente y su jefe, Zapata, asesinado. Después, ideológicamente, fue expropiada y desfigurada por los vencedores. La facción triunfante concibió al ejido en términos predominantemente económicos. Ahora bien, como sistema de producción el ejido es inferior a la agricultura capitalista. Pero el ejido no sirve para producir más sino para vivir mejor —para vivir de una manera diferente, más justa, armoniosa y libre que la actual—. Su función consiste en ser la base eco-

nómica de un tipo de sociedad que está igualmente lejos del modelo capitalista y del modelo que, sin mucha exactitud, se llama socialista.

El movimiento zapatista fue una verdadera revuelta, un volver al revés las cosas, un regreso al principio. Su fundamento era histórico porque los campesinos querían volver a la propiedad comunal de la tierra; al mismo tiempo, estaban inspirados por un mito: la edad de oro del comienzo. La revuelta tenía una intensa coloración utópica: querían crear una comunidad en la cual las jerarquías no fuesen de orden económico sino tradicional y espiritual. Una sociedad hecha a imagen y semejanza de las aldeas del neolítico: económicamente autosuficientes, igualitarias —salvo por las jerarquías "naturales": padres e hijos, hombres y mujeres, viejos y jóvenes, casados y solteros, etc.— y en las cuales se reducía al mínimo la autoridad política y la religiosa, es decir, se eliminaba a las dos burocracias: la estatal y la eclesiástica. Un hecho significativo: los zapatistas llevaban estandartes e insignias de la Virgen de Guadalupe; eran religiosos pero no clericales. Tampoco eran nacionalistas: la realidad que conocían y defendían era el pueblo, la pequeña comunidad de agricultores y artesanos, no las abstracciones crueles que son la Nación y el Estado. Si hubiera podido, Zapata habría quemado la silla presidencial. Soto y Gama, en su famoso discurso en la Convención, estrujó la bandera nacional y la llamó: *este trapo*.

Este concepto de utopía vuelve a aparecer periódicamente en la historia mexicana: en tiempos de la Conquista, con los misioneros; en el siglo XIX, con el liberalismo; y a principios del siglo XX con el zapatismo.

Sí, este concepto utópico, comunitario, lo encuentro

en los misioneros y también en el zapatismo. No lo encuentro en el liberalismo, que es utopismo en el sentido racionalista de la palabra. La mayor parte de las revoluciones del siglo XX han sido como la revolución liberal mexicana del siglo XIX: tentativas por imponer esquemas geométricos sobre realidades vivas. Han engendrado monstruos. En México, la facción vencedora en las luchas revolucionarias continúa el proceso de "modernización" iniciado en el siglo XIX. Entre Juárez y Carranza hay una conexión muy clara; no la hay entre Juárez y Zapata. Cegado por su odio a Juárez, no se dio cuenta Vasconcelos de que Zapata era el anti-Juárez, la negación de todo jacobinismo y de todo progresismo. Creo que uno de los grandes méritos de Jean Meyer es haber visto esto con mucha claridad, en su excelente libro *La Revolution Mexicaine*. El libro de John Womack también arroja luz sobre el verdadero zapatismo. ¡Un yanqui y un francés!... Pero vuelvo a lo que decíamos: por más contradictorias que nos parezcan sus figuras y sus ideas, hay una continuidad entre Lorenzo de Zavala, Mora, Gómez Farías, Juárez, Ocampo, Porfirio Díaz, Justo Sierra, Limantour, Carranza, Calles, Bassols, Lombardo Toledano, etcétera. Esta continuidad es el "progresismo", la tentativa por "modernizar" a México. Todos esos proyectos tienen en común el querer borrar, por decirlo así, la mancha, el pecado original de México: el haber nacido frente y contra el mundo moderno. Zapata es la negación de todo eso. Zapata está más allá de la controversia entre los liberales y los conservadores, los marxistas y los neocapitalistas: Zapata está *antes* —y tal vez, si México no se extingue, estará *después*.

Una última pregunta sobre este período revolucionario. A propósito del cardenismo su posición aparece por lo menos muy matizada.

Yo fui testigo del cardenismo, lo viví; mientras el zapatismo lo leí, lo estudié, lo respiré, lo mamé, pero no lo viví. Creo que la política del general Cárdenas en muchos aspectos fue admirable. Por ejemplo, en el campo de la política internacional, en su actitud contra el fascismo, Hitler, Mussolini, la invasión de Etiopía, España. Todo eso fue irreprochable. No olvidemos tampoco algo que a mí me conmueve mucho: fue el único jefe de Estado que dio asilo a León Trotsky. Cárdenas fue el hombre que abrió las puertas a los refugiados españoles, primero, y luego a los europeos. La acción internacional de Cárdenas fue posible no sólo porque existían las condiciones internas para realizarla —es decir, porque correspondía a una realidad nacional y expresaba las necesidades y las aspiraciones de México en ese momento— sino también porque la coyuntura internacional era favorable. El mundo todavía no se petrificaba en dos bloques y las rivalidades de las grandes potencias daban cierta latitud de maniobra a las naciones medianas y aun las pequeñas. Después de la segunda Guerra Mundial hemos asistido a la congelación progresiva de la vida internacional, a pesar de los esfuerzos antihegemónicos de un De Gaulle y, ahora, de China. El ejemplo de Cuba muestra que es casi imposible librarse de las garras de una de las superpotencias sin caer en las redes de la otra. Pe-ro las cosas empiezan a cambiar de nuevo y ya comienza a ser posible, dentro de ciertos límites, una política internacional independiente. Naturalmente, habrá que definir esa política. No se trata de regresar a la de Cárdenas: sería un anacronismo. En política internacional, como

en todo, hay que huir de la gran tentación latinoamericana: los gestos no sustituyen a los actos. La presencia de los intelectuales europeos, sobre todo la de los españoles en el México de la década de la guerra, fue muy benéfica. A ellos les debemos, en buena parte, la renovación de la cultura mexicana. Pero la política de Cárdenas en materia cultural padeció de graves limitaciones. No tuvo ninguna simpatía por la Universidad ni por los aspectos superiores de la cultura, quiero decir, por la ciencia y el saber desinteresados y por el arte y la literatura libres. Sus gustos artísticos —o los de sus colaboradores cercanos— tendían al didactismo seudorrevolucionario y al nacionalismo. Ésa ha sido, por lo demás, en materia de arte y literatura, la política de nuestros Gobiernos, con excepciones contadas como la de Vasconcelos. El arte público de México es un arte estatal, hinchado como un atleta de circo. Su único gran rival es el arte soviético. Nuestra especialidad es la glorificación de las figuras oficiales —sobre todo ex-funcionarios de los gobiernos recientes— pintadas o esculpidas con el conocido método de la amplificación. Producción en serie de gigantes de cemento. Una vegetación de pesados monolitos cívicos aplasta nuestros parques y plazas. Pero Cárdenas no tuvo mucha culpa en esto; el horror empezó antes y se multiplicó bajo sus sucesores. En cambio, sí permitió que se echase del Gobierno y que se injuriase a los poetas y escritores del grupo *Contemporáneos* —lo mejor de la literatura mexicana en aquellos días— bajo la odiosa acusación de ser homosexuales y reaccionarios. Lo más extravagante del período cardenista fue lo de la educación socialista en un país que no era socialista. Era otra vez la enajenación ideológica.

En los aspectos económicos y sociales la obra de

Cárdenas fue importante y, en general, positiva. La nacionalización del petróleo fue un gran paso, aunque no haya dado los frutos que se esperaban. (Éste es un asunto sobre el que ya es tiempo que se haga una investigación.) También fue ejemplar su política agraria y obrera. Pero ni Cárdenas ni sus sucesores sospecharon lo que nos tenía reservado el porvenir y no supieron prever las desastrosas consecuencias del irreflexivo culto al desarrollo y a la industrialización *à outrance*. La política conservadora de sus sucesores —la miope adopción del modelo de desarrollo a la norteamericana— no hizo sino precipitar lo que ya está a la vista: el fracaso. El camino escogido para resolver los viejos problemas de México no fue un camino sino un muro ante el que nos hemos estrellado. Empeñados en la "modernización" del país, ninguno de nuestros gobernantes —todos ellos rodeados de consejeros, "expertos" e ideólogos— se dio cuenta a tiempo de los peligros del excesivo e incontrolado crecimiento de la población. El "otro" México, el no desarrollado, crece más rápidamente que el desarrollado y terminará por ahogarlo. Tampoco tomaron medidas contra la centralización demográfica, política, económica y cultural, que ha convertido a la ciudad de México en una monstruosa, hinchada cabeza que aplasta el endeble cuerpo que la sostiene. A pesar de que bastaba con asomarse a la frontera para enterarse de que en las grandes ciudades norteamericanas el aire era ya irrespirable —para no hablar de los otros horrores físicos y morales de las sociedades industriales— no hicieron nada contra la contaminación atmosférica. Tampoco previeron el gigantesco fracaso de los planes educativos y el desplome de la educación superior... ¿Sigo? En cuanto a la política propiamente dicha: bajo Cárdenas se gozó de gran

libertad de expresión. Mérito inmenso. Otro no menos grande: Cárdenas fue el primer Presidente que dejó voluntariamente el poder y que no quiso gobernar detrás del trono, como Calles. El estilo de gobernar de Cárdenas fue también admirable. Para los presidentes de México es muy grande la tentación de convertirse en ídolos; Cárdenas la resistió. Mientras estuvo en el poder, tuvimos la sensación, extraña entre todas, de que nos gobernaba un hombre, un ser como nosotros. Sin embargo, el cardenismo no intentó la experiencia democrática sino que fortaleció al partido único. El general Cárdenas siguió a los antiguos jefes revolucionarios que habían fundado el Partido Nacional Revolucionario, transformado por él en Partido de la Revolución Mexicana y que se llama ahora Partido Revolucionario Institucional. En esos tres nombres se concentra la historia de la burocracia política que domina al país desde hace medio siglo.

Nadie puede entender a México si omite al PRI. Las descripciones marxistas son insuficientes. Imbricado en las estructuras del Estado, como una casta política con características propias, gran canal de la movilidad social, ya que abarca del municipio de la aldea a las esferas más altas de la política nacional, el partido único es un fenómeno que no aparece en el resto de América Latina (salvo en Cuba, recientemente y con rasgos muy distintos). Por cierto, en México el poder es más codiciado que la riqueza. Si es usted millonario, le será muy difícil —casi imposible— pasar de los negocios a la política. En cambio, puede usted pasar de la política a los negocios. El enorme prestigio del poder frente al dinero es un rasgo antimoderno de México. Otro ejemplo de cómo los modos de pensar y sentir premodernos, precapitalistas, aparecen en nuestra vida diaria...

Volviendo a las evocaciones históricas de El laberinto de la soledad, *tenemos que detenernos en el período colonial. Por una especie de balance dialéctico, usted escribe que la religión católica sirvió de "refugio" a las poblaciones indias. Y algunas líneas después añade que en realidad se trataba de una religión "petrificada". ¿Cómo conciliar estos dos aspectos?*

Hay que partir de un hecho: el sincretismo. Cuando los españoles llegaron a México, se encontraron con la sociedad azteca. En el templo mayor de México se levantaba la imagen de Huitzilopochtli, que era el dios tribal azteca, y la imagen de Tláloc, el dios de la lluvia. Este dios no era azteca, era un dios anterior. El primero que describió —con penetración— el sincretismo del Estado azteca fue Jacques Soustelle en *La pensée cosmologique des anciens mexicains.* La versión de la civilización occidental que llegó a México también era sincretista. Por un lado, el sincretismo católico, que había asimilado la antigüedad grecolatina y los dioses de los orientales y de los bárbaros; por el otro, el sincretismo español. Los siglos de lucha con el Islam habían permeado la conciencia religiosa de los españoles: la noción de cruzada y de guerra santa es cristiana pero también es profundamente musulmana. Hay que comparar la actitud de los españoles con la de los ingleses, los holandeses y los franceses: ninguno de ellos tiene esa idea española de "misión", cuyas raíces son medievales y musulmanas. Bernal Díaz del Castillo, al ver los templos de Tenochtitlan, habla de "mezquitas". Para él, como para Cortés, los indios eran "los otros" y los otros eran, por antonomasia, los musulmanes.

Los españoles derriban las estatuas de los dioses, destruyen los templos, queman los códices y aniquilan a la casta sacerdotal. Es como si hubiesen

quitado los ojos, los oídos, el alma y la memoria al pueblo indígena. Al mismo tiempo, el catolicismo les da una visión del mundo y del trasmundo; les da un estatuto y les ofrece un cielo; los bautiza, es decir, les abre las puertas de un orden distinto. El catolicismo fue un refugio porque era una religión sincretista: al bautizar a los indios, bautizó a sus creencias y dioses. Pero el catolicismo, además, era una religión a la defensiva. El catolicismo que vino a México era el de la Contrarreforma. En la Universidad de México, la más antigua de América, se enseñaba el neotomismo; es decir, la cultura mexicana nace con la filosofía que en ese momento el Occidente abandonaba. El sentido de la oposición del México tradicional frente al mundo moderno, y sobre todo frente a los Estados Unidos, no podrá entenderse si se olvida que México nació en la Contrarreforma. Es una diferencia esencial: ellos nacieron con la Reforma; nosotros con la Contrarreforma. En ese sentido hablo de una religión "petrificada".

¿No cree usted que a lo largo de los años el catolicismo cambió de forma, como por ejemplo lo apunta Mariano Picón-Salas en su ensayo De la Conquista a la Independencia, *cuando sostiene que el catolicismo fue en los primeros tiempos esencialmente militante, misionero, itinerante, abierto, para luego encerrarse en las ciudades, bajo la influencia de los jesuitas?*

El catolicismo cambió pero no en el sentido que dice Picón-Salas. Los jesuitas no tenían por qué ir al campo: ya estaba convertido. Pero la conversión de California fue en gran parte obra de los jesuitas. También fue obra suya la evangelización de los nómadas en el norte de México y en el sur de los Estados Unidos. Según Robert Ricard, la política de los fran-

ciscanos y de los primeros misioneros —influidos por el milenarismo de Joaquín de Flora— fue la de *tabla rasa* de las creencias indígenas. Los sucedieron los jesuitas, la orden religiosa más rica, poderosa e influyente de Nueva España en los siglos XVII y XVIII. Ellos fueron los principales autores de la "traducción" al cristianismo de los mitos indígenas. Fueron guadalupanos fervientes y los que trataron de justificar la fantástica hipótesis de que Quetzalcóatl era el apóstol Santo Tomás. Ése fue el cambio decisivo de la Iglesia: los jesuitas mexicanizaron al catolicismo mientras que los franciscanos querían cristianizar a los indios. Digo todo esto a pesar de que no tengo gran simpatía por la Compañía de Jesús. Los jesuitas son los bolcheviques del catolicismo.

Claro, pero por otra parte poco a poco la Iglesia viene a ser el terrateniente más importante de México y el catolicismo extiende sobre el país, por lo menos al nivel del indio y del peón, una estructura opresiva.

Sí, pero llamar *terrateniente* a la Iglesia tal vez sea demasiado simplista. Hay que hacer, por lo menos, dos distinciones. En primer término, habría que hablar en plural y decir las *propiedades eclesiásticas*; eran muchas las de la Iglesia secular, las de las órdenes religiosas, las de los conventos, etc. En segundo lugar, esas propiedades no eran bienes individuales sino que pertenecían a distintas colectividades. En este sentido, se parecían más bien a la propiedad comunal de los pueblos. Así lo vieron Juárez y los liberales, que decretaron al mismo tiempo la desaparición de ambas modalidades. El latifundismo del régimen porfirista fue una consecuencia de la reforma liberal. La propiedad eclesiástica, si usted quiere, también podría parecerse a la de las modernas com-

pañías y consorcios por acciones. En esas compañías no es tanto la voluntad de los accionistas individuales lo que cuenta como la de la burocracia técnica que las rige. Algo semejante ocurría con las propiedades de los conventos, las órdenes y los obispados. Pero sería una exageración comparar a las empresas capitalistas modernas con la Iglesia de Nueva España. Después de todo, el ánimo ostensible de estas corporaciones es el lucro mientras que ni el más primario anticlericalismo puede reducir la función de la Iglesia en esos siglos a la mera ganancia. Hay que examinar de nuevo la naturaleza social e histórica de Nueva España. Es una de las omisiones de *El laberinto de la soledad* y me gustaría escribir sobre esto. Insinué algo en el prólogo al libro de Lafaye sobre Guadalupe y Quetzalcóatl. Lafaye parte de la idea de que la historia de México es una desde el mundo precolombino hasta nuestros días; yo creo que no, que hay una ruptura y varias interrupciones. En realidad, estamos ante tres sociedades distintas. La primera es la precolombina, a su vez dividida en el período, el más alto de esa civilización, llamado de las grandes teocracias (Teotihuacan, Palenque, Monte Albán, etc.) y después el período de las ciudades-Estados militaristas, que empieza en Tula y tiene su apogeo en Tenochtitlan. Aquí se sitúa el gran corte de la Conquista. Ésa es la línea de separación. En el siglo XVII surge la nueva sociedad: la sociedad criolla, dependiente de España pero cada vez más autónoma. Nueva España es creadora original en la arquitectura, en el arte de gobernar, en la poesía, en el urbanismo, en la cocina, en las creencias. A fines del siglo XVII nace un proyecto nacional, el primero de México: hacer de la Nueva España una España *otra*, el Imperio de la América Septentrional. Es un reflejo doble de Roma y de México-Tenochti-

tlan: la herencia latina y la indígena. En ese proyecto los jesuitas tuvieron una participación cardinal. Pero la Independencia —que es, simultáneamente, desmembramiento del Imperio español y nacimiento de otra sociedad— significa el fin de la sociedad criolla. La agonía de Nueva España fue larga y se consumó sólo hasta la segunda mitad del siglo XIX con la República Restaurada. Así, en el siglo XIX abortó el proyecto imperial del siglo XVIII De las ruinas de ese proyecto nace una tercera sociedad, esta que vivimos ahora, y que todavía no acaba de formarse completamente. La sociedad novohispana de los siglos XVII y XVIII es un todo mucho más perfecto y armónico que la sociedad mexicana de la primera mitad del siglo XX. Para mí la arquitectura es el testigo insobornable de una sociedad. Comparemos a las tres sociedades en sus obras: las pirámides y templos mesoamericanos; las iglesias, conventos y palacios de Nueva España; la chabacana y pesada arquitectura —megalomanía estatal y espíritu de lucro de la burguesía mexicana— del siglo XX.

En El laberinto de la soledad, *usted afirma que este "catolicismo-refugio" implantado por los españoles, ha permitido también la supervivencia del fondo precortesiano. ¿En qué consiste esta supervivencia?*

La palabra sincretismo lo dice todo. O la expresión de aquella periodista norteamericana, Anita Brenner, "ídolos detrás de los altares". El catolicismo mexicano no ha creado una teología ni una mística pero ha creado muchas imágenes y ha fundido las de Occidente con las del mundo precolombino. ¡Ay de la religión o de la sociedad que no tiene imágenes! Una sociedad sin imágenes es una sociedad puritana. Una sociedad opresora del cuerpo y de la imaginación.

Para cambiar otra vez de tema, podemos pasar a otro plano
importante en el libro, el de la vida cultural mexicana.
Usted la define a través de dos términos antagónicos:
"compromiso" y "crítica". Por otra parte, usted volverá a
insistir sobre la necesidad de una actitud "crítica" en Post-
data. ¿Nos puede dar su sentimiento sobre este punto?

Yo creo que el término "compromiso", de origen
sartreano, es equívoco. No sabemos muy bien lo que
quiere decir un compromiso. Si se entiende por com-
promiso la relación de un escritor con su realidad y
con la sociedad en que vive, todos somos escritores
comprometidos, incluso los que no quieren estar com-
prometidos. Lo que a mí me parece inaceptable es que
un escritor o un intelectual se someta a un partido o a
una iglesia. En el siglo XX hemos visto a muchos y
grandes escritores ceder ante las exigencias de los
partidos y de las iglesias. Pienso en Claudel y en sus
odas a Franco y Pétain; pienso en los himnos a Stalin
de Aragon y Neruda. Nuestro siglo, decía Benjamin
Peret, ha sido "el del deshonor de los poetas". Tam-
bién el de su honor: la sátira de Mandelstam contra
Stalin, que le costó la vida, o el sacrificio de Lorca.

La crítica es, para mí, una forma *libre* del compro-
miso. El escritor debe ser un francotirador, debe
soportar la soledad, saberse un ser marginal. Que los
escritores seamos marginales es más una conde-
nación que una bendición. Ser marginales puede dar
validez a nuestra escritura. Y debo decir algo más
sobre la crítica: para mí la crítica es creadora. La gran
diferencia entre Francia e Inglaterra, por un lado, y
España e Hispanoamérica, por el otro, es que noso-
tros no tuvimos siglo XVIII. No tuvimos ningún Kant,
Voltaire, Diderot, Hume.

En El laberinto *aparecen también los problemas sobre los cuales usted insistirá extensamente en obras posteriores, como por ejemplo* Signos en rotación: *los problemas del lenguaje. El lenguaje concebido como una máscara...*

Mire usted. Hemos hablado de las deudas mías: Freud, Marx... No hemos hablado de una influencia esencial, sin la cual no hubiera podido escribir *El laberinto*: Nietzsche. Sobre todo ese libro que se llama *La genealogía de la moral*. Nietzsche me enseñó a ver lo que estaba detrás de palabras como virtud, bondad, mal. Fue un guía en la exploración del lenguaje mexicano: si las palabras son máscaras, ¿qué hay detrás de ellas?

En esta búsqueda de un lenguaje auténtico, usted destaca la importancia de la obra de Alfonso Reyes.

Reyes fue fiel al lenguaje, y en este aspecto fue admirable. Claro que el hombre tuvo debilidades morales. Quizá fue demasiado obsequioso con los poderosos. Hay que olvidar todo eso y recordar que fue un escritor que logró que el español fuese transparente en ciertos momentos. Por ejemplo, en su gran poema *Ifigenia cruel*, y en algunos textos en prosa. Bioy Casares me contaba que él y Borges, cuando querían saber si un párrafo estaba bien escrito, decían: "Vamos a leerlo con el tono con que lo leería Alfonso Reyes."

¿Cuál debe ser la actitud del creador en relación con el lenguaje?

Yo creo que la actitud del creador frente al lenguaje debe ser la actitud del enamorado. Una actitud de fidelidad y, al mismo tiempo, de falta de respeto al objeto amado. Veneración y transgresión. El escritor debe amar al lenguaje pero debe tener el valor de transgredirlo.

En el capítulo de El laberinto de la soledad *titulado*
"Nuestros días", usted aborda el problema del
enfrentamiento entre países pobres y países ricos. En
relación con ese asunto, ¿qué piensa usted del concepto de
"cultura de la pobreza", elaborado por el antropólogo
Oscar Lewis a partir del ejemplo mexicano?

No estoy muy de acuerdo con eso. En primer lugar,
este concepto es poco científico, poco exacto. ¿Qué
quiere decir "pobreza"? Pobreza es una categoría
muy relativa. ¿Pobreza con respecto a qué? El mérito
de Lewis es otro. Su tema fueron los campesinos que
viven en una cultura tradicional y que, debido a la
sobrepoblación y al desempleo rurales, atraídos por
la fascinación de la gran ciudad, dejan su pueblo. Es
un fenómeno que conoció Europa en el siglo XIX y que
nuestra América vive de modo mucho más trágico en
el siglo XX: la perversión y destrucción de la cultura
tradicional. Los campesinos son cultos aunque sean
analfabetos. Tienen un pasado, una tradición, unas
imágenes. Llegan a México o a Guadalajara y olvidan
todo. Y entonces, ¿qué tienen sus hijos, y los hijos de
sus hijos? La cultura de la sociedad industrial moder-
na. Pero las formas de la cultura industrial, cuando
llegan a México, ya son muy inferiores a las de los
Estados Unidos o de Europa. A su vez, lo que llega a
la gente que pertenece al *lumpenproletariat* son los
restos, los detritos de esas formas e ideas. Esto no
tiene nada que ver con la pobreza en sentido estricto
sino con el fenómeno de coexistencia de dos
sociedades: sociedades industriales y sociedades
tradicionales. Es el fenómeno de la "dependencia",
como se llama ahora, o para hablar más sencilla-
mente, del imperialismo. Asimismo, de la sobre-
población urbana.

El hombre, por el hecho de ser hombre es un enaje-

nado. Marx pensaba que si el hombre fuera dueño de sus productos, sería dueño de su destino: recobraría su ser natural y cesaría la enajenación. Pero yo creo que la enajenación consiste, fundamentalmente, en ser otro dentro de uno mismo. Esa enajenación es el fondo de la naturaleza humana y no de la sociedad de clases. Estoy más cerca de Nietzsche y de Freud que de Marx y Rousseau. Todas las civilizaciones son civilizaciones de la enajenación y todos los civilizados se rebelan contra la enajenación.

¿Podría usted dar una respuesta a la pregunta que hace en El laberinto: *"¿Qué es lo que da sentido a nuestra presencia en la tierra?" Por otra parte, ¿ha encontrado México esa "forma" que desde hace siglos busca y combate a la vez?*

Comenzaré por la segunda pregunta: México no ha encontrado esa "forma". En el zapatismo había probablemente el germen de la respuesta. Pero otra vez se han superpuesto formas externas a nuestra realidad y se han aplastado los gérmenes de salud que había en la revuelta zapatista. Evidentemente, en el campo de la creación poética y literaria sí, ahí hay expresiones que me devuelven la fe en la originalidad de México. En cuanto a saber "lo que da sentido a nuestra presencia en la tierra": me reconozco hombre no en la respuesta que podría dar ahora a esta pregunta sino en la pregunta misma. Esa pregunta, repetida desde el principio, desde Babilonia y aun antes, es lo que da sentido a nuestros afanes terrestres. No hay sentido: hay búsqueda del sentido.

En el último capítulo del libro, usted afirma que en nuestro mundo el amor y la poesía son forzosamente marginales. ¿Sigue usted pensando que hay una oposición entre "historia" y "poesía"?

Sí. Creo que hay una oposición fundamental entre lo que yo llamo la realidad real y la otra realidad. Hay una frase de Marx (está en el *Manifiesto comunista*) que Luis Buñuel pensó en utilizar como subtítulo de su película *La Edad de Oro*. Usted sabe que el tema de esa película es la suerte del amor en el mundo moderno. La frase de Marx es, en español, un alejandrino perfecto: *En las aguas heladas del cálculo egoísta*. Eso es la sociedad. Por eso el amor y la poesía son marginales.

ÍNDICE

EL LABERINTO DE LA SOLEDAD

POSTDATA

VUELTA A EL LABERINTO DE LA SOLEDAD
(Conversación con Claude Fell)

Este libro se terminó de imprimir y encuadernar
en el mes de octubre de 1996 en Impresora y En-
cuadernadora Progreso, S. A. de C. V. (IEPSA),
Calz. de San Lorenzo, 244; 09830 México, D. F.
Se tiraron 30 000 ejemplares.